JAVIER MARÍAS
Geschriebenes Leben

Ironische Halbporträts

Aus dem Spanischen übersetzt
von Carina von Enzenberg

KLETT-COTTA

Meinem wahren Vater Julián
und meiner falschen Schwester
und dem, der wartet

Inhalt

Vorwort

Die Grundidee zu diesem Buch geht auf ein anderes zurück, an
dem ich mitgewirkt habe, und zwar auf die Anthologie höchst
sonderbarer Erzählungen mit dem Titel *Cuentos únicos*, die ich
1989 bei Ediciones Siruela in Madrid veröffentlicht habe und in
der jedem Text ein kurzer biographischer Abriß über die alles
andere als bekannten Autoren vorangestellt war. Die meisten
von ihnen waren so unbekannt, daß ich in einigen Fällen nur
über spärliche, nicht nachprüfbare und freilich bruchstückhafte
Informationen verfügte, die mitunter so wunderlich waren, daß
mehr als nur ein Leser sie für erfunden hielt und folglich an der
Wahrhaftigkeit der Erzählungen zweifelte. Dabei bilden diese
Kurzbiographien, wenn man sie alle hintereinander liest, für
sich wiederum eine Erzählung, die sicherlich nicht weniger einzigartig und gespenstisch ist als die anderen.

Ich bin heute wie damals der Ansicht, daß dies nicht allein an
den ebenso versprengten wie augenfälligen Informationen liegt,
die mir über die erfolglosen, rätselhaften Autoren zur Verfügung
standen, sondern auch an der Art und Weise, wie ich mit ihnen
umgegangen bin, und ich habe mir gesagt, dasselbe könnte man
doch mit maßgeblicheren und berühmteren Schriftstellern tun,
über die ein neugieriger Mensch in unserem Zeitalter der umfassenden und allzuoft unnützen Belesenheit, in dem wir seit nunmehr fast einem Jahrhundert leben, alles bis ins letzte Detail

erfahren kann. Kurzum, ich hatte die Idee, allseits bekannte Literaten wie fiktive Gestalten zu behandeln, wobei dies vermutlich die Art und Weise ist, wie sich alle Schriftsteller insgeheim wünschen, behandelt zu werden, unabhängig von ihrem Ruhm oder dem Grad ihrer Vergessenheit.

Bei den hier vertretenen zwanzig Autoren handelt es sich um eine willkürliche Auswahl (drei Amerikaner, drei Iren, zwei Schotten, zwei Russen, zwei Franzosen, einen Polen, eine Dänin, einen Italiener, einen Deutschen, einen Tschechen, einen Japaner, einen – dem Geburtsort nach – Engländer aus Indien und einen Engländer aus England). Als einzige Bedingung habe ich mir auferlegt, daß sie allesamt tot sein müssen, und von vornherein die Möglichkeit ausgeschlossen, mich mit Spaniern zu befassen: Zum einen wollte ich nicht, nicht einmal ansatzweise, in das Territorium eindringen, das so vielen meiner fachgelehrten Landsleute den Broterwerb sichert; und zum anderen haben mir gewisse Kritiker und einheimische Kollegen bei den unterschiedlichsten Anlässen schon so oft mein Spaniertum abgesprochen (sowohl was meine Sprache als auch was meine Literatur, ja sogar meine Staatsbürgerschaft betrifft), daß ich mittlerweile, wie ich festgestellt habe, gewisse Hemmungen verspüre, wenn es darum geht, mich über die Schriftsteller meines Heimatlandes zu äußern, zu denen indes einige meiner Lieblingsautoren gehören (March, Bernal Díaz, Cervantes, Quevedo, Torres Villarroel, Larra, Valle-Inclán, Aleixandre – von den noch lebenden ganz zu schweigen) und zu denen ich mich, wie ich fürchte, trotz allem nach wie vor zähle. Aber es ist, als hätten sie mich davon überzeugt, daß ich kein Recht dazu habe, und man handelt nunmal nach seinen Überzeugungen.

In diesem Buch werden Menschenleben oder, strenggenommen, Versatzstücke aus ihrem Leben erzählt: Nur selten erfolgt eine Wertung ihres literarischen Werks, und die den Personen bezeugte Sympathie oder Antipathie läßt nicht unbedingt Rückschlüsse auf das Maß der Wert- oder Geringschätzung zu, die ich ihren Schriften entgegenbringe. Von der Heiligenverehrung und dem feierlichen Gehabe, mit denen begnadete Künstler so oft bedacht werden, weit entfernt, ist das vorliegende Buch *Geschriebenes Leben* meiner Ansicht nach vor allem mit einer Mischung aus Zuneigung und Spott erzählt. Letzterer ist sicherlich in allen Fällen vorhanden; erstere fehlt zugegebenermaßen bei Joyce, Mann und Mishima.

Es hätte wenig Sinn, aus den vorliegenden Porträts Schlußfolgerungen oder Regeln für das Leben von Schriftstellern im allgemeinen ableiten zu wollen: Was ich hier zur Sprache bringe, ist sehr einseitig, doch gerade Ausgewähltes beziehungsweise Weggelassenes entscheidet mit über Gelingen oder Mißlingen dieser Texte. Erdichtetes (also von Grund auf Erfundenes) gibt es in ihnen zwar kaum, doch habe ich manche Episoden oder Anekdoten sehr wohl »ausgeschmückt«. Eines springt bei der Lektüre in jedem Fall ins Auge, nämlich daß die Mehrzahl dieser Autoren vom Pech verfolgte Menschen waren, und auch wenn dies für sie bestimmt nicht in stärkerem Maß als für irgend jemanden sonst zutrifft, über dessen Leben wir etwas wissen, lädt ihr Beispiel nicht gerade dazu ein, die literarische Laufbahn einzuschlagen. Erfreulicherweise fällt aber auch auf – und dies ist unbedingt erwähnenswert –, daß sich die meisten von ihnen selbst nicht sehr ernst genommen haben, abgesehen vielleicht von den vorhin genannten Ausnahmen, denen ich meine Zuneigung versagt habe. Allerdings frage ich mich, ob der mangelnde Ernst, der aus diesen Texten spricht, tatsächlich in den Personen selbst begründet liegt oder vielmehr im voreingenommenen Blick des selbsternannten Gelegenheitsbiographen.

Für den argwöhnischen Leser, der die eine oder andere Angabe überprüfen oder besagte »Ausschmückungen« aufspüren möchte, füge ich am Schluß eine Bibliographie an, doch dürfte er größte Schwierigkeiten haben, an die meisten Titel heranzukommen.

Die Essays mit dem Titel *Geschriebenes Leben* wurden in der Zeitschrift *Claves de razón práctica* (2. bis 21. Ausgabe) veröffentlicht, der Text *Vollendete Künstler*, der das Buch gleichsam als Negativ beschließt (in ihm geht es lediglich um Gesichter und Gesten), erschien in der Zeitschrift *El Paseante* (17. Ausgabe). Ich danke den Herausgebern der erstgenannten, Javier Pradera und Fernando Savater, für ihre Ermutigung und die sanfte Tyrannei, die sie auf mich ausgeübt haben und der die Niederschrift dieser *Leben* zweifellos zu einem Gutteil zu verdanken ist.

JM

Februar 1992

P.S. *Sieben Jahre und sieben Monate später*

Die vorliegende Neuausgabe von *Geschriebenes Leben* weist im Vergleich zu der bestehenden Fassung nur wenige Veränderungen auf, doch seien sie im folgenden vermerkt:

Bei einigen der *Leben* wurden geringfügige Überarbeitungen oder Ergänzungen vorgenommen, die übrigen sind unverändert.

Dagegen unterscheiden sich die meisten der den Texten voran-
gestellten Photos von denen der Ausgabe aus dem Jahr 1992
(damals hatte sie der Herausgeber Jacobo FitzJames Stuart ausgewählt, diesmal ich).

Es gibt einen neuen oder zumindest in diesem Buch neuen
Teil (den ich seinerzeit, also 1993, dem Essayband *Literatura y fan-
tasma* einverleibt hatte) mit dem Titel *Flüchtige Frauen*, den ich
zwar erst nach der Veröffentlichung von *Geschriebenes Leben* im
Jahr 1992 geschrieben habe, der jedoch im selben Geist gehalten
ist. Insofern ist er hier in diesem Band mit Kurzbiographien am
richtigen Platz. Ursprünglich sind die in ihm enthaltenen Texte
in der Zeitschrift *Woman* (in den Ausgaben von Mai bis Oktober
1993) erschienen.

Was das vor sieben Jahren und sieben Monaten verfaßte Vorwort betrifft, so möchte ich lediglich ergänzen, daß sich die darin erwähnte »Überzeugung« in der Zwischenzeit noch verstärkt
und gefestigt hat. Und meinen – nicht mehr lebenden – spanischen Lieblingsschriftstellern wäre Juan Benet hinzuzufügen.

Im Lauf der Zeit ist mir eines bewußt geworden: Ich habe es
genossen, jedes einzelne meiner Bücher zu schreiben, aber am
meisten Spaß hatte ich mit diesem. Vielleicht weil diese *Leben*
nicht nur geschrieben, sondern auch gelesen wurden.

JM

September 1999

Geschriebenes Leben

William Faulkner, 1958 (Photo: Ralph Thompson)

William Faulkner zu Pferde

Der kitschigen Legende nach hat William Faulkner seinen Roman *Als ich im Sterben lag* binnen sechs Wochen und unter widrigsten Umständen geschrieben, nämlich nachts bei der Arbeit in einer Mine im kümmerlichen Schein der Grubenlampe auf seinem staubigen Helm, die Blätter auf einer umgedrehten Schubkarre ausgebreitet. Ziel der kitschigen Legende ist es, Faulkner mit seinen armen, entsagungsvollen und proletarisch angehauchten Schriftstellerkollegen in eine Reihe zu stellen. Dabei stimmt allein das mit den sechs Wochen: sechs Wochen im Sommer, in denen er die schier endlosen Intervalle zwischen einer Schaufelvoll Kohle und der nächsten, mit der er einen Heizkessel in einem Elektrizitätswerk zu versorgen hatte, intensivst nutzte. Faulkners eigenen Worten zufolge störte ihn dort nämlich niemand, war der ständige Lärm des riesigen, betagten Dynamos besänftigend und der Ort selbst warm und still.

Kein Zweifel allerdings besteht hinsichtlich seiner Fähigkeit, sich in die Schriftstellerei oder Lektüre zu versenken. Zu der Arbeit im Elektrizitätswerk hatte ihm sein Vater verholfen, nachdem man ihm seine vorhergehende Stelle als Verwaltungsbeamter auf der Poststelle der Universität von Mississippi gekündigt hatte. Offenbar hatte ein Professor nicht ganz unbegründete Anschuldigungen gegen ihn erhoben: Der einzige Weg, an seine

Post zu gelangen, bestünde darin, im Mülleimer am Hinterausgang danach zu wühlen, wo die in Empfang genommenen Postsäcke häufig ungeöffnet und ohne viel Federlesens landeten. Faulkner mochte es nämlich nicht, wenn man ihn bei der Lektüre unterbrach, und so ging der Briefmarkenverkauf alarmierend zurück: Seiner Familie gegenüber rechtfertigte er sich mit den Worten, er sei nicht bereit, immerfort aufzuspringen, um sich an den Schalter zu stellen und sich jedem dahergelaufenen Burschen gegenüber dankbar zu zeigen, der eine Briefmarke für zwei Cents kaufen wolle.

Vielleicht hat Faulkner dort seine unleugbare Abneigung und Abscheu gegen jegliche Art von Postsendung ausgebrütet. Nach seinem Tod fand man stapelweise ungeöffnete Briefe, Päckchen und Manuskripte von Verehrern. Er pflegte nämlich lediglich Kuverts aufzumachen, die ihm Verlage schickten, und dabei ging er überaus vorsichtig zu Werke: Er schlitzte sie an einer Stelle auf und schüttelte sie, um zu sehen, ob vielleicht ein Scheck herauslugte. War dies nicht der Fall, wanderte der Brief zu dem, was bis in alle Ewigkeit warten konnte.

Für Schecks hatte er sich schon immer sehr interessiert, doch darf man daraus nicht schließen, daß er ein geldgieriger oder geiziger Mensch gewesen wäre. Vielmehr war er ein Verschwender. Was er verdiente, gab er im Handumdrehen wieder aus, und anschließend lebte er so lange auf Pump, bis der nächste Scheck eintraf. Dann bezahlte er seine Schulden und gab erneut alles aus, vor allem für Pferde, Tabak und Whiskey. Eine große Garderobe besaß er nicht, doch was er besaß, war teuer. Mit neunzehn trug ihm sein affektiertes Äußeres den Spitznamen »der Graf« ein. Schrieb die Mode enganliegende Hosen vor, trug er die engsten Hosen von ganz Oxford (in Mississippi), der Stadt, in der er lebte. Er verließ sie 1916, um sich in Toronto beim britischen Royal Flying Corps ausbilden zu lassen. Die Amerikaner hatten ihn aufgrund seiner unzulänglichen Studien abgelehnt, und die Engländer wollten ihn anfangs auch nicht, weil er zu klein war – bis er damit drohte, für die Deutschen zu fliegen.

Einmal bekam Faulkner Besuch von einem jungen Mann, als er gerade eine erloschene Pfeife in einer Hand und in der anderen die Zügel des Ponys hielt, auf dem seine Tochter Jill saß. Um das Eis zu brechen, erkundigte sich der junge Mann, wie lange das kleine Mädchen schon reite. Faulkner antwortete nicht sofort. Nach einer Weile sagte er: »Seit drei Jahren« und fügte hinzu: »Wissen Sie was? Es gibt nur drei Dinge, die eine Frau können muß.« Wieder machte er eine Pause, und dann schloß er mit den Worten: »Die Wahrheit sagen, reiten und Schecks unterschreiben.«

Jill war nicht die erste Tochter Faulkners und seiner Frau Estelle, die zwei Söhne aus einer früheren Ehe mit in die Beziehung gebracht hatte. Ihre erste gemeinsame Tochter war fünf Tage nach der Geburt gestorben. Sie hatten ihr den Namen Alabama gegeben. Da die Mutter vor Schwäche ans Bett gebunden war und Faulkners Brüder sich gerade nicht in der Stadt befanden und die Kleine außerdem nicht einmal gesehen hatten, sah Faulkner keine Veranlassung, eine Beerdigung abzuhalten, zumal das kleine Mädchen in den fünf Tagen lediglich Zeit gehabt hatte, zu einer Erinnerung zu werden, nicht jedoch zu einer Persönlichkeit. Also legte der Vater das Bündel in einen winzigen Sarg und brachte es auf seinem Schoß zum Friedhof, wo er es allein und ohne jemanden zu benachrichtigen bestattete.

Als Faulkner 1949 den Nobelpreis erhielt, sträubte er sich anfangs, nach Schweden zu reisen, aber am Ende fuhr er nicht nur doch, sondern bereiste im Auftrag des Außenministeriums zudem Europa und Asien. Die unzähligen Veranstaltungen, zu denen er eingeladen wurde, durchstand er mehr schlecht als recht. Beispielsweise ist überliefert, daß er auf einem Fest, welches seine französischen Verleger, das Ehepaar Gallimard, ihm zu Ehren gaben, auf die Fragen eines Journalisten nur knappe Antworten gab und dabei jedesmal einen Schritt rückwärts machte. Auf diese Weise manövrierte er sich Schritt für Schritt mit dem Rücken gegen die Wand, und erst da erbarmten sich die Journalisten seiner oder gaben auf. Am Ende flüchtete er gar in den Garten. Ein paar Gäste verkündeten, sie wollten ein wenig mit ihm plaudern, und folgten ihm, doch sie kehrten kurz darauf erregt und mit Ausreden wie: »Kalt ist es da draußen!« in den Salon zurück. Faulkner war ein wortkarger Mensch, der die Stille liebte und in seinem ganzen Leben nur fünfmal ins Theater ging: dreimal in *Hamlet* und jeweils einmal in den *Sommernachtstraum* und *Ben Hur*. Freud hatte er nicht gelesen, zumindest behauptete er dies einmal: »Ich habe ihn nie gelesen. Auch Shakespeare hat ihn nicht gelesen. Ich bezweifle, daß Melville ihn gelesen hat, und ich bin sicher, daß Moby Dick es nicht getan hat.« Den *Quijote* dagegen las er alle paar Jahre von neuem.

Gleichzeitig gestand er jedoch, daß er nie die Wahrheit sage. Schließlich sei er keine Frau, mochte er mit dem weiblichen Geschlecht auch die Vorliebe für Schecks und das Reiten teilen. Und immer wieder beteuerte er, er habe *Die Freistatt*, seinen kommerziellsten Roman, des Geldes wegen geschrieben: »Ich brauchte es, um mir ein gutes Pferd zu kaufen.« Auch behauptete er, daß er große Städte mied, weil er nicht mit dem Pferd hinreiten konnte. Selbst als er schon nicht mehr der Jüngste war und ihm sowohl seine Familie als auch die Ärzte dringend davon abrieten, ritt er weiterhin aus und sprang über Hindernisse, wobei er ständig stürzte. Auch bei seinem letzten Ausritt ereignete sich ein Sturz. Seine Frau sah vom Haus aus Faulkners Pferd gesattelt und mit baumelnden Zügeln vor dem Gatter stehen. Als sie ihren Mann nirgends erblickte, rief sie Dr. Felix Linder an, und gemeinsam machten sie sich auf die Suche nach ihm. Gut eine halbe Meile entfernt fanden sie ihn: Er humpelte und schleppte sich mühsam dahin. Der Gaul hatte ihn abgeworfen, und Faulkner hatte im ersten Moment nicht aufstehen können, weil er auf dem Rücken gelandet war. Das Pferd hatte sich ein paar Schritt weit entfernt, war dann stehengeblieben und hatte zurückgeschaut. Als Faulkner sich schließlich aufrappelte, war das Pferd auf ihn zugetrottet und hatte ihn mit der Schnauze angestubst. Faulkner hatte versucht, nach den Zügeln zu greifen, sie jedoch verfehlt. Daraufhin war das Pferd nach Hause getrabt.

William Faulkner mußte eine Zeitlang schwerverletzt und mit starken Schmerzen das Bett hüten. Er hatte sich noch nicht gänzlich erholt, als er in dem Krankenhaus verstarb, in das man ihn eingeliefert hatte, um die Entwicklung seines Zustands zu beobachten. Der Erzählung nach starb er jedoch nicht an den Folgen seines Sturzes, sondern an einer Thrombose, und zwar am 6. Juli 1962 im Alter von knapp fünfundsechzig Jahren.

Fragte man ihn, wen er für die besten amerikanischen Schriftsteller seiner Zeit halte, antwortete er, sie seien durch die Bank gescheitert, aber den besten Mißerfolg habe Thomas Wolfe hingelegt und den zweitbesten William Faulkner. Das sagte er im Lauf der Jahre wiederholt, wobei man nicht vergessen darf, daß Thomas Wolfe bereits seit 1938 tot war, das heißt fast die gesamte Zeit, in der William Faulkner dies behauptete und selbst noch lebte.

Joseph Conrad, 1916

Joseph Conrad zu Lande

Da es von Joseph Conrad so viele unvergessene Bücher über die Seefahrt gibt, stellt man ihn sich stets an Bord eines Segelschiffes vor und vergißt, daß er die letzten dreißig Jahre seines Daseins an Land verbracht und ein erstaunlich seßhaftes Leben geführt hat. Im Grunde haßte er das Reisen wie jeder richtige Seebär, und nichts behagte ihm so sehr wie sich in seinem Arbeitszimmer einzuschließen, wo er unter unsäglichen Mühen etwas zu Papier brachte oder mit seinen engsten Freunden plauderte. Allerdings muß dazu gesagt werden, daß er nicht immer an Orten arbeitete, die per se dafür vorgesehen waren: Gegen Ende seines Lebens verkroch er sich in Kent in den entlegensten Winkeln seines Gartens, um Papierfetzen vollzukritzeln, und es gilt als verbürgt, daß er einmal eine ganze Woche lang ohne ein Wort der Erklärung das Badezimmer in Beschlag nahm, weshalb seine Familie diesen Ort in jenem Zeitraum nur sehr eingeschränkt nutzen konnte. Ein andermal war das Problem eher kleidungsmäßiger Natur, denn Conrad weigerte sich, etwas anderes anzuziehen als seinen verblichenen, ursprünglich einmal gelbgestreiften Morgenmantel, was sich durchaus als nachteilig erweisen konnte, etwa wenn ihm Freunde unangemeldet einen Besuch abstatteten oder amerikanische Touristen angeblich rein zufällig vorbeikamen.

Die größte Bedrohung für die Sicherheit der Familie stellte zweifellos Conrads eingefleischte Marotte dar, stets eine Zigarette in den Fingern haben zu müssen, die er jedoch meist schon nach wenigen Sekunden irgendwo liegenließ. Seine Frau Jessie fand sich notgedrungen damit ab, daß sowohl Bücher als auch Bettlaken, Tischdecken und Möbel mit Brandflecken übersät waren, doch sie lebte jahrelang in Alarmzustand, um zu verhindern, daß sich ihr Mann allzu schlimm verbrannte, denn obwohl Conrad schließlich ihrer Bitte nachkam und sich angewöhnte, die Zigarettenstummel in einen großen, eigens zu diesem Zweck bereitgestellten Wasserkrug zu werfen, widerfuhren ihm mit dem Feuer ständig Mißgeschicke. Mehr als einmal hätte seine Kleidung um ein Haar Feuer gefangen, weil er sich allzu nah an den Ofen gesetzt hatte, und nicht selten begann das Buch, in dem er gerade las, urplötzlich zu brennen, weil es allzu lange mit der lichtspendenden Kerze in Berührung gekommen war.

Es erübrigt sich die Bemerkung, daß Conrad ein zerstreuter Zeitgenosse war, doch seine Hauptcharakterzüge waren widersprüchlicher Natur: Reizbarkeit und Gutmütigkeit – wobei sich beides möglicherweise gegenseitig erklärt. Sein Normalzustand läßt sich mit an Ängstlichkeit grenzender innerer Unruhe beschreiben, und seine Sorge um andere Menschen war so groß, daß einem seiner Freunde nur etwas zuzustoßen brauchte, damit er selbst wieder einen seiner Gichtanfälle bekam, ein Leiden, das er sich als junger Mann auf dem Malaiischen Archipel zugezogen hatte und das ihn den Rest seines Lebens plagen sollte. Während sein Sohn Borys im Ersten Weltkrieg kämpfte, wurde Conrads Frau Jessie eines Abends, nachdem sie den ganzen Tag unterwegs gewesen war, zu Hause von einem weinenden Dienstmädchen empfangen, das ihr folgendes eröffnete: Mister Conrad habe dem Personal mitgeteilt, daß Borys gefallen sei, und sich vor Stunden im Zimmer seines Sohnes eingeschlossen. Dabei sei, wie das Mädchen hinzufügte, weder ein Brief noch ein Telegramm eingetroffen. Mit zitternden Beinen ging Jessie George Conrad nach oben zu ihrem leichenblassen Mann und fragte ihn nach der Quelle seiner Information, worauf dieser beleidigt erwiderte: »Darf ich etwa keine Vorahnungen haben, so wie du? Ich *weiß*, daß er tot ist!« Wenig später beruhigte sich Conrad jedoch und schlief ein. Mit seiner Vorahnung lag er zwar falsch, aber wenn die Phantasie mit ihm durchging, gab es offenbar kein Halten mehr. Stets stand er unter extremer Anspannung, was der Grund für seine kaum zu kontrollierende Reizbarkeit war, doch diese ließ, sobald wieder verflogen, keinerlei Spuren, ja nicht einmal Erinnerungen daran zurück. Während seine Frau mit ihrem Erstgeborenen, dem soeben erwähnten Borys, niederkam, drehte Conrad im Garten aufgeregt eine Runde nach der anderen. Plötzlich hörte er ein Kind plärren, worauf er entrüstet in die Küche stürmte und das damalige Hausmädchen anherrschte: »Tun Sie mir den Gefallen und schaffen Sie dieses Kind fort! Es stört Mrs. Conrad!« Doch dem Vernehmen nach schrie das Hausmädchen mit noch größerer Entrüstung zurück: »Das ist Ihr eigener Sohn, Mister!«

Conrad war so reizbar, daß er, wenn ihm der Füller zu Boden fiel, diesen nicht etwa sofort aufhob und weiterschrieb, sondern, gleichsam als Unmutsäußerung über den Zwischenfall, erst einmal mehrere Minuten lang ungehalten mit den Fingern auf den Tisch trommelte. Sein Wesen gab den Menschen in seinem Umfeld Rätsel auf. Mitunter führte seine innere Erregung dazu, daß er sich in hartnäckiges Schweigen hüllte und dies sogar in Gesellschaft von Freunden, die sodann geduldig abwarteten, bis er das Gespräch wiederaufnahm, wobei er übrigens ein höchst anregender Gesprächspartner und begnadeter Erzähler war, dessen Ton, wie besagte Freunde berichten, eher dem seiner Essaysammlung *Spiegel der See* als dem seiner Erzählungen oder Romane ähnelte. Meist kam ihm nach einer seiner schier endlosen Schweigephasen, während derer er über etwas nachzugrübeln schien, eine ungewöhnliche Frage über die Lippen, die nichts mit dem zu tun hatte, wovon bislang die Rede gewesen war, etwa: »Was haltet ihr eigentlich von Mussolini?«

Poesie mochte der Monokelträger Conrad nicht. Seiner Frau zufolge fanden zeitlebens lediglich zwei Gedichtbände Gnade vor seinen Augen, und zwar der eines jungen Franzosen, an dessen Namen sie sich nicht mehr erinnerte, und der seines Freundes Arthur Symons. Manche sagen, daß er Keats mochte und Shelley verabscheute. Der Autor jedoch, den er am meisten haßte, war Dostojewski. Er haßte ihn, weil er Russe und obendrein ein verrückter Wirrkopf war, und allein die Erwähnung seines Namens löste bei ihm einen Wutanfall aus. Bücher verschlang er geradezu, wobei Flaubert und Maupassant ganz oben auf der Liste seiner Favoriten standen, und die Prosa hatte es ihm so sehr angetan, daß er lange, bevor er der jungen Frau, die er später ehelichen sollte, einen Heiratsantrag machte (also zu einem Zeitpunkt, als zwischen ihnen noch keine große Vertrautheit herrschte), eines Abends mit einem Stapel Papier bei ihr aufkreuzte und ihr vorschlug, ihm ein paar Seiten aus seinem zweiten Roman vorzulesen. Jessie George kam seinem Wunsch gerührt, doch auch ängstlich nach, und der überaus nervöse Conrad machte es ihr alles andere als leicht: »Laß das weg«, sagte er zu ihr. »Das ist unwichtig. Fang drei Zeilen weiter unten an. Überspring die Seite, und die auch.« Ja, er rügte sie sogar wegen ihrer Aussprache: »Sprich klar und deutlich. Wenn du müde bist, sag es. Verschluck die Silben nicht. Ihr Engländer seid alle gleich, ihr macht bei allen Buchstaben dasselbe Geräusch.« Das witzige daran ist, daß der so anspruchsvolle Conrad in der englischen Sprache, die er als Schriftsteller wie kein anderer seiner Zeit beherrschte, bis zum Ende seiner Tage einen starken ausländischen Akzent behielt.

Conrad heiratete erst mit achtunddreißig, und als er nach jahrelangem rein freundschaftlichem Umgang schließlich seinen Antrag machte, geriet dieser so pessimistisch wie einige seiner Erzählungen, denn er verkündete, er habe nicht mehr lange zu leben und nicht die geringste Absicht, Kinder in die Welt zu setzen. Der optimistische Teil folgte jedoch auf dem Fuße, denn er fügte hinzu, so, wie es um sein Leben bestellt sei, glaube er durchaus, daß Jessie und er ein paar glückliche Jahre miteinander verbringen könnten. Der Kommentar der Brautmutter nach dem Antrittsbesuch des Bewerbers fiel dementsprechend aus: Sie verstehe beim besten Willen nicht, warum dieser Mann heiraten wolle. Conrad entpuppte sich jedoch als aufmerksamer Ehemann: An Blumen fehlte es nie, und jedesmal, wenn er ein Buch abschloß, machte er seiner Frau ein großzügiges Geschenk.

Obwohl er seine Eltern bereits in jungen Jahren verloren hatte und sich kaum an sie erinnern konnte, lagen ihm seine Herkunft und seine Vorfahren sehr am Herzen, und mehr als einmal äußerte er sein Bedauern darüber, daß sich ein unter dem Befehl Napoleons stehender Großonkel von ihm beim Rückzug aus Moskau, von Hunger geplagt, im Beisein zweier weiterer Offiziere auf Kosten eines armseligen litauischen Hundes einstweilige Linderung verschafft hatte. Daß einer seiner Ahnen Hundefleisch verzehrt hatte, empfand er als Schmach, für die er übrigens indirekt Bonaparte verantwortlich machte.

Conrad starb ziemlich unvermittelt am 3. August 1924 im Alter von sechsundsechzig Jahren in seinem Haus in Kent. Zwar hatte er sich tags zuvor unwohl gefühlt, doch nichts hatte seinen bevorstehenden Tod erahnen lassen. Deshalb befand sich Conrad, als dieser ihn ereilte, allein in seinem Zimmer, weil er ein wenig ruhen wollte. Seine Frau hörte ihn im Nebenzimmer »Hier...!« und noch ein zweites ersticktes Wort rufen, das sie jedoch nicht verstand, und gleich darauf vernahm sie ein Geräusch: Conrad war von seinem Sessel zu Boden gerutscht.

Ebenso wie er die litauische Episode im Leben seines Großonkels gern ungeschehen gemacht hätte, bestritt Conrad in seinen letzten Jahren, bestimmte Texte (Artikel, Erzählungen, in Zusammenarbeit mit Ford Madox Ford verfaßte Kapitel) geschrieben zu haben, die jedoch zweifelsfrei von ihm waren und die er sogar unter seinem Namen veröffentlicht hatte. Trotzdem gab er vor, sich nicht an sie erinnern zu können, und leugnete seine Autorenschaft. Zeigte man ihm daraufhin Manuskripte und wies ihm nach, daß die fraglichen Seiten unbestreitbar aus seiner Feder stammten, zuckte er nur mit den Achseln – eine seiner charakteristischsten Gesten – und hüllte sich in sein typisches Schweigen. All jene, die mit ihm verkehrten, bescheinigen ihm einhellig, daß er ein sehr ironischer Mensch gewesen sei, doch sei seine Ironie von einer Art gewesen, für die seine Mitbürger in seiner Wahlheimat England nicht immer einen Sinn oder vielleicht Verständnis gehabt hätten.

Isak Dinesen (Photo: Rie Nissen)

Isak Dinesen im Alter

Isak Dinesen galt lange Zeit als geisterhafte, elegante und geheimnisumwitterte alte Dame, bis das Kino dieses Bild mit übertriebener Romantik durch das der etwas verzärtelten, duldsamen Kolonialherrin und Aristokratin ersetzte. Nicht, daß Baronin Blixen keine romantische und der Aristokratie zugetane Person gewesen wäre, doch richtiger ist wohl, daß sie diese Rolle nur spielte, zumindest seit sie Isak Dinesen war, also seit sie ihre Werke unter diesem und anderen Namen zu veröffentlichen begann und nach langen glücklosen Jahren in Afrika nach Dänemark zurückkehrte. »In Wirklichkeit tragen wir Masken, wenn wir älter werden, die Masken unseres Alters, aber die Jungen wissen nicht oder denken nicht daran, daß es Masken sind, wenn sie mit uns zusammen sind, glauben, daß wir sind, wie wir aussehen. Das sind wir ganz und gar nicht.«

Als sie 1959 zum ersten Mal nach Amerika kam, in das Land, in dem ihre Bücher den größten Erfolg und die meiste Anerkennung erfahren hatten, eilten ihrer Person unendlich viele Gerüchte und Geheimnisse voraus: Sie sei in Wirklichkeit ein Mann; er sei in Wahrheit eine Frau; Isak Dinesen seien zwei Menschen, nämlich Bruder und Schwester; Isak Dinesen habe 1870 in Boston gelebt; sie sei in Wirklichkeit Pariserin; sie lebe in Elsinore; sie verbringe die meiste Zeit in London; sie sei eine Nonne; er sei sehr gastfreundlich und empfange junge Schrift-

steller; es sei schwierig, sie zu Gesicht zu bekommen, denn sie
lebe wie eine Rekluse; sie schreibe auf französisch; nein, auf
englisch; nein, auf dänisch; nein, auf ... Auf den unzähligen Festen, zu denen sie eingeladen wurde, und auf den öffentlichen
Großveranstaltungen, bei denen sie ihre Erzählungen mit leb-
hafter Stimme vortrug, ohne ein Manuskript zu benötigen, war
sie dann endlich zu sehen, und es stellte sich heraus, daß sie eine
gebrechliche, extravagante und faltige alte Frau war, die Arme
wie Streichhölzer hatte, sich schwarz kleidete, auf dem Kopf
einen Turban, an den Ohren Diamanten und rund um die Augen
dick aufgetragenen Lidstrich trug. Trotzdem lebte die Legende
fort, doch nahm sie konkretere Züge an: Die Amerikaner be-
haupteten, Isak Dinesen ernähre sich ausschließlich von Austern und Champagner, was nicht stimmte, da sie sich gelegentlich auch Garnelen, Spargel, Weintrauben und Tee genehmigte.
Als sie den Wunsch äußerte, Marilyn Monroe kennenzulernen,
arrangierte die Romanschriftstellerin Carson McCullers eine
Begegnung mit ihr, und bei dem mittlerweile berühmt gewordenen Mittagessen saßen die drei soeben erwähnten Frauen an
einem Tisch mit Arthur Miller, dem Inbegriff des Ehemannes,
der sich über die Eßgewohnheiten der Baronin erstaunt zeigte
und sich erkundigte, welcher Arzt ihr die aus Austern und Champagner bestehende Diät verordnet habe. Es heißt, noch nie sei in
jenem Land ein so verächtlicher Blick gesehen worden wie der
von Isak Dinesen. »Arzt?« fragte sie zurück. »Die Ärzte sind entsetzt, aber ich liebe Champagner nunmal, und ich liebe Austern,
und sie bekommen mir gut.« Miller verstieg sich anschließend
noch zu einer Bemerkung über die Proteine, und ein so verach-
tungsvoller Blick wie der, den er damit wiederum erntete, ward

auf amerikanischem Boden gewiß nicht so bald wieder gesehen. »Davon verstehe ich nichts«, lautete die Antwort, »aber ich bin alt, und ich esse, was ich will.« Mit Marilyn Monroe verstand sich die Baronin weitaus besser.

Tatsache ist, daß Isak Dinesen gewöhnlich im dänischen Rungstedlund in ihrem Elternhaus wohnte, wo sie ein sehr seßhaftes Dasein führte, nicht zuletzt ihrer diversen Gebrechen wegen, deren ältestes ihr stets präsent war und nichts mit dem Alter zu tun hatte, nämlich die Syphilis: Sie hatte sie sich im Jahr ihrer Eheschließung mit Baron Bror Blixen zugezogen, von dem sie sich beizeiten, wenn auch nach einigem Hin und Her, wieder scheiden ließ. Ihr Gatte war der Zwillingsbruder des Mannes, den sie in ihrer frühen Jugend geliebt hatte, und vielleicht sind die über eine Mittelsperson geknüpften Bande von allen am schwierigsten zu entflechten.

Aufgrund der Syphilis mußte sie schon in sehr jungen Jahren auf ein Sexualleben verzichten, und als sie erkannte, daß selbst von Gott vermutlich keine Hilfe zu erwarten wäre, und ihr bewußt wurde, wie schrecklich es für eine junge Frau war, ihr »Recht auf Liebe« hintanstellen zu müssen, versprach Isak Dinesen ihre Seele dem Teufel, der ihr im Gegenzug das Versprechen gab, daß aus allem, was sie von jenem Augenblick an erleben sollte, eine Geschichte würde. Dies erzählte sie zumindest dem dänischen Dichter Thorkild Bjørnvig, der zwar nicht ihr Liebhaber war, mit dem sie aber, obgleich doppelt so alt und dreimal so intelligent wie er, im Alter von vierundsiebzig Jahren einen eigentümlichen Pakt schloß und den sie vier Jahre lang unter ihrer Fuchtel hatte. Es machte ihr Spaß, ihren Nicht-Liebhaber mit ihren jähen Stimmungsumschwüngen, wohlberechneten

Unberechenbarkeiten, Charmeausbrüchen und verblüffenden, aber stets triftigen Ansichten zu erschrecken. Einmal verunsicherte sie ihn, indem sie ihm ihre Wesensart auseinandersetzte: »Sie sind besser als ich, das ist es«, sagte sie zu ihm. »Der Unterschied zwischen uns ist, daß Sie eine unsterbliche Seele haben, und die habe ich nicht. Das ist wie mit den Meerjungfrauen oder Nixen, die haben auch keine. Sie leben länger als die mit der unsterblichen Seele, aber wenn sie sterben, dann verschwinden sie auch vollkommen und spurlos. Aber wer kann die Menschen mehr unterhalten, erfreuen und bezaubern als die Nixe, wenn sie spielt und verzaubert. Wenn sie die Menschen dazu bringt, wilder zu tanzen und heißer zu lieben als sonst. Und sieh da, dann verschwindet sie, und alles, was von ihr übrigbleibt, ist eine nasse Spur auf dem Fußboden.«

Wurde der Dichter (den sie drängte, Frau und Kind zu vernachlässigen, um sich in ihrem Haus in Rungstedlund langen »Schaffensperioden« hinzugeben) ihren hohen Ansprüchen nicht gerecht (und dies war nahezu immer der Fall), echauffierte sich die Baronin und behandelte ihn schlecht, was sie auch dann tat, wenn er es wagte, an einem ihrer Texte herumzumäkeln. Allerdings war Isak Dinesen so unbeständig wie das Wetter und brachte es fertig, sich nach einem handfesten Streit bei der nächsten Begegnung wieder von ihrer bezaubernden Seite zu zeigen, als wäre nichts geschehen, oder ihrem Nicht-Liebhaber gar zu seinem unbestechlichen kritischen Urteilsvermögen zu gratulieren. Derartige Sinneswandel waren für sie sehr typisch, und Bjørnvig hat berichtet, wie Isak Dinesen eines Abends aus Gründen, die nicht einmal er nachvollziehen konnte, in Zorn geriet und sich in eine altersschwache, wild gestikulierende, von der Wut entstellte Furie verwandelte, der er fassungslos und wie gelähmt gegenüberstand. Später, als der Dichter sich bereits schlafengelegt hatte, schlüpfte die Baronin zu ihm ins Zimmer und setzte sich auf seine Bettkante, doch nun sah er eine strahlende, völlig verwandelte Person von der Schönheit einer Siebzehnjährigen vor sich. Bjørnvig gestand, daß er eine solche Verwandlung nicht für möglich gehalten hätte, hätte er sie nicht mit eigenen Augen erlebt.

Alles in allem bescherte die Baronin ihrem Nicht-Liebhaber und ihren Freunden jedoch auch wundervolle Augenblicke der Freude und Verzückung oder Trance. Einmal stand sie inmitten einer beschwingten Abendgesellschaft auf und verließ das Zimmer. Kurz darauf kehrte sie mit einem Revolver zurück, hob ihn hoch und zielte damit lange auf den Dichter. Dieser ließ sich dadurch, seinen eigenen Worten zufolge, jedoch nicht aus der Ruhe bringen, denn in seiner Beglücktheit hätte ihm der Tod nichts anhaben können. Vielleicht sollte an dieser Stelle nicht unerwähnt bleiben, daß der Dichter Bjørnvig in seinem vier Jahre währenden Höhenflug nicht eine Zeile veröffentlicht hat.

Obwohl Isak Dinesen behauptete, daß es mit ihrer Sehkraft nicht zum besten stehe, konnte sie auf einer Wiese aus unfaßbarer Entfernung ein vierblättriges Kleeblatt entdecken oder den Neumond bereits erkennen, auch wenn dieser noch gar nicht zu sehen war. Sobald sie ihn erblickte, begrüßte sie ihn jedesmal mit drei Verneigungen, und sie war der festen Überzeugung, man müsse ihn ohne Brille erkennen können, andernfalls bringe es Unglück. Sie spielte Klavier und Flöte, auf ersterem vorzugsweise Schubert und Händel auf letzterer, und gegen Abend sagte sie nicht selten Gedichte von Heine, ihrem Lieblingspoeten, und manchmal auch welche von Goethe, den sie haßte, aber dennoch zitierte, aus dem Gedächtnis auf. Dostojewski verabscheute und bewunderte sie gleichermaßen, Shakespeare verehrte sie bedingungslos. Von Heine zitierte sie häufig folgende Verse: »Du stolzes Herz! du hast es ja gewollt! Du wolltest glücklich seyn, unendlich glücklich oder unendlich elend, stolzes Herz, und jetzo bist du elend.«

Ihre mit Lidstrich umrandeten Augen seien voller Geheimnisse gewesen, berichten all jene, die in sie geblickt haben: Sie hätten nie geblinzelt und sich nie vom Gegenstand der Betrachtung abgewandt. Isak Dinesens Vater hatte sich das Leben genommen, als sie zehn Jahre alt war, und sie hatte seit ihrer Kindheit Geschichten erzählt. Manchmal flehte ihre jüngere Schwester sie beim Zubettgehen müde an: »Oh, Tania, heute abend nicht!« Im Alter dagegen wurde sie von Gastgebern wie Gästen gleichermaßen zum Geschichtenerzählen gedrängt. Manchmal ließ sie sich dann dazu herbei wie jemand, der anderen ein Geschenk macht. Donnerstags aß sie regelmäßig mit einem Knaben zu Abend, dem sie eigens für diesen Anlaß einen Anzug gekauft hatte: Es handelte sich um den Sohn ihrer Köchin, den sie eines Abends dabei ertappt hatte, wie er sie aus einem Versteck heraus bei ihrem einsamen Mahl beobachtete. Sie hatte Spaß daran, andere zu provozieren, allerdings auf eine sanfte, ironische Art, etwa indem sie aus Sorge um das Schicksal der Eliten Einwände gegen eine absolute Demokratie erhob: »Sie wissen ja, es sollte immer ein paar Wenige geben, die in den Klassikern bewandert sind.« Von sich selbst sagte sie, sie lasse sich im Leben von den Regeln der klassischen Tragödie leiten, nach denen sie im übrigen auch die Kinder, die sie nie bekam, erzogen hätte.

Gegen Ende ihres Lebens verbrachte sie jährlich mehrere Monate in einer Klinik und die übrige Zeit wie eh und je in Rungstedlund, wo sie am 7. September 1962 in aller Stille verstarb, nachdem sie am Nachmittag Brahms – manche sagen auch, es sei Händel gewesen – gehört hatte. Sie hatte bis ins hohe Alter von siebenundsiebzig Jahren wie ein Schlot geraucht und wurde an der Küste von Rungsted zu Füßen einer Buche beerdigt, die sie selbst ausgesucht hatte. Lawrence Durrell zufolge hätte jeder, der es gewagt hätte, ihren Tod zu beweinen, von ihr einen zwar freundlichen, aber auch ironischen Blick geerntet. »In Wahrheit bin ich dreitausend Jahre alt und habe schon mit Sokrates zu Abend gegessen.«

Folgende Worte hatte Isak Dinesen sich zu eigen gemacht: »In der Kunst gibt es kein Mysterium. Tue die Dinge, die du sehen kannst, sie werden dir jene zeigen, die du nicht sehen kannst.«

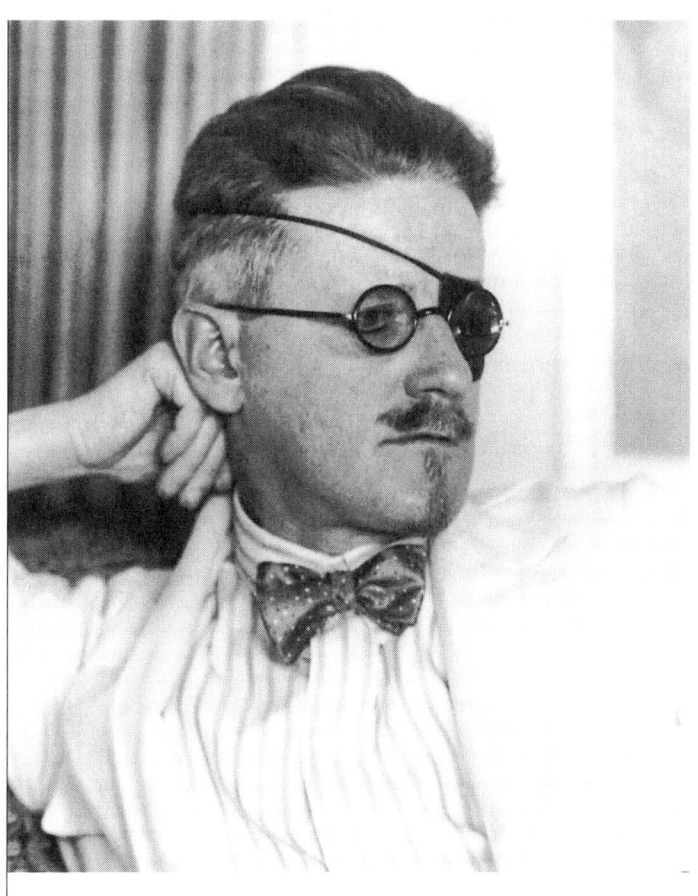

James Joyce, 1926 (Photo: Berenice Abbott)

James Joyce und sein Habitus

Angeblich sah James Joyce traurig und müde aus, und er selbst beschrieb sich einmal als »eifersüchtigen, einsamen, unzufriedenen und stolzen Menschen«. Freilich gab er diese Selbstbeschreibung im Privaten ab, und zwar in einem Brief an seine Frau Nora Barnacle, der er weit intimere und gewagtere Dinge anvertraute als sonst jemandem. Das heißt allerdings nicht, daß er diese Beschreibung nicht auch mit Blick auf die Nachwelt gemacht hätte, der er noch weitaus Gewagteres anvertraute.

Schon als junger Mann neigte er zu Überheblichkeit und Selbstverliebtheit und konzentrierte sich auf das, was er später einmal schreiben würde, sowie auf seinen sich bereits früh abzeichnenden (und später nicht mehr wegzudenkenden) Haß auf Irland und die Iren. Als er noch nichts weiter als ein paar Gedichte geschrieben hatte, fragte er seinen Bruder Stanislaus einmal: »Meinst du nicht, daß eine gewisse Ähnlichkeit vorhanden sein könnte, zwischen dem Mysterium der Messe, und dem, was ich zu tun versuche? Ich meine damit, daß ich in meinen Gedichten versuche, den Leuten eine Art geistigen Vergnügens, geistlichen Genusses zu verschaffen, indem ich das grobe Brot des Alltagslebens in etwas verwandle, das dann ein dauerndes künstlerisches Eigenleben besitzt ... im Interesse ihrer geistigen, seelischen und moralischen Erhebung.« Mag sein, daß seine

Vergleiche mit zunehmendem Alter weniger eucharistisch und statt dessen etwas schamhafter ausfielen, doch von der außerordentlichen Bedeutung seines Werks war er schon immer überzeugt gewesen, selbst als es noch gar nicht existierte. Offenbar zählt James Joyce zu jenem Schlag von Künstlern, die den *Habitus* der Genialität so sehr pflegen, daß am Ende sowohl ihre Zeitgenossen als auch künftige Generationen davon überzeugt sind, daß sie in der Tat und ohne den Schatten eines Zweifels Genies sind beziehungsweise gewesen sind. Diesem Habitus entsprechend war er dafür berühmt, daß es ihn nicht kümmerte, ob er gelesen wurde oder nicht, und daß er sich selbstverständlich nicht um die Meinung anderer scherte. Als jedoch sein *Ulysses* erschien, dessen Veröffentlichung mit großen Schwierigkeiten einhergegangen war, tat er alles in seiner Macht Stehende, um zu seiner Verbreitung beizutragen, und mehr als einmal wurde er dabei gesehen, wie er eigenhändig ein Exemplar verpackte, das er in der berühmten Buchhandlung Shakespeare & Co. gekauft hatte, deren hauseigenem Verlag und Druckerei es übrigens zu verdanken ist, daß dieses unsterbliche Buch schließlich doch erschien. Auch ist bekannt, daß er sämtliche Besprechungen und Kritiken in der Presse aufmerksam verfolgte und artige Dankesbriefe an all jene schrieb, die sich mit seinem Roman befaßten. Als lange danach *Finnegans Wake* herauskam und nur mäßigen Anklang fand, reagierte er gekränkt und unzufrieden, und in dieser Gemütsverfassung verbrachte er die letzten zwei Jahre seines Lebens, was nicht gerade eine angenehme Art und Weise ist, sie zu verbringen, vor allem wenn es die letzten sind.

In fast der gesamten übrigen Zeit genoß er jedoch ein Ansehen und eine Bewunderung, wie sie nur wenigen Autoren vor ihrem Tod zuteil werden. In seinen Pariser Jahren wurde er gleichermaßen verehrt und gefürchtet, und niemand wagte es, sich seinen Wünschen oder Gewohnheiten zu widersetzen, die beispielsweise darin bestanden, jeden Abend um Punkt neun Uhr am selben Ort zu essen oder niemals Weißwein zu trinken, so gut er auch sein mochte. Offensichtlich hatte ihn ein Augenarzt davor gewarnt, daß sich diese Sorte Wein verheerend auf die Sehkraft auswirke, und Joyce war um seine empfindlichen Augen sehr besorgt. Da er an Grünem Star litt, mußte er sich im Lauf seines Lebens elf Operationen unterziehen, weshalb er auf manchen Photos mit einer auffälligen dicken Klappe über dem linken Auge zu sehen ist, und vielleicht fand Djuna Barnes seine Augen darum »so bleich wie Pflanzen, die lange der Sonne entbehrt haben«. Die Augenklappe trug er also nicht, um Aufsehen zu erregen: Joyce beließ es bei seinem genialischen Habitus; er hatte es nicht nötig, sich als Jäger zu verkleiden oder bei der Fiesta de los Sanfermines vor den Stieren davonzulaufen. Im Gegenteil, er war alles andere als ein extravaganter Mensch, und bei Abendessen oder anderen gesellschaftlichen Anlässen neben ihn gesetzt zu werden, kam einer Strafe gleich, zumindest für jemanden, der selbst nicht sonderlich gesprächig war, denn Joyce geruhte bei solchen Gelegenheiten nicht den Mund aufzumachen, sondern erwartete vielmehr, daß man ihn mit allerlei Blabla unterhielt, während er selbst sich in Schweigen hüllte, in »bequemes, aber absolutes« Schweigen, wie Ford Madox Ford sich ausdrückte. Seine Tischgenossen bemühten sich geflissentlich um Themen, die ihn interessieren könnten, doch Mr. Joyce (wie ihn mit Ausnahme von Djuna Barnes alle nannten) pflegte nur mit »Ja« oder »Nein« zu antworten. Im Unterschied zu den

Figuren in seinen Romanen, die durch die Bank verkappte Schwätzer sind, war der Autor selbst wortkarg und herablassend, zumindest in Gesellschaft.

Privat und unter vier Augen war er ganz anders, wenn auch nicht weniger hochmütig. Dann betrank er sich bis in die frühen Morgenstunden und gab sich weitaus liebenswürdiger und redseliger, doch allzu häufig schnitt er theologische Themen an, die niemanden interessierten, oder begann in klangvollem Italienisch lange Versfolgen von Dante zu deklamieren wie ein Priester vor der Schar seiner Gläubigen. Als in der Brasserie Lutétia sein Tischgenosse einmal zu ihm sagte, er habe gerade eine Ratte die Treppe hinunterhuschen sehen, reagierte Joyce nicht eben sehr gelassen. »Wo? Wo?« rief er aufgeschreckt. »Das bringt Unglück!« Joyce war unsäglich abergläubisch, und kaum hatte er diese Worte ausgesprochen, fiel er vor Schreck auch schon in Ohnmacht. Auch vor Hunden hatte er große Angst, seit ihn in seiner Kindheit ein irischer Terrier böse gebissen hatte. Die größte Panik aber hatte er vor Gewittern, als Kind ebenso wie als Erwachsener, wenngleich er sie später besser überspielte. In seiner Kindheit schloß er nicht nur die Fenster, zog die Vorhänge zu und ließ die Rollos herunter, sondern verkroch sich obendrein in einem Schrank. Böse Zungen behaupten, er habe sich noch als Erwachsener die Ohren zugehalten und wie ein Feigling benommen; wohlwollende bestreiten dies zwar, räumen jedoch ein, daß er, wenn ihn das Gewitter auf offener Straße überraschte, händeringend und schreiend davonlief.

Abgesehen davon, daß er, wenn er trank (es gab auch Phasen der Abstinenz), ein starker Trinker war, verschlang er Unmengen von Büchern und ließ sich in seiner Jugend häufig mit Huren ein. Er bediente sich ihrer, doch gleichzeitig waren sie ihm zuwider, und vielleicht erklärt dies, warum er sich in den Briefen an seine Frau Nora vorzugsweise Szenen ausdachte, die bei aller Theatralik möglicherweise ihre Entsprechung in der Wirklichkeit hatten. Schließlich hatte Joyce ja auch einmal gesagt, daß er sich »danach sehne, mit einer Seele zu kopulieren«. In jenen bereits vor vielen Jahren berühmt gewordenen Briefen versprach der Verfasser seiner Frau jedesmal, sie sehr glücklich zu machen, wenn sie sich endlich wiedersahen (er weilte damals in Dublin, sie in Triest, wo sie normalerweise wohnten), und er erlebte dank dieser Briefe sogar flüchtige Augenblicke der Wonne, gestand er doch am Ende nicht nur eines von ihnen, daß es ihm gekommen sei (seine Ausdrucksweise!), während er ihr Ferkeleien schrieb: sicherlich einer der wenigen Schriftsteller, die sich mit ihrer Feder derart intensive Glücksmomente verschafft haben. Dem Briefwechsel nach zu schließen, wünschte sich James Joyce, daß seine Frau dicker wurde, damit sie ihn schlagen und beherrschen konnte und sie ihre Exzesse besser ausleben konnten; er hatte sehr genaue Vorstellungen darüber, was für Unterwäsche sie tragen sollte (stets leicht angeschmutzt, an dieser Präferenz änderte sich nie etwas); und er machte aus seiner Vorliebe für die winderzeugenden oder gar depositorischen Fähigkeiten jener Frau, die er als Nora Barnacle kennengelernt hatte, keinen Hehl: kurzum, er war ein Kotfetischist. Doch nicht dies ist das Auffälligste an jenen Briefen, sondern vielmehr der inquisitorische Eifer, mit dem er Nora zu ihrer Vergangenheit und ihrem gegenwärtigen Leben befragte, um Material für seine Bücher zu sammeln. Die Vorgehensweise bei diesen Verhören erinnert unweigerlich an die katholischer Geistlicher im Beicht-

stuhl, wie sich anhand des folgenden Auszugs ersehen läßt: »Als
dieser Mensch ... Dir die Hand oder die Hände unter den Rock
geschoben hat, hat er Dich da nur äußerlich gekitzelt, oder hat er
Dir den Finger oder mehrere Finger reingesteckt? Falls er es
getan hat, hat er es geschafft, den kleinen Zipfel ganz oben in
Deiner Möse zu berühren? Hat er Dich von hinten angefaßt? Hat
er Dich lange gekitzelt, und ist es Dir gekommen? Hat er von Dir
verlangt, daß Du ihn anfaßt, und hast Du es getan? Falls Du ihn
nicht angefaßt hast, ist er gekommen, als er sich an Dich
gepreßt hat, und hast Du es gespürt?« Oder, in einem anderen
Brief: »Heute abend ... habe ich mir auszumalen versucht, wie
Du Dir auf dem Klo die Möse reibst. Wie machst Du es? Stehst
Du, gegen die Wand gelehnt, und streichelst Dich selbst unter
der Wäsche, oder hockst Du Dich mit hochgeschobenem Rock
auf die Klobrille, schiebst die Hand in Dein Höschen und bear-
beitest Dich? Kriegst Du dann Lust zu scheißen? Ich frage mich,
wie Du es machst. Kommst Du beim Scheißen, oder besorgst Du
es Dir zuerst und scheißt dann?« Es läßt sich nicht bestreiten,
daß Joyce ein pingeliger, detailverliebter Mensch war.

James Joyce mußte im Leben zwar so manchen Schicksals-
schlag einstecken, aber im allgemeinen zeigte er seine Gefühle
nicht. Fünf seiner neun Brüder (er war der Älteste) überlebten
die Kindheit nicht, und seine Reaktion bei ihrem Tod führte
dazu, daß seine Mutter ihn für unsensibel hielt. Als jedoch seine
Tochter Lucia in eine psychiatrische Klinik eingewiesen werden
mußte, überschlug sich Joyce vor Fürsorglichkeit geradezu und
gab nie die Hoffnung auf, daß sie eines Tages genesen würde. Er
schrieb ihr unzählige Briefe. Seinem Bruder Stanislaus nach war
für James Joyce das »Unglücklichsein wie ein Laster«. Außer den

Menschen gegenüber, die ihm sehr nahestanden, gab er sich kühl und distanziert, doch als er kurz nach dem Tod seiner Mutter auf ein Bündel Briefe stieß, die sein Vater ihr vor der Hochzeit geschrieben hatte, verbrachte er einen ganzen Nachmittag mit ihrer Lektüre, obgleich »mit so wenig innerer Anteilnahme wie ein Arzt oder Anwalt ..., wenn sie Fragen stellen«. Anschließend fragte ihn Stanislaus: »Und?« – »Nichts«, entgegnete James Joyce knapp und leicht verächtlich. *Nichts* in den Augen eines jungen Dichters mit hochgesteckten Zielen, sagte sich Stanislaus, aber offensichtlich *etwas* für die Frau, die die Briefe in all den Jahren des Siechtums und der Not aufbewahrt hatte. Stanislaus verbrannte die Briefe, ohne sie selbst gelesen zu haben.

James Joyce hatte die Angewohnheit zu seufzen. Als seine Schwiegermutter dies bemerkte, meinte sie zu ihm, so mache er sich das Herz kaputt. Doch Joyce starb nicht etwa an gramzerfressenem Herzen, sondern an einem durchgebrochenen Magengeschwür, und zwar im Alter von knapp neunundfünfzig Jahren am 13. Januar 1941 in einer Zürcher Klinik. Zwei Tage später wurde er nach einer kurzen Trauerfeier auf dem städtischen Friedhof beigesetzt.

Seine Frau Nora Barnacle, die sich nicht bequemte, seinen *Ulysses* zu lesen, beschrieb ihn einmal mit den Worten: »Er ist ein Fanatiker.«

Giuseppe Tomasi di Lampedusa mit seiner Frau, ca. 1930
(Photo: Giuseppe Biancheri)

Giuseppe Tomasi di Lampedusa
und sein Unterricht

Das Traurigste an der ohnehin eher traurigen Geschichte Giuseppe Tomasi di Lampedusas ist die Veröffentlichung seines einzigen und zugleich weltberühmten Romans *Der Leopard*, denn man kann sagen, daß sie das einzige außergewöhnliche Ereignis darstellt, das ihm im Leben widerfahren ist, wobei es sich genaugenommen erst nach seinem Tod, nämlich sechzehn Monate, nachdem er das Zeitliche gesegnet hatte, zugetragen hat. Aus diesem Grund zählt er zu den wenigen Schriftstellern, die sich nie als Schriftsteller gefühlt und auch nie wie solche gelebt haben, ja er war sogar noch weniger einer als andere, die es wie er zu Lebzeiten nicht geschafft hatten, etwas zu veröffentlichen, weil er es nämlich bis kurz vor seinem Ende noch nicht einmal versucht hatte. A propos versuchen: bis zu jenem Zeitpunkt hatte er nicht einmal versucht, etwas zu schreiben.

Vielmehr war er ein unersättlicher, besessener Leser. Die wenigen Menschen, die näher mit ihm bekannt waren, staunten über seine umfassenden Kenntnisse in Literatur und Geschichte, zwei Bereiche, in denen er jeweils mit einer außerordentlichen Bibliothek aufwarten konnte. Er hatte nicht nur alle bedeutenden und unverzichtbaren Autoren gelesen, sondern auch alle zweitrangigen und mittelmäßigen, die er, insbesondere was die Gattung des Romans betrifft, für ebenso notwendig hielt wie die großen. »Man muß sich auch langweilen können«, pflegte er zu sagen und las ebenso interessiert wie geduldig schlechte Literatur. Der Kauf von Büchern stellte nahezu seine gesamten Ausgaben beziehungsweise seinen einzigen Luxus dar, allerdings war die Auswahl, die Palermo in dieser Hinsicht einem Mann zu bieten hatte, der Englisch, Französisch, Deutsch und Russisch (sowie in seinem letzten Lebensjahr auch Spanisch) sprach, hoffnungslos begrenzt. Doch immerhin gab es auf diese Weise im ansonsten müßigen Dasein des Landjunkers jeden Morgen ein paar Stunden, in denen er in Buchhandlungen herumstöbern konnte, allen voran in einer mit Namen Flaccovio, der er zehn Jahre lang tagtäglich einen Besuch abstattete.

Offengestanden mußten die derart verbrachten Vormittage seinen Mitbürgern wie Tagedieberei in Reinkultur erscheinen, was sie zweifellos auch waren. Während seine lettische Frau Licy, ihres Zeichens Psychoanalytikerin, im Bett lag und den Schlaf nachholte, den sie aus freien Stücken bis in die frühen Morgenstunden ihrer Arbeit opferte, stand Lampedusa zeitig auf und begab sich zu Fuß zu einer Konditorei, wo er in aller Ruhe frühstückte und las. Einmal bewegte er sich geschlagene vier Stunden nicht, so lange, wie er brauchte, um sich von Anfang bis Ende durch einen dicken Wälzer von Balzac zu arbeiten. Danach pflegte er seinen gemächlichen Streifzug durch die Buchhandlungen zu machen und sich anschließend erneut in ein Kaffeehaus zu setzen, allerdings nicht zu seinen Bekannten mit ihren pseudointellektuellen Interessen. Er hörte (»dem dummen Geschwätz«) einfach nur zu, sagte selbst kaum etwas und fuhr nach seinen ausgedehnten Sitzungen und dürftigen Wanderungen schließlich mit dem Bus zurück. Zeitzeugen zufolge schleppte er sich mühsam und mit Schlenkerschritt, wenn auch mit hochvornehmer Miene und wachem Blick vorwärts, in einer Hand eine mit Büchern, Süßigkeiten und Gebäck vollgestopfte Ledertasche – seine Überlebensration, mit der er bis zum Abend auskommen mußte, da es zu Hause kein Mittagessen gab. Diese berühmte Tasche trug er ganz selbstverständlich mit sich herum, und es kümmerte ihn nicht im geringsten, daß nebst Proustschen Werken Leckereien oder gar Zucchini herausschauten. Dem Vernehmen nach befanden sich in der Tasche stets mehr Bücher als nötig, als handelte es sich um das Gepäckstück einer Leseratte, die sich auf eine lange Reise begibt und Angst hat, ihr könnte die Lektüre ausgehen. Das eine oder andere Werk von Shakespeare war immer dabei, damit es, wie seine Frau meinte, »ihn trösten konnte, falls er unterwegs etwas Unangenehmes« sah.

Lampedusas glühende Begeisterung für Bücher ging so weit, daß er sie als Sparbücher benutzte: Er hatte die Angewohnheit, kleinere Geldscheine zwischen die Seiten verschiedener Bände zu legen und sodann vorsätzlich zu vergessen, in welchen sie sich befanden. Deshalb sagte er manchmal, seine Bibliothek enthalte zwei Schätze.

Geld war, wie sich vermuten läßt, nie ein Thema für ihn, doch nicht so sehr, weil er steinreich gewesen wäre, sondern vielmehr aufgrund mangelnden Ehrgeizes. Zwar war er sicherlich wohlhabend genug, um zeitlebens nicht arbeiten zu müssen, doch hatten die Teilung der Erbschaft und die Umwälzungen des Jahrhunderts ihn zu einem im wahrsten Sinn des Wortes verarmten Edelmann gemacht. Seine Plaisiere nahmen sich bescheiden aus: Von den Ausflügen in die Buchhandlungen einmal abgesehen, bestanden sie in häufigen Kinogängen und gelegentlichen

Restaurantbesuchen; ja, er reiste nicht einmal, mochte er dies in seiner Jugend noch relativ oft getan haben. Die Filme, die er sich ansah (zwei bis drei pro Woche), trug er in sein Notizbuch ein und versah sie jeweils mit einem Adjektiv: Im Fall von 20 000 Meilen unter dem Meer lautete dieses spettacolare.

1954, drei Jahre vor seinem Tod, vermerkte er: »Ich bin ein sehr einsamer Mensch. Von den täglich sechzehn Stunden meines Wachseins verstreichen mindestens zehn in Einsamkeit. Ich behaupte jedoch mitnichten, daß ich all diese Zeit mit Lesen verbringe; manchmal unterhalte ich mich damit, daß ich literarische Theorien ausarbeite...« Dies stimmte hinten und vorne nicht, denn bei seinem Tod hinterließ er keine einzige seiner sogenannten »literarischen Theorien«. Wohl aber hinterließ er rund tausend Seiten über englische und französische Literatur, und das erstaunliche ist, daß diese Seiten ursprünglich nur für einen einzigen Menschen bestimmt waren, nämlich für Francesco Orlando. Dieser war ein junger Bürgerlicher (heute ist er ein vortrefflicher Professor und Kritiker), dem Lampedusa in den letzten Jahren seines Lebens anbot, ihm sowohl Englischunterricht als auch einen Rundumkurs in englischsprachiger Literatur zu erteilen. Manchmal kam sein einziger Schüler nicht allein, doch das blieb die Ausnahme. Dreimal die Woche empfing Lampedusa Orlando um sechs Uhr abends bei sich zu Hause und forderte ihn auf, ihm in gemessenem Tempo die Lektion vorzulesen, die der Fürst eigens zu diesem Zweck abgefaßt hatte, oder sie lasen sich gegenseitig etwas vor, allem voran Dickens und Shakespeare. Dieser großzügige, ebenso uneigennützige wie eigenwillige Unterricht veränderte Lampedusas Leben, und er mag zum Teil auch der Schlüssel für seine späte Entscheidung zu schreiben sein. In jedem Fall wirkten der Umgang mit jungen Menschen und die Möglichkeit, ihnen etwas zu »vermitteln« (zwar nicht der Unterricht selbst, aber die literarischen Gespräche machten unter Orlandos Altersgenossen Schule), belebend auf ihn, und er verbrachte seine Abende nicht länger nur mit einsamer Lektüre. Die Lektionen nahm er sehr ernst, und in einem von ihm erhaltenen Text beklagt er sich an einer Stelle sogar darüber, daß er eine Lektion viel zu schlecht und eilig vorbereitet habe: »die schlechtesten Seiten, die je von menschlicher Feder verfaßt worden sind, ein unendliches Greuel« – so bezeichnete er das, was er über das Leben Byrons geschrieben hatte. Mit der ihm eigenen liebenswerten Ironie machte er seinem Schüler weis, daß die entsprechenden Seiten, sobald sein Zögling sie gelesen und das Haus verlassen hätte, unverzüglich im Feuer und nirgendwo sonst landeten. Zum Glück jedoch hob Lampedusa sie auf, und erst unlängst hat man damit begonnen, diese in gewissem Sinn wissenschaftlichen Texte voller Weisheit, Humor, Ernsthaftigkeit und Feingefühl zu veröffentlichen.

Lampedusa interessierte sich sehr für das Leben von Schriftstellern, weil er wie Sainte-Beuve davon überzeugt war, daß darin beziehungsweise in ihren geheimsten Anekdoten der Schlüssel zu ihrem Werk liege. Vielleicht hinterließ er selbst aus diesem Grund – und auch, um den Exegeten die Arbeit zu erschweren – nicht allzu viele Anekdoten, und sofern es in seinem Leben Geheimnisse gegeben hat, hat er dafür gesorgt, daß sie eben dies, nämlich geheim, blieben. An häßlichen Dingen (die er selbst über seine Vorbilder nur zu gern in Erfahrung brachte) könnte man Lampedusa lediglich seine mutmaßliche Impotenz nachsagen, auf welche die Tatsache, daß er keine Nachkommen hatte, ebenso hindeutet (wobei man allerdings nicht vergessen darf, daß seine Frau bei der Eheschließung bereits siebenunddreißig war) wie seine offenbar nicht vorhandene Leidenschaft für Licy, mit der er in den ersten Jahren, da sie Sizilien nicht mochte und einen Großteil des Jahres im elterlichen Schloß in Lettland verbrachte, eine sogenannte *Briefehe* führte. Alle übrigen Anomalien betrafen nicht ihn direkt, sondern vielmehr seine Vorfahren, wobei als die zeitlich am wenigsten weit zurückliegende die Ermordung einer seiner Tanten zu nennen wäre, die in einem schäbigen römischen Hotel von ihrem Geliebten, einem Baron, erstochen wurde.

Lampedusa war ein zu Übertreibungen neigender Sonderling wie alle Schriftsteller, auch wenn er nicht wußte, daß er letzteres war: Er haßte das Melodram und die italienische Oper, die er für Banausenkunst hielt; eigentlich haßte er alles Explizite. Sein Lieblingswerk von Shakespeare war *Maß für Maß*, dem er allerdings das Sonett Nr. 129 noch vorzog. Er litt unter Schlaflosigkeit und Albträumen, ließ sich jedoch erst gegen Ende seines Lebens dazu herab, seiner Frau, der Psychoanalytikerin, einen von ihnen zu erzählen: In dem Traum eilte er durch irgendwelche Gänge und versuchte das Datum seiner bevorstehenden Hinrichtung zu erfragen. Lampedusa trank ausschließlich Wasser, doch dafür aß er kräftig (er war zu dick) und rauchte viel, ohne je zu bemerken, wenn ihm die Asche aufs Jackett rieselte. Wurde ihm jemand vorgestellt, gab er dem Betreffenden die Hand, ohne ihn dabei anzusehen; in Gesellschaft galt er als schüchtern, schweigsam, einzelgängerisch und traurig, und manche Menschen glaubten, er weigerte sich in bestimmten Situationen ganz einfach zu reden. Privat jedoch, also im Kreis seiner wenigen engen Freunde und noch spärlicheren Jünger, erwies er sich als brillanter und präziser, liebenswerter und immer leicht sarkastischer Gesprächspartner. Auch etwas Schulmeisterhaftes hatte er: Mit seinen Hunden sprach er jeweils in einer der Sprachen, die er selbst beherrschte. Orlando sagte einmal über ihn, er sehe aus wie eine »riesige, gedankenverlorene Wildkatze«.

Über seine politischen Ansichten, sofern er sich über diese selbst im klaren war, ist wenig bekannt, einiges jedoch über seinen Haß auf Sizilien und die Sizilianer, wenngleich dieser Haß nur oberflächlich war und sich in ihn durchaus auch liebevolle Gefühle mischten. Fest steht, daß er gegen alle Gesellschaftsschichten wetterte. Er war im herkömmlichen Sinn ein Antiklerikaler und glaubte fest daran, daß alles »hier unten« ende. Ein sanftmütiger Mensch, nahm er die Tatsache, daß sein Roman anfänglich von einigen Verlagen abgelehnt wurde, mit Ironie und Betrübnis auf, wohingegen seine Frau aufgebracht in ihr Notizbuch schrieb: »*Refus de ce cochon de Mondadori*«. Ausschlaggebend für seine Entscheidung zu schreiben war Lampedusas eigenen Worten zufolge die Tatsache gewesen, daß einer seiner Vettern, Lucio Piccolo, in reiferen Jahren mit einem Gedichtband eine Auszeichnung sowie den Beifall Montales eingeheimst hatte. »Mit der mathematischen Gewißheit, daß ich auch nicht dümmer bin als er, habe ich mich an meinen Schreibtisch gesetzt und einen Roman geschrieben«, teilte er einem Freund in einem Brief mit. Einerseits war er davon überzeugt, daß Il *gattopardo* es verdiente, veröffentlicht zu werden, doch andererseits beschlichen ihn Zweifel: »Ich fürchte, das Buch ist eine Schweinerei«, vertraute er Orlando an, und dieser hatte den Eindruck, daß er es ernst meinte.

Giuseppe Tomasi di Lampedusa starb im Alter von sechzig Jahren in den frühen Morgenstunden des 23. Juli 1957 an Lungenkrebs, und zwar im Haus von Verwandten in Rom, wohin er sich zur Behandlung begeben hatte. Er schlief einfach ein, und seine Schwägerin fand ihn tot auf.

Lampedusa war stets der Auffassung gewesen, man solle andere Menschen in ihrem Irrglauben belassen. Er selbst nahm seinen mit ins Grab, denn den Erfolg, der ihm stets einen Schritt voraus gewesen war, erlebte er nicht mehr. Eine der Bürden seines Lebens sei, wie er sagte, seine Hartherzigkeit gewesen, und vor dieser warnte er seinen geliebten, vierzig Jahre jüngeren Vetter Gioacchino, den er schließlich adoptierte: »Sei auf der Hut«, sagte er zu ihm. »*Cave obdurationem cordis.*«

Henry James, ca. 1898

Henry James auf Besuch

Von Henry James läßt sich sagen, daß er Pech und Glück zugleich hatte und zwar aus ein und demselben Grund: Er war im Leben nur Zuschauer und nahm selbst kaum daran teil, zumindest nicht an den auffälligsten und aufregendsten Seiten. Trotzdem führte er über viele Jahre ein äußerst intensives und kurzweiliges Gesellschaftsleben, und so ist etwa überliefert, daß er allein in der Saison zwischen 1878 und 1879 einhundertvierzig Einladungen zum Abendessen erhielt und diese auch annahm. Es war eine Zeit, als es in London keine Uraufführung und kein Fest gab, die ohne seine Anwesenheit nicht an Glanz verloren hätten.

Obwohl er die letzten achtzehn Jahre größtenteils in Lamb House, seinem Landhaus bei Rye, verbrachte, verzichtete er auch dort keineswegs auf Gesellschaft: Zu seinen vier Dienern, dem Gärtner und der Sekretärin gesellten sich im Wechsel der Jahreszeiten unzählige Besucher, doch verliefen die Besuche sittsam und geordnet, da er niemals mehr als zwei Gäste auf einmal empfing. In der näheren Umgebung wohnte der eine oder andere Schriftstellerkollege, so auch Joseph Conrad und Ford Madox Ford, der damals mit Nachnamen noch »Hueffer« hieß. Mit ersterem verkehrte James kaum, da er ihm menschlich nicht besonders lag, und zwar vor allem deshalb, weil Conrad »im Grunde« ein römisch-katholischer romantischer Pole und oben-

drein ein pessimistischer Slave war. Begegneten sich die beiden
jedoch, unterhielten sie sich mit viel Tamtam, voller Bewunderung für den jeweils anderen und ausschließlich auf französisch
miteinander, und James rief alle dreißig Sekunden aus: »Mon cher
confrère!«, worauf Conrad nicht minder häufig »Mon cher maître!«
erwiderte. Was den wesentlich jüngeren Ford beziehungsweise
Hueffer anging, so trafen sich die beiden, letzterem zufolge, fast
unentwegt, und offenbar wurde dies James gelegentlich zuviel:
Nachweislich sprang er einmal, als er mit seiner Sekretärin spazierenging, über einen Graben, um die Landstraße nach Rye zu
meiden, wo Hueffer ihm aufzulauern pflegte.

Henry James, groß, dickleibig und vollkommen kahlköpfig,
hatte einen schrecklichen Blick, der so durchdringend und for-
schend war, daß die Diener in manchen Häusern zusammen-
fuhren, wenn sie dem Besucher die Tür öffneten, weil sie das
Gefühl hatten, bis aufs Mark durchbohrt zu werden. Der Glatze
nach hätte er Theologe, den Augen nach Hexer sein können.
Seine Mitmenschen behandelte er mit großer Rücksicht und
auf leicht humoristische Weise, als ahmte er absichtlich Pickwick nach. Ärgerte er sich jedoch über etwas, konnte er von
maßloser Grausamkeit und vorübergehender Rachsucht sein,
allerdings lediglich verbal. Seine Bekannten erinnern sich nur an
wenige Situationen, in denen sein Englisch einen knallharten,
schonungslosen Ton annahm, doch diese wenigen haben sie
nicht vergessen können. Im allgemeinen sprach er so, wie er
schrieb, eine Eigenheit, die in seinen letzten Lebensjahren durch
die Angewohnheit, seine Romane zu diktieren, noch verstärkt
wurde und mitunter so extreme Formen annahm, daß sie andere Menschen zur Verzweiflung trieb. Die Formulierung einer

schlichten, an ein Hausmädchen gerichteten Frage etwa dauerte mindestens drei Minuten, so genau nahm er es mit der Sprache und so groß war seine Angst vor Ungenauig- und Zweideutigkeiten. In seinem Bemühen um Klarheit drückte er sich indirekt und vollkommen obskur aus, und als er sich beispielsweise einmal auf einen Hund bezog, beschrieb er diesen, um die direkte Bezeichnung zu umgehen, als »etwas Schwarzes, Hündisches …« Ein andermal besaß er nicht den Mut, sich eindeutig über eine unbestreitbar häßliche Schauspielerin zu äußern, und so begnügte er sich mit der abgeschwächten Variante und behauptete, daß »jenes arme liederliche Frauenzimmer eine gewisse kadaverartige Anmut« besäße.

Seine Vorliebe, beim Reden zahllose Einschübe und Exkurse zu machen, brachte ihm manche Mißlichkeit ein: Eines Nachmittags ging er gewohnheitsgemäß auf der Landstraße nach Rye zusammen mit Hueffer, einem weiteren Schriftsteller und seinem Hund Maximilian spazieren, der unterwegs gern Schafen nachjagte, weshalb James ihn an einer besonders langen Leine führte, damit der Hund genügend Bewegungsfreiheit hatte. Um einen seiner Endlossätze mit der gebührenden Emphase zu krönen, blieb James irgendwann stehen und rammte seinen Gehstock in den Boden, und in dieser Haltung salbaderte er noch eine Weile weiter, während seine Begleiter ihm andächtig lauschten und der Hund Maximilian, der nach Lust und Laune hin und her, vor und zurück rannte, mit der Leine den Gehstock sowie die Beine der Herren umwickelte, bis sie darin gefangen waren. Als der Maestro seinen Vortrag beendet hatte und den Spaziergang fortsetzen wollte, mußte er feststellen, daß er sich nicht vom Fleck rühren konnte. Nachdem er sich mühsam befreit hatte, drehte er sich mit zornblitzenden Augen zu Hueffer um, hob vorwurfsvoll den Stock und rief: »Hueffer! Sie sind noch beklagenswert jung, aber in Ihrem Alter, wenn nicht früher, denken sich nur noch Schwachköpfe solche Streiche aus! Haben Sie gehört? Schwach-kö-pfe!«

Doch von solcherlei seltenen Gemütsaufwallungen abgesehen galt James als Mensch, der sich durch tadellose Umgangsformen auszeichnete und nie ins Fettnäpfchen trat. Einem Diplomaten begegnete er mit derselben Zuvorkommenheit und unvermeidlichen Weitschweifigkeit wie einem Schornsteinfeger, und seine Neugier für alles, was ihm unter die Augen kam, war grenzenlos. Manch einer mag dies als Aufforderung zur Vertrauensseligkeit aufgefaßt haben, und solange James in Rye lebte, war er dem Dorftratsch keinesfalls abgeneigt. Er konnte endlos zuhören, aber auch genauso endlos reden: Bald hörte er sich das Geständnis eines Mörders an, bald hielt er einem von Conrads Söhnen einen Vortrag über Hüte, nur weil der Fünfjährige ihn in seiner Arglosigkeit zu der merkwürdigen Form des Huts befragt hatte, den James trug.

War er in einen seiner Romane vertieft, konnte er sehr vergeßlich sein, und manchmal fiel ihm erst wieder ein, daß er Gäste hatte, wenn diese bereits bei Tisch saßen und auf ihn warteten. Mit den Regeln der Gastfreundschaft nahm er es peinlich genau, und wirklich riskant war es nicht etwa, sein Gast, sondern vielmehr sein Gastgeber zu sein, denn aus den ihm zuteil werdenden Aufmerksamkeiten oder der Atmosphäre eines Hauses zog er unumstößliche Schlüsse, die er im nachhinein mittels seiner Fabulierkunst noch aufbereitete. Im selben Maß wie er beispielsweise Turgenjew sowohl als Literaten wie auch als Men-

schen bewunderte (für James war er mindestens so etwas wie ein
Fürst), verabscheute er Flaubert bis in alle Ewigkeit, weil dieser
sie, also besagten Turgenjew und ihn, einmal im Morgenrock
empfangen hatte. Allem Anschein nach handelte es sich vielmehr um einen Arbeitskittel, der zu jener Zeit französisch *chan-
dail* genannt wurde, und gewiß wollte Flaubert ihnen eine Ehre
erweisen, indem er ihnen auf diese Weise Einblick in sein Privatleben gewährte. Doch für James war es nun mal ein Morgenrock,
und das verzieh er Flaubert nie, ja, er ging sogar noch weiter: Für
ihn galt es von da an als ausgemacht, daß Flaubert ein Mensch
war, der *alles* im Morgenrock erledigte, und deshalb mußten seine Bücher zwangsläufig Schund sein, ausgenommen *Madame
Bovary*, die er, wie James einräumte, vermutlich im Jackett
geschrieben hatte. Haargenau denselben Fehler beging der
Dichter und Maler Rossetti, der James im Staubmantel empfing –
für James eindeutig wieder ein Morgenrock. Und jemanden im
Morgenrock zu empfangen war eine Schamlosigkeit, die tief in
die Seele desjenigen blicken ließ, der sie beging. Dieses Detail
verleitete James zu der Schlußfolgerung, daß Rossetti abscheu-
liche Angewohnheiten habe, niemals bade und überhaupt ein
unerträglich lasziver Mensch sei. Bestimmt aß er zum Frühstück
fetten Schinken und »blutige« Eier. Auch James' Besuch bei
Oscar Wilde, dem der Apostel der Ästhetik während eines längeren Amerikaaufenthalts seine Aufwartung machte, verlief
nicht sonderlich herzlich. Als James sich die Bemerkung erlaubte, er vermisse London, sah Wilde ihn verächtlich an und
schimpfte ihn einen Provinzler: »Also wirklich! Ihnen sind *Orte*
wichtig!« Und er schickte gleich einen Topos hinterher: »Mein
Zuhause ist die Welt!« Von jenem Augenblick an schwankte

James, ob er Wilde einen »schmutzigen Rohling«, einen »dämlichen Geck« oder »unsäglichen Bauerntölpel« nennen sollte. Dagegen kannte seine Begeisterung für den Zeitgenossen Maupassant keine Grenzen, was ebenfalls auf einen Besuch zurückzuführen war: Der französische Romancier hatte James in Gesellschaft einer nackten Frau mit Gesichtsmaske zum Mittagessen geladen. James erschien dies als Gipfel des Raffinements, vor allem als Maupassant ihm anvertraute, daß es sich nicht etwa um eine Kurtisane, Dirne, Magd oder Schauspielerin handelte, sondern um eine *femme du monde*, was ihm James nur zu gern aufs Wort glaubte.

Bekanntlich war sein Verhältnis zu Frauen aus welchen Gründen auch immer – von denen nur einige überliefert sind – nicht weiter der Rede wert. Dabei war ihm Sex offenbar nicht vollkommen gleichgültig, denn wenngleich sich in seinen Büchern kaum eindeutige Anspielungen darauf finden, hatte er im privaten Kreis und in Gesellschaft bestimmter Menschen kein Problem damit, diese ohne einen Hauch von Schamesröte und ohne Beschönigungen nach den abwegigsten Absonderlichkeiten auf diesem Gebiet auszufragen. Über viele Jahre stand für ihn fest, daß er nie heiraten würde: Zum einen fand er, obwohl er seit vierzig Jahren in England lebte, den Gedanken an eine britische Ehefrau lächerlich; zum anderen, sagte er einmal bei einem Gespräch über die Ehe zu einer Freundin, »... bin ich in meinem jetzigen Zustand glücklich und zugleich unglücklich genug, und ich habe nicht den Wunsch, einer der beiden Waagschalen etwas hinzuzufügen«. Heiraten war seiner Meinung nach keine Notwendigkeit, sondern der allergrößte und teuerste Luxus. Offenbar hatten ihm die Frauen so manchen Verdruß und Ärger bereitet. Einem Freund erzählte er mit ernster, geheimnisvoller Miene, daß er in seiner Jugend einmal in einer fremden Stadt stundenlang im Regen gestanden und ein Fenster beobachtet hatte, um einen Blick auf eine Gestalt oder ein Gesicht zu erhaschen, das er im Schein der Lampe nicht hatte erkennen können, weil diese nur eine Sekunde lang aufgeleuchtet hatte und dann erloschen war. »Das war das Ende ...«, sagte James und brach ab. Als Hueffer ihm mitteilte, daß er nach Amerika und dort unter anderem auch nach Newport in Rhode Island reisen werde, bat James ihn, einen Spaziergang zu einer bestimmten Klippe zu unternehmen und dort stellvertretend für ihn dem Ort seine Aufwartung zu machen, an dem er, James, seine inzwischen verstorbene Cousine, die er als sehr junger Mann hätte heiraten sollen, zum letzten Mal gesehen und sich von ihr verabschiedet hatte.

Wer ihn kannte, hatte ihn als lebhaften, aufmerksamen, überaus aktiven, nervösen, heftig gestikulierenden und zugleich gelassenen Menschen in Erinnerung. Bei allem, was er tat oder sagte, war er vorausschauend, aber nicht unbedingt besonnen; das heißt, der Entschluß, etwas zu tun, kostete ihn zwar Überwindung, doch wenn er sich einmal zu etwas durchgerungen hatte – beispielsweise zum Schreiben –, war er nicht zu halten. Beim Diktieren seiner Bücher schritt er im Raum auf und ab, und wenn er seine Mahlzeiten allein einnahm, stand er häufig vom Tisch auf und ging im Eßzimmer ebenfalls kauend hin und her. Er genoß es sehr, im Wagen herumkutschiert zu werden, und brüstete sich wider besseres Wissen damit, sich in der Gegend auszukennen und über einen exzellenten Orientierungssinn zu verfügen, was für ihn sowie die zuvorkommenden Besitzer der diversen Automobile mitunter zur Folge hatte, daß sie ihr Ziel verspätet und erschöpft erreichten, nachdem sie sich dank der Lotsenkünste Henry James' ebenso oft wie unnötig verfahren hatten. Über seine Arbeit sprach er fast nie, doch seine Bibliothek pflegte er sehr und entstaubte sie höchstpersönlich mit einem Seidentuch. Er konnte sich nicht erklären, warum sich seine Bücher nicht besser verkauften – dabei war *Daisy Miller* fast so etwas wie ein Bestseller. Seine Freundin Edith Wharton bat ihren gemeinsamen Verleger einmal, ihre bedeutend höheren Einkünfte auf James' Konto zu überweisen, wovon James selbst nie etwas erfuhr.

Henry James starb am Nachmittag des 28. Februar 1916 im Alter von zweiundsiebzig Jahren nach langer Krankheit, in deren Verlauf er wiederholt ins Delirium verfiel: So bildete er sich einmal ein, er sei Napoleon, und diktierte zwei Briefe, einen davon an Napoleons Bruder Joseph Bonaparte, in dem er diesen drängte, den Thron von Spanien anzunehmen. Und Monate vorher, als er sich gerade von seinem ersten Anfall erholte, erzählte er, in dem Augenblick, als er gestürzt sei und geglaubt habe, nun sei alles vorbei, habe er im Raum eine Stimme gehört, die nicht seine gewesen sei und die gesagt habe: »Nun ist sie also schließlich gekommen, diese vornehme Sache.«

Arthur Conan Doyle, 1928

Arthur Conan Doyle und die Frauen

Man mag es kaum für möglich halten, daß ein so untadeliger und beliebter Mann wie Arthur Conan Doyle gegen Ende seines Lebens einen Großteil seines Ansehens und auch seiner Freunde einbüßte. Doch genau dies widerfuhr ihm, als er sich elf Jahre vor seinem Tod dem Spiritismus verschrieb, die Schriftstellerei, sofern sie nicht in Zusammenhang mit seinem neuen Credo stand, stark vernachlässigte und sich daran machte, durch die Welt zu reisen und seinen Glauben zu verkünden. Gewissenhaft, wie er war, errechnete er im Jahr 1924, daß er in den ersten fünf Jahren seines Apostolats über fünfzigtausend Meilen zurückgelegt und das Wort an rund dreihunderttausend Menschen gerichtet hatte, von denen einige so weit entfernt lebten, daß sie die australische oder südafrikanische Nationalität besaßen. Er erachtete dies als seine Pflicht, doch der unbeteiligte Betrachter stellt fest, daß ihm die Religion nicht zum ersten Mal in seinem Leben einen bösen Streich spielte: Als er sich im Jahr 1900 bei den Parlamentswahlen als Kandidat für seine Geburtsstadt Edinburgh aufstellen ließ, hatte er beste Aussichten zu gewinnen – bis zum Wahltag selbst, der mit einem regelrechten Hagelschauer aus Schmähschriften anbrach, in denen daran erinnert wurde, daß Conan Doyle geborener Katholik und obendrein Jesuitenzögling war. Beides traf unbestreitbar zu, doch er hatte der Religion seiner irischen Vorväter schon vor Ewigkeiten den

Rücken gekehrt. Die Pamphlete waren das Werk eines fanatischen Protestanten namens Prenimer, der seinerseits von einem anderen finanziell unterstützt wurde, und sie sorgten dafür, daß Conan Doyle verlor, was er andernfalls mit Sicherheit gewonnen hätte. Besagter Prenimer war nur einer von den Halunken, mit denen sich Conan Doyle zeitlebens herumschlagen sollte, darunter auch Professor Moriarty und Sherlock Holmes höchstselbst.

Schon als junger Mann fühlte er sich, nicht zuletzt weil er sich aufs Boxen verstand, zum Beschützer des schwachen Geschlechts berufen und legte sich immer wieder mit ungehobelten Zeitgenossen an: Einmal verprügelte er im Theater auf dem obersten Rang mehrere Soldaten, weil einer von ihnen einer jungen Frau in seiner Nähe einen Stoß mit dem Ellbogen versetzt hatte; und kurz nach seiner Ankunft in Portsmouth, wo er sich als Arzt niederzulassen gedachte, verpaßte er einem Kerl eine Abreibung, den er dabei beobachtet hatte, wie er auf offener Straße nach einer Frau trat. Glück oder Pech – der Betreffende fand sich tags darauf in seiner Praxis ein und wurde sein erster Patient, ohne in dem Arzt offenbar seinen nächtlichen Angreifer wiederzuerkennen. Auch später noch rutschte Conan Doyle leicht die Hand aus, wenn es darum ging, Frauen in Schutz zu nehmen: Als er mit seiner Familie im Zug durch Südafrika reiste, wagte es einer seiner erwachsenen Söhne, eine Frau, die gerade im Gang vorbeigekommen war, als häßlich zu bezeichnen. Er hatte den Satz noch nicht beendet, da fing er sich schon eine Ohrfeige ein und erblickte dicht vor sich das hochrote Gesicht seines betagten Vaters, der mit sanfter Stimme zu ihm sagte: »Merke dir: Keine Frau ist häßlich!«

Ein Mann wie Conan Doyle mußte zuweilen etwas autoritär sein, zumindest innerhalb der Familie. In den Jahren, als seine erste Frau Touie an Tuberkulose erkrankt war und er bereits die liebte, die seine zweite Ehefrau werden sollte, nämlich Jean Leckie, lagen seine Nerven jedoch blank, und er flößte seinen Sprößlingen mehr Angst und Schrecken als Respekt ein. Schrieb er, durften sie nicht das leiseste Geräusch machen, sonst schoß Conan Doyle in seinem alten, harnfarbenen, an einen Teufel erinnernden Hausmantel vor Wut rasend aus seinem Arbeitszimmer und züchtigte sie. Manchmal brauchte er nicht einmal die Stimme zu heben, sondern war es bereits mit einem seiner Blicke getan, die alles und jeden erstarren ließen. So weiß man von einer Situation, in der er gerade die Times las, als seine Tochter Mary anfing, ihm unschuldige Fragen zur Fruchtbarkeit von Kaninchen zu stellen: Hinter einer Ecke der Zeitung tauchte ein Auge auf, nur eins, und das reichte, damit dem Mädchen die nächste Frage auf den Lippen gefror und es sich seine Neugier für einen späteren Zeitpunkt aufsparte.

Der Wahrheit zuliebe muß gesagt werden, daß er mit der zweiten Kinderschar, die Jean Leckie ihm schenkte, wesentlich nachsichtiger war: Er ließ sie nach Lust und Laune herumtollen, während er Billard spielte, und verpaßte ihnen nicht etwa eins mit dem Queue, wenn er ihretwegen einen Stoß verpatzte. Wie man sich vorstellen kann, verhielt er sich seinen eigenen Frauen gegenüber ebenfalls sehr ritterlich: Die zweite, eine ausgesprochene Schönheit, machte er zu Lady Conan Doyle und bedachte sie mit all den Annehmlichkeiten und Reichtümern, die er ihr im reiferen Alter bieten konnte. Vermutlich tat er sein möglichstes, um sie für die zehn Jahre des Wartens und der Verehrung zu entschädigen, die sie bis zur Heirat hatte erdulden müssen, denn Conan Doyle hatte seine erste Frau geliebt und es nicht fertigge-bracht, sie zu verletzen oder gar zu verlassen, ja, er war mit ihr wegen ihrer Krankheit auf der Suche nach milderen Klimazonen sogar nach Ägypten und in die Schweiz ausgewandert. Wie aus Berichten von Zeitzeugen hervorgeht, war seine Liebe zu Jean Leckie so groß, daß er ihr zu Gefallen sogar (mehr schlecht als recht) das Banjospielen erlernte, doch solange Touie noch lebte, war diese Liebe rein platonisch. Gerade weil sie so platonisch war, hatte er keinerlei Bedenken, seiner Mutter und dem Rest der Familie seine Gefühle zu gestehen und es so einzurichten, daß Jean Leckie bei ihnen ein- und ausging, als wäre sie seine Freun-din oder, genauer gesagt, seine bereits auserwählte künftige Ehefrau. Das erstaunliche ist, daß Conan Doyles Mutter, mit der er stets in sehr enger Verbindung und in regem Briefwechsel stand, den beiden augenblicklich ihren Segen erteilte und die Freundin ihres verheirateten Sohnes aufnahm wie eine Schwie-gertochter. Lediglich sein Schwager Hornung, der Erfinder des Diebs Raffles, machte ihm einmal Vorhaltungen: »Ich finde, du mißt der Tatsache, ob diese Beziehung platonisch ist oder nicht, zu große Bedeutung bei. Ich sehe da keinen großen Unter-schied. Was ist der Unterschied?« Conan Doyles Antwort fiel schneidend aus: »Der Unterschied ist so groß wie der zwischen Unschuld und Schuld«, donnerte er.

Mit beidem hatte er viel zu tun, nicht nur in seinen Büchern, sondern auch im Leben. Über viele Jahre hinweg erhielt er Brie-fe, die an Sherlock Holmes adressiert waren: Sie kamen nicht nur von Bewunderern, sondern auch von vielen Menschen, die ihn baten, er (Holmes) möge sich dieses oder jenes Falls oder

Problems annehmen, das ihnen zu schaffen mache. Doch es kam der Tag, an dem ein an ihn, Conan Doyle, gerichtetes Bittschreiben eintraf. Absenderin war eine junge Frau, deren dänischer Verlobter kurz vor der Hochzeit verschwunden war; sie fürchtete um sein Leben und konnte sich sein Verschwinden nur damit erklären, daß ihm etwas Schlimmes zugestoßen war. Conan Doyle, der Kavalier und Gentleman, übernahm den Fall und löste ihn: Er fand den flüchtigen Dänen nicht nur, sondern machte der jungen Frau obendrein klar, daß der Ausländer ihre Sorge eigentlich nicht verdiente. Anschließend übernahm er noch mindestens zwei weitere, wesentlich dramatischere und kompliziertere Fälle, angetrieben nicht etwa von dem Wunsch, einen Verbrecher zu überführen, sondern Menschen, die er zu Unrecht verurteilt wähnte, zu entlasten und zu befreien. Da er mit seinen privaten Nachforschungen so erfolgreich war, schneiten ihm die Offerten geradezu ins Haus, darunter auch die eines als verdächtig geltenden polnischen Adligen, der seinem Schreiben einen Blankoscheck beigefügt hatte. Bis auf die soeben erwähnten schlug Conan Doyle sie jedoch alle aus.

Blankoschecks scheinen in seinem Leben das gängige Zahlungsmittel gewesen zu sein, denn ab dem Zeitpunkt, da er mit seinem Sherlock Holmes große Summen zu verdienen begann und nicht länger finanzielle Not litt, schickte er seinen jüngeren Brüdern, bei denen das Geld nach wie vor knapp war, häufig derartige Vordrucke. Auch aus literarischen Kreisen wurde ihm mitunter ein solches Exemplar angetragen, und zwar von Verlegern, die wünschten, er möge Holmes wieder zum Leben erwecken, nachdem er ihn 1893 in die Wasserfälle von Reichenbach hatte stürzen lassen. Der Gedanke, Holmes umkommen zu lassen, war ihm schon früher einmal gekommen, und damals hatte Conan Doyles Mutter – eine eifrige Leserin seiner abenteuerlichen Geschichten, der ihr Sohn immer schon die Druckfahnen schickte, um ihre Ungeduld zu beschwichtigen – dem Detektiv das Leben gerettet. Als Conan Doyle ihr nämlich in einem Brief seine Absicht kundtat, Holmes aus dem Verkehr zu ziehen, weil dessen Existenz ihn angeblich »von Besserem abhalte«, antwortete sie ihm per Eilboten: »Tu das nicht! Das geht nicht! *Das darfst Du nicht!*« Also verschob Conan Doyle den Tod um zwei Jahre.

Es ist sattsam bekannt, daß er, nachdem er sich teils des Geldes wegen, teils aus Gleichgültigkeit gefügt hatte, zuerst einmal einen neuen Fall für Holmes schreiben mußte, ohne diesen sogleich wieder zum Leben zu erwecken, und er mußte klarstellen, daß die Ereignisse, von denen er berichtete, sich vor Holmes' Ableben in Reichenbach zugetragen hatten. Erst dann hauchte er dem Detektiv neues Leben ein und erklärte, daß er in Wirklichkeit gar nicht ins Wasser gefallen sei. Doch er sträubte sich lange dagegen und ließ sich auch dadurch nicht erweichen, daß die jungen Londoner zum Zeichen ihrer Trauer um Sherlock Holmes mit einem schwarzen Band an ihren Hüten herumliefen. Die empörende Bemerkung einer gewissen Lady Blank dagegen gab schließlich den Ausschlag: »Holmes' Tod hat mir das Herz gebrochen. Ich habe die Bücher, die *er* geschrieben hat, so genossen ...« Mehr als einmal wurde Conan Doyle Opfer einer solchen Verwechslung oder Böswilligkeit: Während seiner Kampagne im Vorfeld der Parlamentswahlen wurde er in seinen Reden des öfteren unterbrochen und mit Mr. Sherlock Holmes angesprochen, und man stellte ihm absurde Fragen, die nichts mit Politik, sondern mit Kriminalistik zu tun hatten; als ihm, nachdem er sich lange geziert hatte, der Titel »Sir« verliehen wurde, erhielt er zahlreiche Briefe mit Glückwünschen, weil er sich ja von nun an »Sir Sherlock Holmes« nennen dürfe. Man möchte meinen, daß er sich über diese Verwechslungen ärgerte, aber so war es nicht, sondern es ärgerte ihn vielmehr, daß die Verwechslung nicht weit genug ging, denn viele Menschen sahen in ihm eher einen Doktor Watson als einen Sherlock Holmes. Ihm war bewußt, daß seine äußere Erscheinung ihn vielmehr in die Nähe des Erzählers rückte: Conan Doyle war groß und kräftig, hatte ein breites Gesicht und eine eher platte Nase, nicht die Spur eines Backenbarts und kleine Augen, einen langen Schnurrbart, den er eine Zeitlang spitz und gewichst trug; er hatte weder eine Adlernase, noch war er schlank, und es reichte nun mal nicht, daß er Pfeife rauchte und auf seinem Tisch Lupen in verschiedenen Größen herumlagen. Er war ein anderer Typ, und in gewisser Weise traute man ihm die Groß-taten der von ihm erschaffenen Figur nicht zu. Allerdings war nicht dies der Grund für seine Antipathie oder Abneigung gegen die Person des Sherlock Holmes, sondern das, was er seiner Mutter geschrieben hatte und noch einmal folgendermaßen umschrieb: »... ich glaube, wenn ich die Finger von Holmes ge-lassen hätte, der mein erhabenstes Werk eher heruntergezogen hat, würde ich im literarischen Leben heute eine gewichtigere Position einnehmen.« In Wirklichkeit war dem Erschaffer eines der wunderbarsten Werke der Literaturgeschichte nämlich an historischen Romanen (seinem »erhabensten Werk«) gelegen, die er mit großer Sorgfalt verfaßte und akribisch dokumentier-te, jedoch ohne vergleichbaren Erfolg. Auch begann es ihn zu langweilen, daß Holmes weder »Licht noch Schatten« zuließ: Für ihn war er wie eine Rechenmaschine, an deren Einstellungen man nichts ändern durfte, um das »Ergebnis« nicht zu verfälschen, und für Conan Doyle war das »Ergebnis« in der Prosa alles.

Sein Lieblingsautor war Poe und unter seinen Zeitgenossen Stevenson, den er zwar nie persönlich kennenlernte, mit dem er aber einen Briefwechsel unterhielt und dessen Tod er so tief empfand wie den eines engen Freundes. Auch mit Henry James und Oscar Wilde verstand er sich nicht schlecht, und mit Kipling war er befreundet. Arthur Conan Doyle war von seiner eigenen Bedeutung überzeugt, und wenn es einem gelingt, daran zu glauben, lebt es sich angenehm. Bei Ausbruch des Burenkriegs rief er sämtliche Sportler zum Kampf auf, und da er selbst einer der vielseitigsten war, bot er sich auf der Stelle als Freiwilliger an. Seiner verblüfften Mutter erklärte er: »Ich habe das Gefühl, daß ich, abgesehen von Kipling, vielleicht den größten Einfluß auf die jungen Engländer habe, vor allem auf die jungen Sportler. Da dies so ist, ist es wichtig, daß ich ihnen mit gutem Beispiel vorangehe.« Leider befand man ihn für einen Soldaten als zu alt, und so konnte er lediglich in seiner Eigenschaft als Arzt in den Krieg ziehen. Damals war er um die Vierzig und sehr verliebt.

Arthur Conan Doyle starb am 7. Juli 1930 mit einundsiebzig Jahren im Kreis seiner Familie, eine Hand in der Hand seiner Frau Jean Leckie, die andere in der seines Sohnes Adrian. Er sah sie alle einen nach dem anderen an, brachte jedoch kein Wort mehr heraus. Lange zuvor hatte er einmal gesagt, das Geheimnis seines Erfolgs liege darin, daß er sich nie eine Geschichte abgerungen habe. An jenem Tag rang er sich offenbar auch keinen Satz mehr ab.

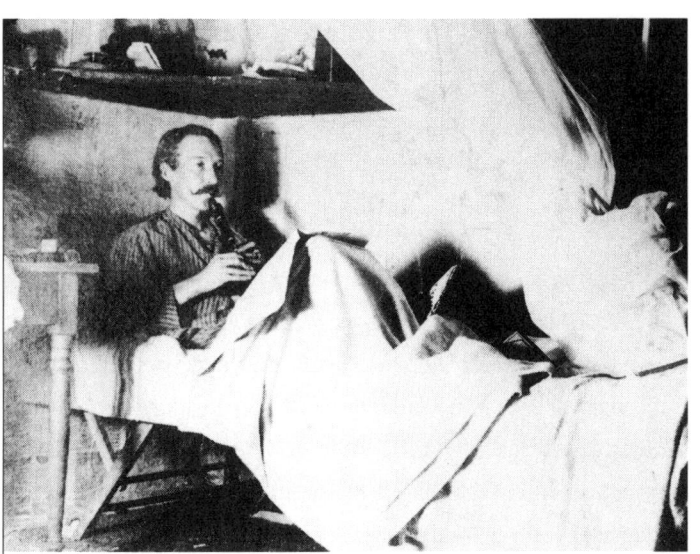

Robert Louis Stevenson, ca. 1892

Robert Louis Stevenson
unter Verbrechern

Vielleicht liegt es daran, daß er so jung gestorben ist oder sein Leben lang krank war, vielleicht liegt es an seinen exotischen Reisen, denen damals etwas Heroisches anhaftete, vielleicht auch daran, daß seine Bücher bereits im Kindesalter gelesen werden – fest steht, daß die Gestalt Robert Louis Stevensons fast immer von einem Nimbus der Ehrenhaftigkeit und engelsgleichen Reinheit umgeben ist, der durchaus auch Widerwillen hervorrufen kann, nämlich dann, wenn allzu dick aufgetragen wird.

Ein Ehrenmann war Stevenson zweifelsohne, allerdings nicht bis ins Letzte, oder vielleicht sollten wir sagen, er war es im richtigen Maß: Es gibt wohl kaum einen echten Ehrenmann, der sich nicht wenigstens einmal in seinem Leben wie ein Lump benommen hat. Dieses eine Mal trug sich bei Stevenson in Kalifornien in der Nähe von Monterrey zu, als er ungewollt einen Wald in Brand steckte. Zuvor war von einem Waldbrand in einer anderen Gegend berichtet worden, der sich so rasch ausbreitete, daß sich Stevenson, von wissenschaftlicher Neugier getrieben, die Frage stellte, ob dies womöglich am Moosbewuchs lag, der die kalifornischen Wälder so dekorativ überzieht. Um der Sache auf den Grund zu gehen, fiel ihm nichts Besseres ein, als ein brennendes Streichholz an einen Zweig zu halten, ohne den Gegenstand seines Experiments jedoch vorsichtshalber vom Baum abzubrechen. Im Nu verwandelte sich der Baum in eine

Fackel, womit für Stevenson zweifellos und obendrein in zufriedenstellender Weise der Beweis erbracht war. Doch sein so gar nicht ehrenhaftes Verhalten folgte auf dem Fuße. In seiner Nähe hörte er das Gebrüll der Männer, die gegen das ursprüngliche Feuer ankämpften, und er begriff, daß er nur eine Möglichkeit hatte: Er mußte sich aus dem Staub machen, bevor man ihn erwischte. Vermutlich rannte er, wie er noch nie zuvor in seinem Leben gerannt war und wie es nur Angsthasen und kluge Menschen tun.

Nach Kalifornien war er gereist, um der Frau beizustehen, die seine Ehefrau werden sollte, nämlich Fanny van de Grift Osbourne, eine Amerikanerin, die zehn Jahre älter als er, Mutter zweier Kinder und mit einem gewissen Mr. Osbourne verheiratet war, der ihr keine Beachtung schenkte und sie rücksichtslos behandelte. Stevenson hatte sie in Europa kennengelernt. Über die genaueren Umstände ist nichts bekannt, doch sie hatte ihn bedrängt, sie zu besuchen, und so schiffte sich Stevenson, ohne seinen Eltern ein Wort zu sagen (er war ein verhätscheltes Einzelkind), in Edinburgh ein und fuhr anschließend von New York aus in elenden Emigrantenzügen einmal quer durchs ganze Land. Die abenteuerliche Reise zog eine allgemeine Verschlechterung seiner seit jeher angeschlagenen Gesundheit nach sich: Aufgrund einer nicht diagnostizierten Tuberkulose litt er seit seiner Kindheit unter Husten und Blutungen, die ihm so manche schlaflose Nacht bereiteten und ihn mehr als einmal fast das Leben kosteten. Die Anfänge seiner Beziehung zu Fanny van de Grift liegen weitgehend im Dunkeln, zumal Stevenson nach der langen Reise nicht etwa bei ihr blieb, sondern, nachdem er ihr in welcher Form auch immer geholfen hatte, allein zu einer Ziegenfarm weiterfuhr und die beiden erst einige Zeit später und sozusagen nach einem Kaltstart die Ehe schlossen. Von jenem Zeitpunkt an verwandelte sich Fanny van de Grift nicht nur in eine ebenso vortreffliche wie allgegenwärtige Gattin, sondern auch in seine Krankenschwester und Kinderfrau. Stevenson sagte einmal, wenn er geahnt hätte, daß er das Leben eines Invaliden führen würde, hätte er nie geheiratet. Er sagte auch: »Wenn man erst einmal verheiratet ist, bleibt einem nichts mehr, nicht einmal der Selbstmord, sondern dann muß man ein guter Mensch sein.« Und bei anderer Gelegenheit führte er weiter aus: »Nicht an meinem persönlichen Glück war ich interessiert, als ich geheiratet habe, sondern an einer Art Ehe *in extremis*, und wenn ich heute dort bin, wo ich bin, dann verdanke ich das der Pflege dieser Dame, die mich geheiratet hat, als ich nichts weiter als eine Komplikation aus Husten und Knochen war, die sich weit besser als Sinnbild des Todes denn als Bräutigam eignete.«

Seine Frau jedoch schien sich an dieser »Komplikation« nicht weiter zu stören, mehr noch: diese gestattete es ihr, sich nützlich und stolz zu fühlen und aus der Situation gewisse Vorteile zu schlagen. Mit Ausnahme von Henry James, der sich ihr gegenüber stets sehr respektvoll verhielt, konnten Stevensons Freunde sie nicht ausstehen, weil Fanny unter dem Vorwand, daß *alles* Louis' Gesundheit schade, dazu überging, sein Leben über die Maßen zu organisieren und ihn gegen seine Freunde abzuschirmen, deren um Wein und Tabak, Gesang und Geplauder angereicherte Gesellschaft sie für gefährlich hielt.

Obwohl Stevenson ihr gegenüber sehr loyal war und sie entschieden in Schutz nahm, als sie sich selbst als Schriftstellerin versuchte und ein Freund sie des Plagiats bezichtigte, dürfte es

ihm nicht leichtgefallen sein, sich mit all diesen Auflagen abzu-
finden, wenn man bedenkt, wie heftig er sich gegen Ende seines
Lebens, als er bereits in der Südsee lebte, in einem Brief an James
darüber beklagte, daß er weder Wein noch Tabak kosten dürfe
(wenn einem ein Leben ohne diese beiden Dinge blühe, so
schrieb er, könne man nur noch »ein Geheul anstimmen, mit
dem Fuß aufstampfen und Reißaus nehmen«). Doch bei aller
Loyalität erlaubte er sich einmal eine Bemerkung über ein Photo
seiner Frau, auf dem Fanny, wie er einräumte, der Kategorie
»bildschön« bereits entwachsen war und eher in die Rubrik
»blaß, scharfsinnig und interessant« gehörte. Jemandem, der
dieses und andere Photos heute, also ein Jahrhundert später,
betrachtet, fällt auf, daß Fanny van de Grift stets eine Art Sakko
trug und daß ihre herrische, unwirsche, ja sauertöpfische Miene
offen gestanden etwas Unsympathisches hat.

Mehr noch als der Verzicht auf Tabak und Wein dürfte Stevenson allerdings der auf seine Freunde gedauert haben, wenn
man sich vergegenwärtigt, daß er vor der Ehe ein ausgesproche-
ner Bohemien und sogar Cliquenmensch gewesen war. Abgesehen von seinen diversen Reisen, die er wie der König der Vaga-
bunden höchstselbst antrat, sowie seinem Äußeren und seiner
Kleidung, die einen so heruntergekommenen Eindruck machten, daß in Amerika Passanten bei seinem Anblick die Flucht
ergriffen, weil sie ihn für einen Bettler hielten, pflegte Stevenson
zahlreiche Freundschaften, die seine begüterten, sittenstrengen
Eltern gewiß mißbilligt hätten. Denkt man an Long John Silver
und Mr. Hyde, an Mr. Ballantrae und den Leichenräuber, verwundert es nicht, wenn man erfährt, daß ihr Erschaffer eine
Doppelmoral besaß, und zwar nicht mit Blick auf sein eigenes

Tun, aber sehr wohl als Zuschauer und Zuhörer. Das Böse hatte ihn seit jeher fasziniert, und er mied Menschen nicht, nur weil sie etwas verbrochen hatten.

Als Kind hatte er, wenn er, von starken religiösen Gefühlen bewegt, nachts allein in seinem Bett lag und über den Sündenfall des Menschen und den Zorn Satans nachgrübelte, selbst großes Interesse daran gefunden, in aller Unschuld »sündige« Handlungen zu begehen, ein Interesse, wie er es seinen eigenen Worten zufolge im Erwachsenenalter nie wieder für etwas anderes aufbrachte. Als junger Mann ließ er sich häufig mit Prostituierten ein, die er mochte und stets verteidigte, beteiligte sich an blasphemischen Wettbewerben, aus denen er fast immer als triumphaler Sieger hervorging, und praktizierte etwas, das er selbst Jink getauft hatte und das darin bestand, »der schieren Absurdität und des nachfolgenden Gelächters wegen die absurdesten Handlungen zu vollführen«. Doch all dies war nichts verglichen mit den Ruchlosigkeiten einiger seiner Freunde: Eine Zeitlang pflegte er Umgang mit einem Satiriker, der ätzendsten Zunge, die es in seiner Heimatstadt Edinburgh je gegeben hat und die ihn dazu brachte, in allen Menschen, Gedanken und Dingen nur das Negative zu sehen. Jener rastlose Satiriker blickte offenbar sogar auf Gott herunter und verachtete Ihn wegen des erbärmlichen Konzepts von einem oder zweien der Zehn Gebote; er fertigte den heiligen Paulus mit einem Spottgedicht ab und wetterte gegen Shakespeare, indem er sich einer Antithese bediente. Noch schlimmer aber waren alles in allem die Missetaten seines Freundes Chantrelle, der nur in betrunkenem Zustand glücklich war. Chantrelle war Franzose und hatte Frankreich »wegen Mordes« verlassen; später England, ebenfalls

»wegen Mordes«; und seit er sich in Edinburgh aufhielt, waren bereits mehrere Personen seinen »kleinen Abendessen und seiner aus Schmelzkäse und Opium bestehenden Leibspeise« zum Opfer gefallen. Der Mörder Chantrelle war jedoch auch ein literarisch interessierter Mensch und imstande, Molière ohne Stocken aus dem Stegreif zu übersetzen. Stevensons Ansicht nach hätte er es in diesem Gewerbe wie auch in jedem anderen, ob unehrenhaft oder ehrenhaft, zu etwas bringen können. Doch anscheinend verwarf Chantrelle seine Pläne immer wieder und besann sich auf sein »schlichtestes Projekt«, das Töten. Irgendwann wurde er verurteilt, und angeblich erfuhr Stevenson erst da von seinem schändlichen Tun. Vermutlich stimmt das und hätte Stevenson, wäre er im Bilde gewesen, sich nicht so viel mit ihm abgegeben, doch wie dem auch sei: diese Erfahrung hat ihn offenbar mit einer gewissen Toleranz gegenüber den niederträchtigsten Verbrechen ausgestattet; anders läßt sich seine in einem Brief getätigte Äußerung über Häuptling Ko-o-amua nicht erklären, mit dem er sich in seinem polynesischen Exil sehr gut verstand: »... seinerzeit ein großer Kannibale, der sich, nachdem er seine Feinde getötet hatte, schon auf dem Nachhauseweg daran machte, sie aufzuessen; trotz allem ist er durch und durch ein Ehrenmann, ein außergewöhnlich freundlicher und treuherziger Mensch und im übrigen kein Dummkopf.«

In seinen letzten Lebensjahren, die er in der Südsee verbrachte, zog er sich den Ärger von einem seiner besten unbescholtenen oder zumindest nicht straffälligen Freunde, nämlich Henry James, zu, der ihn in unzähligen Briefen bat, mit seinen Narreteien aufzuhören und nach Europa zurückzukehren, um ihm Gesellschaft zu leisten. Als Stevenson 1890 seine angekündigte

Heimreise absagte, warf James ihm vor, sein Verhalten suche in der Geschichte seinesgleichen und lasse sich allenfalls mit dem »der berühmtesten Koketten und Kurtisanen vergleichen. Du bist die männliche Kleopatra oder die Pompadour der Bukaniere des Ozeans, die umherirrende Libertine des Pazifiks«. Abgesehen von der Tatsache, daß es Stevenson dank des Klimas gesundheitlich besser ging, daß er seine Frau, seine Mutter, seine Stiefkinder und das übrige Gefolge, mit dem er zu reisen pflegte, ertrug und ihm die Eingeborenen so alberne Namen wie Ona, Teriitera und Tusitala verpaßten, gibt es über seine Zeit auf den Inseln und zugleich das nichtssagendste Kapitel in seinem Dasein nicht viel mehr zu berichten. Er vermißte Edinburgh gegen Ende seines Lebens sehr und wußte, daß er nie dorthin zurückkehren würde.

Stevenson war eine überaus schillernde Gestalt, als hätte er entweder keinen ausgeprägten Charakter besessen oder als wäre dieser in sich so widersprüchlich wie der seiner bereits erwähnten Figuren gewesen. Er war sehr großzügig und versagte sich selbst, insbesondere nach dem Erfolg der *Schatzinsel*, so manche Annehmlichkeit, um den bedürftigsten unter seinen Freunden Geld schicken zu können, auch wenn diese teilweise schon gar nicht mehr so bedürftig waren, ihm dies jedoch nicht mitteilten. Einer seiner berühmtesten Aussprüche lautete: »Großherz wurde betrogen. ›Gut so‹, sagte Großherz.« Er besaß durchaus ein Gespür für Anstand und Würde, konnte aber auch großspurig und vermessen sein. In einem Brief an James, in dem vom aufstrebenden Talent Kiplings die Rede war, schrieb er: »Kipling ist mit Abstand der vielversprechendste junge Mann seit – ähm – seit ich aufgetaucht bin.« In einem anderen Brief ganz zu Anfang ihrer Freundschaft hatte er den sieben Jahre älteren James aufgefordert, in der kommenden Neuauflage seines Romans *Roderick Hudson* auf zwei bestimmten Seiten die Adjektive »unermeßlich« und »riesig« zu streichen. Die beiden bewunderten sich gegenseitig außerordentlich, und James betrachtete Stevenson, wenn es ans Theoretisieren ging, als einen seiner wenigen ernstzunehmenden Gesprächspartner. Kaum jemand macht sich allerdings die Mühe, Stevensons Essays zu lesen, obwohl diese zu den scharfsinnigsten und lebendigsten des 19. Jahrhunderts zählen. Als er noch in Bournemouth lebte, gab es bei ihm zu Hause einen Sessel, in den sich niemand setzen durfte, weil es »James' Sessel« war; und James seinerseits vermißte Stevenson aufrichtig, als dieser für immer fortging. Im Jahr 1888 schrieb er ihm: »Du hast Dich in einen wunderschönen Mythos verwandelt, in eine Art widernatürlichen, beunruhigenden, unbestatteten mort.«

Am 3. Dezember 1894 wurde Robert Louis Stevenson auf der Insel Samoa zu einem natürlichen, ruhigen und auch bestatteten Toten. Gegen Abend hörte er auf zu arbeiten und spielte mit seiner Frau eine Partie Karten. Anschließend ging er in den Weinkeller, um fürs Essen eine Flasche Burgunder heraufzuholen. Im Laubengang faßte er sich in Gegenwart seiner Frau plötzlich mit beiden Händen an den Kopf, rief: »Was ist das?« und fragte hastig hinterher: »Sehe ich irgendwie seltsam aus?« Noch während er dies sagte, sank er neben Fanny auf die Knie: Gehirnschlag. Man trug den ohnmächtigen Stevenson in sein Bett, doch er gelangte nicht wieder zu Bewußtsein. Er war damals vierundvierzig Jahre alt.

Wenn man über Stevenson schreibt, sollte man mit seinem »Requiem« schließen, das er viele Jahre zuvor verfaßt hatte und das auf seinem Grab in viertausend Metern Höhe auf dem samoanischen Berg Vaea steht: »Unter dem unermeßlichen, sternbesäten Himmel/ hebt mein Grab aus und laßt mich ruhen./ Freudig habe ich gelebt, und freudig sterbe ich,/ doch im Fortgehen möchte ich Euch um eines bitten./ Schreibt folgenden Vers auf mein Grab:/ *Hier ruht, wo er ruhen wollte;/ heimgekehrt vom Meer ist der Seemann,/ heimgekehrt vom Berg der Jäger.*«

Iwan Turgenjew, 1879

Iwan Turgenjew und seine Trauer

Der Pessimismus der Romane und Erzählungen Iwan Turgenjews, den ihm einige seiner Kollegen vorgehalten haben, ist wohl noch der geringste und harmloseste Tribut, den er seinem verheerenden, um nicht zu sagen glattweg ruchlosen familiären Umfeld zahlen konnte. Seine wohlhabende, berühmte Mutter Warwara Petrowna war von einer Grausamkeit, Roheit und Knausrigkeit, die lediglich von ihrer eigenen Mutter übertroffen wurde, also von Iwans Großmutter, über die er folgende Episode berichtet: Von Alterslähmung befallen, saß sie die meiste Zeit reglos in einem Sessel. Eines Tages ärgerte sie sich fürchterlich über einen jungen Leibeigenen, der ihr Diener war, packte in ihrer Erregung ein Holzscheit und schlug dem Burschen damit so fest auf den Kopf, daß er ohnmächtig zu Boden sank. Der sich ihr nun bietende Anblick war der Alten jedoch so unerträglich, daß sie den Jungen zu sich heranzerrte, seinen blutenden Schädel auf ihren Sessel legte, ein großes Kissen darauf drückte, sich obendrauf setzte und ihn erstickte – vermutlich, damit er sie nicht länger mit seinem unschönen Blutstrom belästigte.

Bei solchermaßen gearteten Vorfahren muß man Turgenjew bescheinigen, daß er großen Mut bewiesen und sich ein beachtliches Verdienst erworben hat, als er seine erste Erzählung *Aufzeichnungen eines Jägers* schrieb, um die sich die Legende rankt, daß Zar Alexander drei Tage, nachdem er sie gelesen hatte, per Dekret die Freilassung aller Leibeigenen verfügte. Auch heißt es, die Zarin habe den Zensoren in mindestens zwei Fällen befohlen, Turgenjews Bücher nicht anzutasten, wobei schwer zu sagen ist, ob dies ebenfalls ein Verdienst oder vielmehr eine Schmach war. Trotz dieses Auftakts und trotz seiner zahlreichen Schriften über die russische Frage mußte Turgenjew im Lauf seines Lebens wiederholt den Haß und die Verachtung seiner Landsleute über sich ergehen lassen, die in ihm einen entarteten, verwestlichten, ihnen fremd gewordenen, atheistischen und frivolen Russen sahen, der zuviel Zeit in Frankreich, England und Deutschland verbrachte und sich in erster Linie der Rebhuhnjagd widmete. Zwar stimmt es, daß er die Jagd liebte, doch ist nicht weniger zutreffend, daß ihm die Belange seines Heimatlandes stets am Herzen lagen, und insofern war es ungerecht, als ein Freund ihm einmal vorschlug, er solle sich doch ein Teleskop kaufen, damit er sie nicht aus den Augen verlöre.

Offenbar war Turgenjew in dieser Hinsicht gespalten, oder vielleicht brauchte er es, sich seine Zwiespältigkeit von seinen Freunden und Bekannten hier wie dort verzeihen zu lassen: In seinen Briefen an slawische Freunde wetterte er gegen die westliche Welt und äußerte sich insbesondere abfällig über die französischen Überzeugungen und Gepflogenheiten; in denen, die er Flaubert, Maupassant, Merimée oder etwa Henry James schrieb, beklagte er sich bitterlich über das, worüber sich seit jeher alle Russen beklagt haben, nämlich über das »Russentum«. In Paris ging er beinahe als französischer Autor durch, obgleich man ihm den Ausländer ansah, dem etwas Aristokratisches anhaftete; und nicht viel anders war es, wenn er sich auf seinem

Besitz in Spasskoje oder in Sankt Petersburg aufhielt, wo ihn Bedienstete wie Schriftstellerkollegen als Fremdling betrachteten. Als er einmal in Begleitung seines englischen Übersetzers in Spasskoje eintraf, kam es zu einer folgenreichen Verwechslung. Ralston ähnelte Turgenjew äußerlich sehr, denn beide waren Hünen mit schlohweißem Bart und Haar. Als die Leibeigenen ihren Herrn an der Seite seines ausländischen Doppelgängers erblickten, der noch dazu Russisch sprach und zu ihrem großen Schrecken jedes Haus und jede Hütte inspizierte, detaillierte Fragen stellte und allerlei Zahlen und Begriffe in ein Büchlein notierte, glaubten sie, daß dies alles nur einem unheilvollen, bösen, ja übernatürlichen Zweck dienen konnte. Sie gelangten zu dem Schluß, daß der mysteriöse Besucher der Vorbote einer Strafe war, und deshalb packten viele von ihnen ihre Habseligkeiten zusammen und reihten sich in Erwartung des Abmarschbefehls mit ihren armseligen Fuhrwerken auf der Landstraße auf: Für sie stand fest, daß der satanische Doppelgänger ihres Herrn sie nach England verschleppen würde, damit ein noch unterwürfigeres, aller Voraussicht nach in einem sonderbaren Tauschhandel aus England herbeigeschafftes Volk ihren Platz einnähme.

Turgenjew war zwar ein maßvoller und humaner Dienstherr, doch in Anbetracht seiner Familientradition ist es nicht verwunderlich, daß sein Gesinde sich derart raffinierte Repressalien ausmalte. Turgenjews Mutter Warwara Petrowna stand seiner Großmutter übrigens in nichts nach: Sie sprach ausnahmslos von ihren »Untertanen« und behandelte diese noch schlechter als solche. Um nur ein Beispiel zu nennen und nicht noch mehr Grausamkeiten aufzulisten, untersagte sie ihren Mägden, Kinder zu kriegen, weil dies nur dazu führen würde, daß sie ihre Pflichten vernachlässigten, und die wenigen Bälger, die infolge eines Ausrutschers trotzdem zur Welt kamen, wurden unverzüglich beseitigt, indem man sie in einen Tümpel warf. Ihre eigenen Söhne (Nikolai und Iwan) behandelte Warwara Petrowna nicht viel besser, denn sie züchtigte sie mit der Peitsche, bis sie fast das Mannesalter erreicht hatten, und selbiges galt später für ihre Enkel, vor allem für die uneheliche Tochter, die Iwan zusammen mit einer im Haus beschäftigten Näherin hatte und die die Großmutter, Turgenjews ständige Reisen ausnutzend, quälte und zu ihrer Belustigung gelegentlich wie ein vornehmes Fräulein herausputzen ließ, um sie ihren Gästen vorzuführen. Fragte sie diese dann, wem das Mädchen ähnlich sehe, und lautete die einhellige Antwort: ihrem Sohn Iwan Sergejewitsch, so sorgte sie dafür, daß man ihrer Enkelin die hübschen Kleider wieder auszog und sie zur Strafe zurück in die Küche schickte, wo sie die meiste Zeit zubrachte. Alles in allem war Iwan jedoch ihr Lieblingssohn, was die Tatsache beweist, daß Warwara Petrowna einmal nach einem heftigen Streit, in dem er sie kränkte, ein Jugendbild von ihm zu Boden warf und ihren Mägden ein ganzes Jahr lang verbot, ihn von den Glasscherben zu befreien.

Turgenjews Verhältnis zu Frauen dürfte demnach kein sehr einfaches gewesen sein, doch wäre es zu simpel gedacht, wenn man davon ausginge, daß er vor lauter Haß auf seine Mutter nicht anders konnte, als ihr Modell der Unterdrückung und Gewalttätigkeit zu übernehmen. Seine große Liebe war die Sängerin Pauline Viardot, auch bekannt als »La García«, was zweifellos ihr richtiger Name war, denn schließlich war sie Zigeunerin (oder etwas in dieser Richtung) und stammte aus Spanien.

Sie hatte einen gewissen Monsieur Viardot geehelicht, der zwanzig Jahre älter war als sie und den sie nie verließ, weder in den Jahren, in denen sie Turgenjews Avancen standhielt, noch als sie ihnen schließlich erlag. Im Gegenteil, Turgenjew hatte sich in ihre Lebenssituation einzufügen, und bekanntlich wohnte er über lange Zeiträume mit dem Ehepaar unter einem Dach, mit Monsieur Viardot in einem »brüderlichen« und mit »La García« in einem mehr oder minder eheähnlichen Verhältnis. Sie war eine häßliche Frau mit magnetischer Anziehungskraft, sehr starkem Charakter und nicht ohne Talent, und von ihr existiert ein literarisches Porträt vom Dichter Heinrich Heine höchstselbst, dessen glühende Verehrung erschreckende Züge annimmt, wenn man bedenkt, daß Turgenjew sich im Unterschied zum Porträtisten oder zum Maler Delacroix nicht unbedingt damit begnügte, Pauline nur auf der Bühne zu bewundern: »...und in manchen Momenten ihres passionirten Vortrags«, schrieb Heine begeistert, »zumal wenn sie den großen Mund mit den blendend weißen Zähnen überweit öffnet, und so grausam süß und anmuthig fletschend lächelt; dann wird einem zu Muthe, als müßten jetzt auch die ungeheuerlichen Vegetazionen und Thiergattungen Hindostans oder Afrikas zum Vorschein kommen.« Die Viardot oder auch García betrog Turgenjew schließlich mit einem Maler, und sie brachen die Beziehung zueinander ab, allerdings nicht für immer: Gegen Ende seines Lebens schrieb der Romancier Librettos für die Operetten, die sie komponierte und aufführte, und nicht nur das, er trat sogar in ihnen auf und schleppte sich, von Odalisken umringt und als türkischer Sultan verkleidet, über die Bühne. Kaiserin Viktoria, die einer der Aufführungen im familiären Kreis beiwohnte, genoß die Vorstellung sehr, doch äußerte sie anschließend ihre Zweifel darüber, ob ein derartiges Verhalten der »Würde« eines so bedeutenden Mannes zuträglich sei.

Diese Bedenken teilte Tolstoi mit ihr, nachdem er erlebt hatte, wie Turgenjew bei einem ausgelassenen Geburtstagsfest zusammen mit einer Zwölfjährigen Cancan tanzte. Am selben Abend vermerkte Graf Tolstoi nüchtern in sein Tagebuch: »Turgenjew und Cancan – traurig.« Freilich hatte es zwischen den beiden bei aller Freundschaft auch reichlich Differenzen gegeben, die einmal nach einer hitzigen Diskussion darüber, ob es angebracht sei, Rußland zu verwestlichen oder nicht, darin gipfelten, daß Tolstoi Turgenjew zum Duell forderte und, um zu vermeiden, daß der Zwist mit ein paar Schrammen und einem Glas Champagner beigelegt wurde, als Waffe die Flinte wählte. Turgenjew entschuldigte sich bei Tolstoi, doch als ihm zu Ohren kam, daß Tolstoi herumging und ihn als Feigling hinstellte, forderte er ihn seinerseits heraus, verschob die Begegnung jedoch bis zu seiner Rückkehr von einer unmittelbar bevorstehenden Auslandsreise. Daraufhin entschuldigte sich Tolstoi bei ihm, und so vergingen siebzehn Jahre, bis sie schließlich darauf verzichteten, das Duell weiterhin aufzuschieben, es endgültig absagten und sich versöhnten. Tolstoi wie auch Dostojewski wandten sich hilfesuchend an Turgenjew, nachdem sie auf ihren Reisen durch den Westen beim Glücksspiel alles verloren hatten (Dostojewski sogar seine Uhr). Turgenjew lieh ihnen Geld, was Dostojewski allerdings nicht davon abhielt, ihn wiederholt anzugreifen, ganz zu schweigen davon, daß er sich neun Jahre Zeit ließ, um das Darlehen zurückzuzahlen. Turgenjew entschuldigte dies mit Dostojewskis epileptischen Anfällen und behandelte ihn wie einen Kranken, das heißt mit einer Mischung aus Nachsicht und Herablassung.

Außer Frage steht, daß sich Turgenjew im Kreis seiner französischen Kollegen, die ihn verehrten, am wohlsten fühlte. Wenn er Merimée oder Flaubert besuchte, plauderten sie mitunter die ganze Nacht. Gewisse Engländer dagegen erschienen ihm weniger warmherzig: So brach etwa Carlyle in Gelächter aus, als Turgenjew ihm von einer Begebenheit erzählte, die er selbst traurig fand, und das gleiche tat der ungehobelte Thackeray, als Turgenjew auf russisch ein Gedicht des von ihm verehrten Puschkin rezitierte. Als Maupassant ihn zwei Wochen vor seinem Tod besuchte, bat Turgenjew ihn, beim nächsten Mal einen Revolver mitzubringen: Er hatte einen Rückenmarkstumor und stand gräßliche Schmerzen aus. Seine letzten Tage verbrachte er im Delirium, sprach Pauline Viardot mit Lady Macbeth an und warf ihr vor, ihm das Eheglück vorenthalten zu haben. Sein Verhältnis zu ihr hatte er im übrigen stets als »Halbehe« bezeichnet. Dann fiel er ins Koma, aus dem er nur noch einmal erwachte, um zu Pauline zu sagen: »Komm näher heran ... noch näher. Die Stunde des Abschieds ist gekommen ... wie bei den russischen Zaren ... Hier ist die Königin der Königinnen. Was hat sie nicht alles an Gutem getan!« Schwer zu sagen, ob seine letzten Worte nicht womöglich eine gewisse Ironie bargen. Iwan Turgenjew starb am 3. September 1883 mit vierundsiebzig Jahren in Bougival unweit von Paris. Sein Leichnam wurde nach Sankt Petersburg überführt und gemäß seinem Wunsch neben dem seines viele Jahre zuvor verstorbenen alten Freundes Belinski beigesetzt.

Turgenjew war ein so vertrauensseliger Mensch, daß er sein Leben lang hintergangen wurde, vor allem von Landsleuten, denen er Geld borgte und in Notsituationen half, selbst dann, wenn er sie nicht einmal kannte. Obwohl er im Ruf eines frivolen Atheisten stand, hatte er sich sowohl der Literatur als auch bestimmten Tugenden mit weit größerer Ernsthaftigkeit und Strenge verschrieben als manch einer seiner Zeitgenossen. In seinem nicht sehr bekannten Werk »Die Hinrichtung Tropmanns«, das von einer Exekution handelt, die er 1870 in Paris miterlebt hatte, berichtet er: Während der Augenblick, in dem Tropmann guillotiniert werden sollte, näherrückte, wurde »ein mir unbekanntes Gefühl der Schuld, der heimlichen Scham (...) immer stärker in mir«, und er schreibt weiter, daß ihm die vor den zweirädrigen Karren gespannten Pferde, die darauf warteten, den Leichnam fortzuschaffen, in diesem Moment wie die einzig unschuldigen Wesen an diesem Ort vorkamen. Diese Erzählung ist eins der eindringlichsten Plädoyers, die je gegen die Todesstrafe verfaßt wurden. Oder besser gesagt: es ist eins der traurigsten. Nicht von ungefähr sagte Pauline Viardot oder »La García« über Iwan Turgenjew, den sie ja gut gekannt haben mußte: »Er war der traurigste Mensch.«

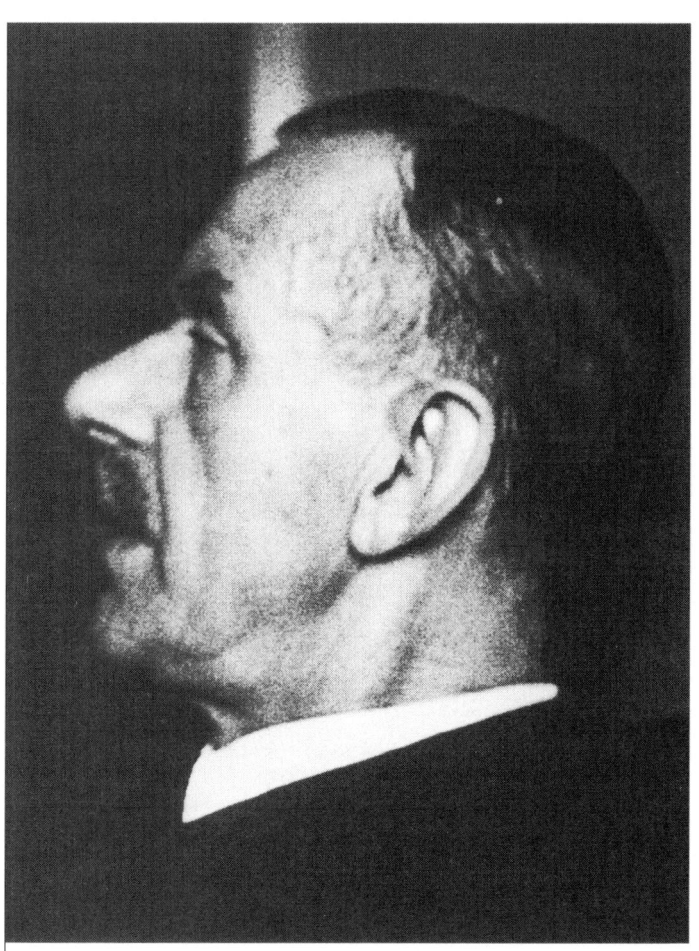

Thomas Mann (Photo: Alfred A. Knopf)

Thomas Mann und seine Leiden

Nach Thomas Manns Ansicht ist ein Roman ohne Ironie eine fade Angelegenheit, und selbstverständlich glaubte er, seine Werke seien von vorn bis hinten von dieser Zugabe durchzogen – ein etwas eigenwilliger Glaube, wenn man einige seiner berühmtesten dicken Wälzer kennt. Seine Feststellung mag ein wenig verständlicher werden, wenn man berücksichtigt, daß Mann klar zwischen Ironie und Humor unterschied und fand, bei Dickens komme allzu viel von ersterer und zu wenig von letzterem vor. Vielleicht erklärt dies, warum Thomas Mann dem Leser nur ein gelegentliches Lächeln *abnötigt* (man sieht regelrecht, daß *er* beim Schreiben ebenfalls gelächelt hat), während man bei Dickens alle paar Seiten in schallendes Gelächter ausbricht.

In seinem Privatleben dagegen hat Thomas Mann offensichtlich niemanden zum Lächeln bewegt (nicht einmal mit Gewalt), jedenfalls vermitteln diesen Eindruck seine Briefe und Tagebücher, die von einer bedenklichen Ernsthaftigkeit sind. Letztere wurden der Öffentlichkeit bekanntlich erst zwanzig Jahre nach seinem Tod, also im Jahr 1975, zugänglich gemacht, und wer sie gelesen hat, kann sich dieses Hinauszögern nur auf dreierlei Weise erklären: ihre Bedeutung sollte durch die Warterei hochgespielt werden; es sollte nicht früher als nötig bekannt werden, daß er jeden x-beliebigen Jüngling mit Blicken verschlang; oder

es sollte sich nicht herumsprechen, wie schlecht es um seinen
Magen bestellt war und wie fundamental ihm sein Auf und Ab
(das des Magens, meine ich) erschien.

Ein Schriftsteller, der verschlossene Umschläge hinterläßt
und verfügt, daß sie erst lange nach seinem Tod geöffnet werden dürfen, ist von seiner ungeheuren Bedeutung überzeugt,
und in der Regel wird dies durch die Öffnung der leidigen,
zuweilen enttäuschenden Kuverts am Ende des geduldigen Aus-
harrens bestätigt. Im Fall von Thomas Mann und seinen Tagebüchern ist vor allem eines frappierend, nämlich daß ihm alles,
was er erlebte, aufzeichnungswürdig erschien, von der Uhrzeit,
wann er morgens aufstand, bis hin zu der Tatsache, welches
Wetter herrschte, was er gerade las und vor allem, woran er gerade schrieb. Allerdings ergeht er sich nur selten in geistreichen
Reflexionen über diese Dinge, weshalb die Tagebücher eher so
wirken, als stammten sie von jemandem, der der Nachwelt um
jeden Preis die minuziöse Rekonstruktion seines unvergleichlichen Tagesablaufs erleichtern will, als von einem Menschen,
dem daran gelegen ist, von geheimen Begebenheiten zu berichten oder seine privaten Ansichten darzulegen. Sie vermitteln den
Eindruck, als hätte Thomas Mann bei seiner künftigen Leser-
schaft an beflissene Geister gedacht, die nach jedem Eintrag aus-
rufen: »Donnerwetter! Also hat der große Zauberer an dem Tag
diese und jene Seite von *Der Erwählte* geschrieben und abends
Gedichte von Heine gelesen. Wie aufschlußreich!« Schwieriger
abzusehen war vermutlich, inwieweit seine beharrlichen Berichte über seinen jeweiligen Magenzustand als Offenbarungen
gewertet und welches Erstaunen sie hervorrufen würden: »Unwohl; Gürtelschmerzen von Dickdarm und Magen, schwach,

und verstimmt«, notierte er etwa an einem Tag des Jahres 1918. »Leichte Leibschmerzen« hält er 1919 für erwähnenswert, und im selben Jahr präzisiert er: »Nach tagelanger Darmträgheit heute Entleerung.« Im Jahr 1921 hat sich sein Zustand zwar noch nicht gebessert, dennoch ist er ihm eine nähere Beschreibung wert: »Nachts Herzfliegen und Magengrimmen« oder »Unwohl, Darmempfindlichkeit«. Auch in späteren Jahren, wie etwa 1933, beschäftigt sich Thomas Mann obsessiv mit diesen Dingen, und nicht ohne Grund: »Im Bett gefrühstückt. Neigung zu Durchfall.« Wen wundert´s, daß er im Folgejahr klagt »der Darm schmerzhaft« oder 1937 zu der scharfsinnigen Feststellung gelangt »schlechter Magen« und des weiteren ausführt: »Unlustig und mit Schluckbeschwerden die geseihte Nahrung genommen.« 1939 wendet sich das Blatt, und er hält eine Klarstellung für geraten: »Verstockter Leib.« Erfreulicherweise findet sich im Vorjahr, also 1938, zur Abwechslung ein anders gearteter, wenngleich nicht weniger unappetitlicher Vermerk: »Viel ohne die Prothese. Leidend ...«

Es soll jedoch nicht der Eindruck entstehen, seine Tagebücher befaßten sich ausschließlich mit derart prosaischen Unerquicklichkeiten: Sie informieren uns nicht nur darüber, ob er einen Punsch getrunken hat oder nicht, ob seine Teppiche am Ende doch abgefärbt haben oder ob er im Anschluß an die Maniküre den Fußpfleger aufgesucht hat, sondern enthalten darüber hinaus beredte Kommentare zu Thomas Manns verkorkster Sexualität. Zum Beispiel: »Zärtlichkeit.« Oder: »Geschlechtliche Nacht. Aber Ruhe darf man quand même nicht wünschen.« Oder, noch problematischer: »Ein geschlechtlicher Anfall gestern, einige Zeit nach dem Schlafengehen, hatte sehr schwe-

re nervöse Folgen: Große Erregung, Angst, andauernde Schlaflosigkeit, ein Versagen des Magens in Form von Sodbrennen und
Übelkeit.« Und ein anderes Mal: »Geschlechtliche Ausschwei-
fung, die aber, obgleich durch die nervöse Erregung noch lange
der Schlaf hintangehalten wurde, sich geistig eher als zuträglich
erwies.« Die Formulierung »geistig« mag bei der Entschlüsse-
lung einer anderen, schlichtweg rätselhaften Anmerkung hilf-
reich sein: »Geschlechtliche Störung und Störung der Thätigkeit
durch die Unmöglichkeit, den Keyserling-Nachruf zu verwei-
gern.« Und schließlich finden sich Magen und Geschlechtsle-
ben in folgender optimistischer oder vielmehr leichtgläubiger
Äußerung wieder vereint: »Mußte das Starkbier, das jetzt
gebraut wird, abschaffen, da es nicht nur den Magen beschwert,
sondern als Aphrodisiakum, erregend, wirkt und mir unruhige
Nächte machte.« Wie dem auch sei, der allgemeine Tenor lautet:
»Gestern Nacht und auch nachmittags vom Geschlecht ge-
quält.«

Obgleich Thomas Mann, wie man sieht, nicht ins Detail geht,
steht zu vermuten, daß diese Anfälle, Exzesse und Störungen mit
seiner Frau Katia, der Mutter seiner sechs Kinder, zusammen-
hingen. Alle anderen Frauen dagegen waren für ihn offenbar
schlichtweg Luft, ganz im Gegensatz zu Knaben. Als er einmal
eine Dichterlesung Rabindranath Tagores besuchte, fand er den
Eindruck bestätigt, den er immer schon von ihm gehabt hatte:
»Der Eindruck einer feinen alten englischen Dame verstärkte
sich.« Gleichzeitig entging ihm nicht, daß Tagores Sohn »braun
und muskulös, (ein) maskuliner Typus« war. Bei selbiger Gelegenheit erblickte er »zwei mir unbekannte junge Leute, hübsch,
vielleicht jüdisch«, die ihn fesselten. Einige Tage später wider-

fuhr ihm eine »gelinde Bezauberung durch das hellblonde junge Blut«, und wiederum ein paar Wochen später war es ein junger Gärtner, »unbärtig, mit braunen Armen und offener Brust, (der) mir zu schaffen machte«. Dem deutschen Kino der dreißiger Jahre war er überaus verpflichtet, denn es bot im Unterschied zum amerikanischen oder französischen »die Freude an jugendlichen Körpern, namentlich männlichen, in ihrer Nacktheit«. Auch wenn er diese Kunstform ansonsten verachtete, weil sie nur in geringem Maß dem Wort zugetan war und lediglich den ordinären Durchschnittsmenschen zeigte, erkannte er doch immerhin ihre »seelisch-sinnliche« Wirkung auf das Gemüt an.

Es steht zu befürchten, daß Thomas Mann trotz des Humors und der Ironie, die ihm einige seiner Leser und Bekannten bescheinigten, immer wieder von Schwermut, Empfindungslosigkeit, Nervenzusammenbrüchen, Panikanfällen und Seelenqualen verschiedenster Art heimgesucht wurde, unter denen der Zorn an vorderster Stelle zu nennen wäre. Mit Ausnahme von Proust (bei dem die Dinge allerdings ganz anders lagen) hat keiner die Verbindung von Krankheit und Künstlertum dermaßen ausgebeutet wie er, und insofern kann man behaupten, daß er schon immer ein antiquierter Mensch gewesen ist, denn besagte Verknüpfung existierte bereits seit mindestens hundert Jahren, als er 1901 seinen ersten Roman, »Die Buddenbrooks«, veröffentlichte. Seltsam ist nur, daß seine Beschwerden und Ängste so überaus beständig waren: Sie verließen ihn an keinem der Orte, an denen er notgedrungen sein Dasein fristete, nachdem er Deutschland noch vor Ausbruch des Zweiten Weltkriegs – wenn auch erst nach Verleihung des Nobelpreises im Jahr 1929, den er mit größter Selbstverständlichkeit entgegennahm – verlassen hatte. Was ihn im nachhinein adelt, ist seine von Anfang bis Ende beibehaltene unmißverständliche Ablehnung des Nationalsozialismus, mochten seine politischen oder vielmehr apolitischen Ansichten auch ansonsten nie sonderlich klar und vielleicht nicht unbedingt weiterzuempfehlen gewesen sein: So hielt er, in Abgrenzung zum Faschismus wie zum Liberalismus, eine aufgeklärte Diktatur für wünschenswert – ein Wortpaar, in dem das Adjektiv allzu vage und vieldeutig ist, um das Substantiv wirklich entschärfen zu können.

Das schlimme an Thomas Mann ist, daß er *sich einbildete*, er würde sich selbst nicht ernst nehmen, doch wenn in seinen Romanen ebenso wie in seinen Essays, Briefen und Tagebüchern etwas ins Auge springt, dann ist es der Umstand, daß er von seiner Unsterblichkeit restlos überzeugt war. Als ein Amerikaner einmal seinen Roman *Tod in Venedig* auf fast schon peinliche Art und Weise in den Himmel lobte, fiel Thomas Mann, um sein Verdienst herunterzuspielen, doch tatsächlich nichts anderes ein als: er sei schließlich noch ein Anfänger gewesen, als er ihn geschrieben habe. Ein begabter Anfänger zwar, aber eben doch ein Anfänger. Als er keiner mehr war, traute er sich auch die größten Meisterleistungen zu, und so schrieb er in einem Brief an den Kritiker Carl Maria Weber völlig ungeniert von der grandiosen Geschichte, die er schließlich irgendwann werde schreiben können. Daß er den *Quijote* bewunderte, ist bekannt, denn er nutzte dessen Lektüre an Bord des Dampfers *Volendam*, der ihn nach New York brachte, um ein Büchlein mit dem Titel *Meerfahrt mit Don Quijote* zu schreiben. Allerdings fand er das ebenso schlichte wie meisterhafte Ende von Cervantes' Werk nicht nur enttäuschend, sondern auch verbesserungswürdig: »Der Schluß des Romans eher matt, nicht ergreifend genug, ich denke es mit Jaakob besser zu machen.« Damit meinte er natürlich den Jakob aus seiner Tetralogie *Joseph und seine Brüder*, die vollständig zu lesen in Spanien allein der geduldige (und anschließend grollende) Juan Benet fertiggebracht hat. Überraschend ist Thomas Manns Auffassung, daß große Werke das Ergebnis bescheidener Absichten seien, daß der Ehrgeiz nicht am Anfang eines Werks stehen und diesem nicht vorangehen dürfe, sondern mit dem Werk selbst und nicht etwa mit dem Ego des Schöpfers verbunden sein müsse. »Es ist nichts falscher als der abstrakte und vorsachliche Ehrgeiz, der Ehrgeiz an sich und unabhängig vom Werke, der bleiche Ehrgeiz des Ich. Ein solcher sitzt da als kranker Adler«, schrieb er einmal. Vergegenwärtigt man sich seine eigenen Ambitionen, die ausgesprochenen ebenso wie die unausgesprochenen, drängt sich der Schluß auf, daß der Mannsche Adler mit einer ganz bestimmten Krankheit geschlagen war, nämlich mit Blindheit. Zum Tod eines ehemaligen Schulkameraden äußerte er sich folgendermaßen: »Von mir im *Zauberberg* verewigt.« Kein Zweifel besteht darüber, daß Ehrgeiz besitzt und sich selbst ernst nimmt, wer eines schönen Tages im Jahr 1935 allen Ernstes in sein Tagebuch einträgt: »Französischer Brief eines jungen Schriftstellers in Santiago de Chile, der von meinem Einfluß auf die junge chilenische Literatur berichtet.« Ich kann nicht umhin, auf drei Begriffe hinzuweisen: »Einfluß«, »chilenisch« und »berichtet«.

All jene, die mit Thomas Mann verkehrten, sagten ihm eine stattliche Erscheinung nach, vor allem von hinten. Von vorn verliehen ihm seine Nase, seine Brauen und seine Ohren (allesamt spitz) etwas Koboldhaftes, was sich mit der Stattlichkeit nicht recht vertragen mochte. Bei öffentlichen Auftritten konnte er sich ereifern, und bei einer im Rundfunk übertragenen Lesung aus einem seiner Werke vergaß er einmal die Zeit, so daß ihm nichts anderes übrigblieb, als mitten im Satz abzubrechen und um Entschuldigung zu bitten. Seine großbürgerliche Herkunft manifestierte sich zuweilen in seinen Klagen über das Personal: »Empörter Ausbruch gegen das Mädchen Josefa«; »Wut über Schändlichkeiten der Dienstmädchen«; »Dienstboten-Elend«; »Neue Kündigung aller Dienstboten. Ekel und Haß auf das nichtswürdige Gesindel« – um nur einige der leidenschaftlichen Vermerke zu nennen, die sich zu diesem Thema in seinen geheimen Tagebüchern nachlesen lassen.

Seine beiden Schwestern nahmen sich das Leben, ebenso sein Sohn Klaus, der es als Romanschriftsteller zu weit bescheidenerem Ruhm und Ansehen brachte als er. Thomas Mann hat also einiges durchgemacht, und dennoch mischte sich beim Tod seiner Schwester Carla in den Schmerz über den Verlust Mißbilligung darüber, daß sie den Selbstmord ausgerechnet im Haus ihrer Mutter und nicht an einem geeigneteren Ort begangen hatte. Auch unter dem Exil und dem grimmigen Haß seiner Landsleute litt er; er nahm erst die tschechische und später die amerikanische Staatsbürgerschaft an, doch dafür war ihm bereits zu Lebzeiten der größte Erfolg beschieden, den man als Literat haben kann, und das mag ihn für einiges entschädigt haben. Er starb am 12. August 1955 mit achtzig Jahren an einer Thrombose in Zürich. Die Stunde seines Todes entbehrte jeglicher Ironie. Seine Familie war so aufmerksam, ihn mit einem Ring zu bestatten, auf den er immer sehr stolz gewesen war und von dem er sich nie getrennt hatte. Der Stein war grün, aber ein Smaragd war es nicht.

Vladimir Nabokov, 1929

Vladimir Nabokov in Verzückung

Höchstwahrscheinlich hatte Vladimir Nabokov nicht mehr Aversionen und Antipathien als jeder andere seiner Schriftstellerkollegen auch, aber zweifellos erweckte er diesen Eindruck, weil er den Mut besaß, sie einzugestehen, kundzutun und pausenlos zu schüren. Dies brachte ihm einen gewissen Ruf als Menschenfeind ein, und das ausgerechnet in einem Land, das von seiner Rechtschaffenheit und Toleranz derart überzeugt ist wie das, welches ihm in den entscheidenden Jahren seines literarischen Schaffens eine Heimat bot: In den Vereinigten Staaten, genauer gesagt in Neuengland wird es nicht sehr geschätzt, wenn Ausländer eine triftige Meinung haben, und erst recht nicht, wenn sie diese auch noch ungeniert äußern. »Der alte Widerling« ist bei Menschen, die mit Nabokov nur flüchtig zu tun hatten, ein gängiger Ausdruck.

In jenem Teil des Landes verbrachte Nabokov viele Jahre als Literaturprofessor. Anfangs lehrte er am Wellesley College, einer der letzten rein »weiblichen« Universitäten, die auf dieser Welt noch existieren, ein kostbares Relikt. Es ist ein idyllischer Ort, der von dem wunderschönen Lake Waban und den wie in einem immerwährenden Herbst ständig die Farben wechselnden, von Eichhörnchen bevölkerten riesigen Bäumen beherrscht wird. Unter den Professoren gibt es zwar den einen oder anderen Mann, aber auf dem Campus sind nur Frauen zu sehen, die meisten von ihnen blutjung (*alumnae* werden sie genannt) und aus konservativen, anspruchsvollen und betuchten Familien (daher auch der Spitzname *Prinzessinnen*). Dort gibt man sich der eitlen Vorstellung hin, daß Nabokov sich bei seiner berühmtesten Schöpfung, der *Lolita*, zumindest *ansatzweise* an der Schar der röcketragenden Halbwüchsigen (von denen allerdings auch damals schon viele Shorts trugen) inspiriert hat, doch wie er selbst bei zahlreichen Gelegenheiten erklärt hat, findet sich der Ursprung dieses Meisterwerks in einer aus seiner europäischen Schaffensperiode stammenden Erzählung, und zwar in dem noch in Russisch verfaßten *Der Zauberer*. Die meisten Jahre seiner Lehrtätigkeit verbrachte er jedoch an der Cornell University, die eine gemischte Universität, deshalb aber keineswegs klüger ist, und allem Anschein nach war das Dozieren nicht eben seine Berufung, denn er plagte und quälte sich allzusehr bei der Vorbereitung seiner Vorlesungen, die er stets schriftlich abfaßte und sodann, den Text auf dem Pult, langsam und wie für sich selbst herunterlas. Zu seinen zahlreichen Aversionen gehörten unter anderem die sogenannte »Ideenliteratur« und auch die Allegorie, weshalb sich seine Vorlesungen über den *Ulysses* von Joyce, *Die Verwandlung* von Kafka, *Anna Karenina* und *Dr. Jekyll and Mr. Hyde* hauptsächlich um den genauen Stadtplan von Dublin, die genaue Insektenart, in die sich Gregor Samsa verwandelte, die genaue Einrichtung der Wagen des Nachtzugs Petersburg-Moskau um das Jahr 1870 beziehungsweise das genaue Aussehen der Fassade sowie des Interieurs von Doktor Jekylls Herrenhaus drehten. Als Professor war er der Auffassung, an der Lektüre dieser Romane könne man nur dann Freude haben, wenn man eine sehr genaue Vorstellung von diesen Dingen besäße.

Wo er doch als Menschenfeind verschrien war, ist es erstaunlich, daß er Worte wie *Freude, Beglückung* oder *Verzückung* so häufig in den Mund nahm. Er gestand, daß er aus zwei Gründen schrieb: um der Freude, Beglückung oder Verzückung wegen und um sich das Buch, an dem er gerade arbeitete, vom Hals zu schaffen. Habe man erst einmal angefangen, meinte er, könne man das Buch nur dadurch loswerden, daß man es fertig schrieb. Einmal allerdings war er versucht, auf eine schnellere, nicht wieder umkehrbare Methode zurückzugreifen: Seine Frau Vera konnte ihn eines Tages im Jahr 1950 gerade noch zurückhalten, als er sich, von Zweifeln und technischen Schwierigkeiten niedergedrückt, auf den Weg in den Garten machen wollte, um die ersten Kapitel von *Lolita* zu verbrennen. Bei einer anderen Gelegenheit führte er die Rettung des Manuskripts auf sein verängstigtes Gewissen zurück, denn er sei, wie er sagte, davon überzeugt gewesen, daß ihn der Geist des vernichteten Buchs für den Rest seines Lebens nicht mehr in Ruhe gelassen hätte. Es steht außer Zweifel, daß dieser Titel Nabokov besonders am Herzen lag, denn nach all den Prüfungen, die ihm dieses Buch auferlegt hatte, brachte er sogar noch die Kraft auf, es eigenhändig ins Russische zu übersetzen – wohl wissend, daß es in seiner Heimat auch noch Jahre nach seinem Tod nicht würde gelesen werden können.

Dabei war der Mann, der auf diesen Roman nicht verzichten konnte, ein an Verzicht gewöhnter Mensch: Laut Nabokov lebten alle Künstler in einer Art ständigem Exil, heimlich oder bekennend, doch in seinem Fall klingen diese Worte ironisch. Vom Verlust des Vaterlandes und der Schauplätze seiner Kindheit hat er sich, um es einmal so zu sagen, nie erholt, und obwohl für ihn feststand, daß er nie nach Rußland zurückkehren würde, liebäugelte er zuweilen mit dem Gedanken, sich einen falschen Paß zuzulegen und als amerikanischer Tourist den ehemaligen Landsitz seiner Familie in Roshdestweno, in dem die Sowjets eine Schule untergebracht hatten, oder sein Haus in der heutigen Herzenstraße in Sankt Petersburg zu besuchen. Doch im Grunde wußte er wie jeder »bekennende« Exilant, daß ihm diese Reise in die Vergangenheit nicht nur nichts einbringen, sondern ihm obendrein schaden würde, indem sie an seinen unerschütterlichen Erinnerungen rüttelte. Sicher ist dieser Verlust der Grund dafür, weshalb Nabokov nie ein richtiges Zuhause hatte, weder in Paris oder Berlin (wo er die ersten zwanzig Jahre nach seiner Auswanderung aus Rußland verbrachte) noch in Amerika oder, zum Ende hin, in der Schweiz. In letzterer bewohnte er in dem am Ufer des Genfer Sees gelegenen Hotel Montreux Palace eine Zimmerflucht, die nach Auskunft mehrerer Besucher so provisorisch eingerichtet war, als wäre er eben erst eingezogen. Einer dieser Besucher namens Frederic Prokosch, Schriftsteller und zudem Schmetterlingssammler wie er, unterhielt sich einmal lang mit ihm über ihre gemeinsame Passion, die Schmetterlinge, und die bereits erwähnten Worte *Freude*, *Beglückung* und *Verzückung* seien im Verlauf dieses Gesprächs zwar mehr als einmal gefallen, doch habe die Stimme des Gastgebers »sehr müde, melancholisch und ernüchtert« geklungen. Im dämmrigen Licht eines der Salons sah Prokosch ihn wiederholt lächeln, »vielleicht aus Belustigung, vielleicht aber auch aus Schmerz«.

Dies zeugt von einem sehr subtilen Wahrnehmungsvermögen, denn Nabokov pflegte in Gegenwart anderer nie zu klagen. Mehr noch: in seinen in Amerika verbrachten Jahren und auch

danach (die amerikanische Staatsbürgerschaft behielt er) beteuerte er immer wieder, wie glücklich er in den Vereinigten Staaten
sei beziehungsweise gewesen sei und wie gut er in seiner neuen
Heimat alles finde. Soviel Nachdrücklichkeit macht hellhörig:
Einmal behauptete er sogar mit offenkundiger Unglaubwürdigkeit, er sei so amerikanisch wie der April in Arizona, und in
seiner Suite im Montreux Palace hatte er – welch extravaganter
Einfall – über einer Konsole ein Sternenbanner aufgehängt.
Gleichzeitig war er sich jedoch bewußt, daß Exilanten das Land,
das sie aufgenommen hat, früher oder später verachten, und er
erinnerte daran, wie sehr Lenin und Nietzsche die Schweiz
gehaßt hatten, die nun ihm mit seiner unbezähmbaren Sehnsucht nach den Orten seiner Kindheit eine neue Heimat bot.

Wie er in seiner großartigen Autobiographie *Erinnerung, sprich*
schildert, hat ihm als damals Zwanzigjährigem bei der Auswanderung aus Rußland am ärgsten die Vorstellung zu schaffen
gemacht, daß noch wochen-, wenn nicht gar monatelang Briefe
seiner Freundin Tamara an dem von ihm aufgegebenen Wohn-
sitz auf der südlichen Krim eintreffen würden, wo er sich nach
seiner Flucht aus Sankt Petersburg und vor seiner Abreise aus
Rußland für kurze Zeit niedergelassen hatte. Briefe, die bis ans
Ende aller Zeiten nie gelesen oder beantwortet würden, Kuverts,
die in dem Augenblick, als die Lippen der geliebten Absenderin
über sie strichen, für alle Ewigkeit versiegelt worden waren.

Bevor Vladimir Nabokov und sein Bruder Sergey nach Paris
und anschließend nach Berlin gingen, wo es in den zwanziger
und dreißiger Jahren von russischen Emigranten wimmelte, stu-
dierten sie drei Jahre lang an der Universität von Cambridge und
machten dort ihren Abschluß. Nabokovs Erinnerungen an jene

Zeit sind alles andere als schmeichelhaft und vor allem vom Kontrast zwischen dem zurückgelassenen russischen Überfluß und der vorsätzlichen englischen Knausrigkeit geprägt. Seine liebsten Erinnerungen gelten dem Fußball, einer Sportart, für die er sich schon immer begeistert und die er selbst als Torwart sowohl in seiner Heimat als auch in Cambridge mit beachtlichem Erfolg praktiziert hat. Allem Anschein nach hielt er sogar unhaltbare Tore, und auf jeden Fall verkörperte er in geradezu perfekter Weise die mysteriösesten und eigenartigsten Gestalten unter den legendären Torhütern. Seinen eigenen Worten zufolge hielt man ihn für ein »sagenhaft exotisches Wesen, das, verkleidet als englischer Fußballer, in einer Sprache, die niemand verstand, Verse über ein entlegenes Land dichtete, das niemand kannte«.

Was den Kontakt zu seiner Familie betrifft, war Nabokov offenbar sehr zurückhaltend, und selbst in Rußland, in der Zeit vor der Versprengung und dem Exil, hatte er sich anscheinend nur wenig mit seinen beiden Brüdern und zwei Schwestern abgegeben (mit seinen Eltern möglicherweise etwas mehr). Mit dem ihm altersmäßig am nächsten stehenden, elf Monate jüngeren Sergey verbanden ihn kaum gemeinsame Kindheitserinnerungen, und Nabokov berichtet mit erschreckender Nüchternheit von dessen Tod 1945 in einem Konzentrationslager in Hamburg, wohin er von den Nazis wegen des Verdachts, ein englischer Spion zu sein, verlegt worden und wo er an Entkräftung gestorben war. Etwas größere Erschütterung ist Nabokov beim Tod seines Vaters anzumerken, der 1922 in Berlin nach einem öffentlichen Vortrag von zwei rechtsextremen Fanatikern getötet wurde: Zwar galt der Anschlag eigentlich dem Vortragenden, doch Nabokovs Vater schritt ein, schlug einen der Attentäter nieder und wurde dabei von den Kugeln aus der Waffe des zweiten tödlich getroffen.

Auch wenn Nabokov erst im Alter von sechsundfünfzig Jahren durch die lächerlicherweise von Skandalen umwitterte Veröffentlichung seiner *Lolita* zu Weltruhm gelangte, war er von seinem Talent schon immer überzeugt gewesen. Als er sich einmal für seine ungeschickte Ausdrucksweise entschuldigte, nutzte er die Gelegenheit sogleich zu der Selbstbeurteilung, er denke wie ein Genie, schreibe wie ein angesehener Autor und rede wie ein Kind. Es ärgerte ihn maßlos, wenn man ihm fremde Einflüsse unterstellte, sei es von Joyce, Kafka, Proust oder, noch schlimmer, von Dostojewski, den er verabscheute und für einen billigen Sensationsschriftsteller, für unbeholfen und vulgär hielt. Eigentlich verabscheute er fast alle seine Kollegen, ob Mann oder Faulkner, Conrad oder Lorca, Lawrence oder Pound, Camus oder Sartre, Balzac oder Forster. Henry James, Conan Doyle und H.G. Wells ließ er durchgehen. Von Joyce bewunderte er den *Ulysses*, hielt *Finnegans Wake* jedoch für »Heimatliteratur«, die er ohnehin nicht ausstehen konnte. Gnade vor seinen Augen fanden lediglich *Petersburg* von seinem Landsmann Belyj, die erste Hälfte von *Auf der Suche nach der verlorenen Zeit*, Puschkin und Shakespeare und wenige mehr. Den *Quijote* verstand er zwar nicht, doch obwohl er sich gegen ihn sperrte, bewegte er ihn am Ende doch. Vor allem aber haßte er vier Doktoren – »Doktor Freud, Doktor Schiwago, Doktor Schweitzer und Doktor Castro aus Kuba« –, insbesondere ersteren und zugleich einen seiner Sündenböcke, den er als »Wiener Kurpfuscher« zu titulieren pflegte und dessen Theorien er als mittelalterlich und der Astrologie und Handlesekunst ebenbürtig erachtete. Seine Aversionen und Antipathien reichten aber noch weiter: Er haßte den Jazz, den Stierkampf, primitive volkstümliche Masken, Musikberieselung, Schwimmbäder, Lastwagen, Transistorradios, Bidets, Insektizide, Jachten, den Zirkus, Rowdys, Nachtclubs und den Lärm von Motorrädern – um nur einige Beispiele zu nennen.

Außer Frage steht, daß er ein unbescheidener Mensch war, doch seine anmaßende Art hatte etwas so Unverfälschtes, daß sie mitunter gerechtfertigt und stets schelmisch wirkte. Er bildete sich etwas darauf ein, die Ursprünge seiner Familie bis zum 14. Jahrhundert zurückverfolgen zu können, und zwar bis zu einem gewissen Nabok Murza, einem »verrussten« Tatarenfürsten und vorgeblichen Nachkommen Dschingis-Khans. Noch stolzer aber war er auf die erlauchten Literaten unter seinen Vorfahren, doch hatte dies wohl weniger einen realen Hintergrund (gut, sein Vater hatte mehrere Bücher geschrieben) als vielmehr einen phantastischen: Einer seiner Ahnen war angeblich irgendwie mit Kleist verwandt, ein zweiter mit Dante, ein dritter mit Puschkin und ein vierter mit Boccaccio. Offengestanden erscheinen diese vier der Zufälle zu viel.

Nabokov litt seit seiner Kindheit unter Schlaflosigkeit; er war in jungen Jahren ein Schürzenjäger, in reiferen jedoch ein überaus treuer Ehemann (fast all seine Bücher sind seiner Frau Vera gewidmet), und im großen und ganzen muß man ihn wohl als Einzelgänger sehen. Die größte Freude, die größte Beglückung und die größten Verzückungen erlebte er, wenn er allein auf Schmetterlingsjagd ging, über vertrackten Schachzügen brütete, Puschkin übersetzte oder an seinen Büchern schrieb. Er starb am 2. Juli 1977 im Alter von achtundsiebzig Jahren in Montreux. Ich erfuhr von seinem Tod, als ich in Sevilla in der Calle Sierpes beim Frühstück die Zeitung aufschlug.

Er regte sich über Menschen auf, die die »einfache und ehrliche« Kunst rühmten oder daran glaubten, die Güte der Kunst hänge von ihrer Einfachheit und Ehrlichkeit ab. Für ihn waren alles Artefakte, sogar echte und tiefempfundene Gefühle, die ihm im übrigen nicht fremd waren. Er drückte dies einmal mit den Worten aus: »Mein Credo ist die Insistenz auf das konkrete Detail.« Nach Rußland kehrte er nie zurück, und auch von Tamara hörte er nie wieder. Vielleicht aber erfuhr er doch etwas über sie in den langen Briefen, die er sich mit seiner Vergangenheit schrieb, während er sich eines nach dem anderen seine bewegenden artifiziellen Bücher vom Hals schaffte.

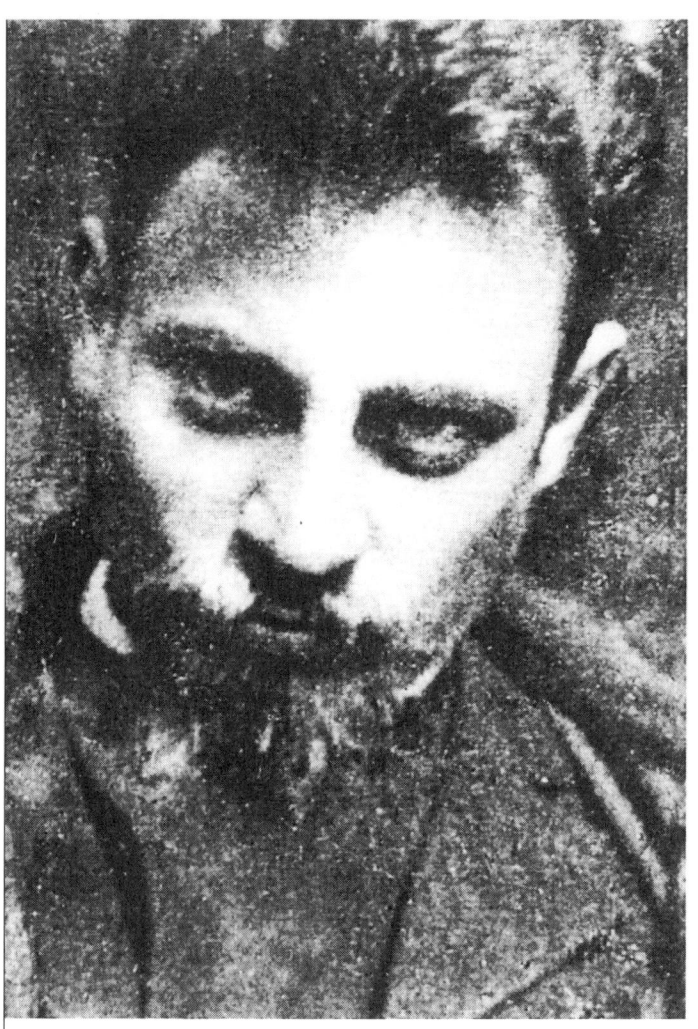

Rainer Maria Rilke, 1900

Rainer Maria Rilke in Wartestellung

Als sehr junger Mann besuchte Rainer Maria Rilke einmal den betagten Tolstoi auf dessen Landgut bei Jasnaja Poljana. Sie spazierten in Begleitung der allgegenwärtigen Lou Andreas-Salomé über die Felder, und Tolstoi fragte Rilke: »Welcher Tätigkeit widmen Sie sich gerade?«, worauf der Dichter unbekümmert und schüchtern erwiderte: »Der Lyrik.« Allem Anschein nach brachte ihm das nicht nur eine Salve von Beschimpfungen ein, sondern obendrein eine handfeste Schmährede gegen jede Art von Lyrik, einer Sache, der sich doch beim besten Willen niemand *widmen* könne.

Mit Sicherheit gingen die Worte des russischen Altmeisters dem jungen Rilke zum einen Ohr hinein und zum anderen wieder hinaus, denn es hat wohl kaum je einen Dichter gegeben, der sich besessener und ausschließlicher nicht nur der Lyrik, sondern im wahrsten Sinn des Wortes *jeder Art* von Lyrik *gewidmet* hat. Rilke produzierte Lyrik in seinen Gedichten, aber auch in seiner Prosa, seinen Tagebüchern, seinen Briefen, seinen Chroniken, seinen Reisenotizen und Theaterstücken. Jedesmal, wenn er zur Feder griff, und sei es auch nur, um jemanden um einen Gefallen zu bitten, produzierte er Lyrik, und nicht immer die erlesenste. Offengestanden besaß er, zumindest in der Anfangszeit, einen ausgeprägten Hang zur Schmeichelei und ließ es nicht etwa damit bewenden, maßloses Interesse für das Werk anderer zu bekunden oder dieses zu rühmen, sondern erbot sich sogar in mindestens zwei Fällen, ein Buch über die gepriesenen Kunstwerke zu schreiben: In einem Fall, nämlich dem des Bildhauers Rodin, dessen Sekretär er im übrigen eine Zeitlang war, machte er sein Versprechen wahr; im Fall des spanischen Malers Zuloaga kam er – vielleicht zu seinem eigenen Besten – nicht dazu, wenngleich er ziemlich genaue Vorstellungen vom Inhalt seines Projekts hatte:»Dieses glutvolle Buch voller Blumen und Tänze.« Wer weiß, ob Rilkes Feuereifer sich nicht zumindest teilweise bei einem spanischen Fest verflüchtigt hat, an dem er anläßlich der Taufe von Zuloagas Sohn im Jahre 1906 in dessen Pariser Wohnung teilnahm und über das der Reporter einer Madrider Tageszeitung folgendermaßen berichtete:»Der Gitarrist Llovet verblüffte mit seinem meisterhaften Können, und der Gitarrist Palmero begleitete mit seinen Flamenco-Rhythmen die Tänzerin Carmela, die sich beim Tango, etwa dem ›morrongo‹, vor den Augen des guten Abbé Brebain, der dem Getanze fassungslos zusah, auf mitreißende Weise Arme und Beine verrenkte, daß sich alle die Köpfe nach ihr verrenkten.« Über Rilkes Reaktion ist nichts bekannt, doch immerhin produzierte er nach dem Fest Lyrik, das heißt er verfaßte ein Gedicht, das er aller Voraussicht nach »Spanische Tänzerin« nennen wollte.

Dank der Arbeiten des vorzüglichen Rilke-Experten Ferreiro Alemparte weiß man, daß Rilkes Verbindung zu Spanien ebenso lang wie fruchtbar war und von einem viermonatigen Aufenthalt insbesondere in Toledo und Ronda, mit kurzen Abstechern nach Córdoba, Sevilla und Madrid, gekrönt wurde. Die beiden letztgenannten Städte mißfielen ihm außerordentlich: Von der andalusischen Kapitale »hab ich, abgesehen von Sonne, nichts erwartet, und es giebt mir auch weiter nichts, wir haben einander nichts vorzuwerfen«. Trotzdem warf er ihr die Kathedrale vor, die ihm »von Grund aus zuwider, ja feindlich« schien, und »die infame Orgel machte den Raum so süß mit ihrer verhätschelten Stimme«. Mit der Hauptstadt des Königreichs ging er noch härter ins Gericht, sie mißfiel ihm »fast so wie Triest« – so seine Worte auf dem Hinweg, wohingegen er sich auf dem Rückweg weniger verklausuliert und dafür um so bissiger ausdrückte: » ... und diese triste Erde von Madrid, die ist, als vertrüge sie keine Stadt und die doch auch nie recht von Herzen Land gewesen sein mag.« Die meiste Zeit verbrachte er im Museo del Prado und verließ die Stadt sodann fluchtartig, als hätten ihn auch die Goyas, Velázquez und Grecos nicht mit ihr versöhnen können.

Von El Greco war er eine Zeitlang ebenso besessen wie von Zuloaga und wie sein Leben lang von der Lyrik – ganz gleich, wo er sich gerade befand. Eine feste Adresse besaß er nämlich nicht: Zwischen 1910 und August 1914 hielt er sich nachweislich zumindest zeitweilig an fünfzig verschiedenen Orten auf, und es steht zu vermuten, daß sich sein Leben in diesem Zeitraum weniger an einem dieser Orte, sondern vielmehr auf der Reise von einem zum anderen abspielte. Auf Wanderschaft war er schon bald, nachdem er seine Geburtsstadt Prag verlassen hatte, gegangen und zwar zuerst nach München, Berlin und Venedig. Im Anschluß folgte seine erste Reise nach Rußland und ein Jahr später die zweite, eingangs erwähnte. Paris, Venedig, Viareggio, Paris, Worpswede, Paris, Rom, Nordafrika, das heißersehnte Spanien, Duino an der Adria, München, Wien, Zürich, Venedig, Paris, Genf – ein wahres Chaos. Schwer nachzuvollziehen ist, woher er das Geld für all die Reisen nahm und wie er es schaffte, aus der Ferne – wenn auch in geringem Maße – zum Unterhalt seiner Tochter Ruth beizutragen, die aus seiner Kurzehe mit der Bildhauerin Clara Westhoff stammte: Die beiden hatten im Frühjahr 1901 geheiratet und sich bereits – und vielleicht deshalb in aller Freundschaft – im Mai 1902 wieder getrennt. Von dem gemeinsamen Kind abgesehen, verdankte der Dichter Clara noch manch anderes: Sie hatte für ihn den Kontakt zu Auguste Rodin hergestellt, dem Rainer Maria wiederum eine seiner äußerst raren geregelten Beschäftigungen verdankte: Es ist überliefert, daß er jeden Vormittag zwei Stunden für Rodin arbeitete.

Wie aus Rilkes Briefen und Tagebüchern hervorgeht, verbrachte er sein Dasein in Erwartung der Lyrik und vertrieb sich die Warterei mit allerlei Frauen, die meisten von ihnen Aristokratinnen (zumindest, was Auftreten und Namen betraf) und durchaus willens, ihm auf ihren diversen Schlössern und Besitztümern Quartier zu gewähren, um ihm die Wartezeit so bequem wie möglich zu gestalten. Leidenschaftliche oder auch nur rein freundschaftliche Gefühle empfand er für die verführerische Lou Andreas-Salomé, die hoffnungslose Eleonora Duse, für Prinzessin Marie von Thurn und Taxis, Baladine Klossowska, Baronin Sidonie Nádherný de Borutin, Mathilde Vollmöller-Purrmann, Contessina Pia Valmarana, die Pianistin Magda von Hattingberg, die schwedische Schriftstellerin Ellen Key, Gräfin Manon zu Solms-Laubach, Eva Cassirer-Solmitz, Baronin Alice Fähndrich von Nordeck zur Rabenau, Katharina von Düring Kippenberg, Elisabeth Gundolf-Salomon, Nanny Wunderly-Volkart, Gräfin Margot Sizzo-Noris Croy, eine gewisse Mimi aus Venedig und natürlich die Dichterin Comtesse de Noailles, Tochter des Prin-

zen Bassaraba de Brancovan, ohne freilich die Princesse de Can-
tacuzène zu vergessen. Man möchte meinen, ja fast hoffen, daß
diese Liste erfunden ist, doch das ist sie nicht, und dies ist um so
erstaunlicher, als Rilke zumindest von einigen dieser Damen
einen Korb erhalten hat: Die Comtesse de Noailles, zum Beispiel, fand ihn häßlich, und der erste Satz, den sie zu ihm sagte,
kaum daß man sie einander vorgestellt hatte, war sehr ernst:
»Herr Rilke«, sagte sie zu ihm, »was halten Sie von der Liebe?
Und wie denken Sie über den Tod?« Was die Diva Eleonora Duse
angeht, zu der Rilke tiefe Zuneigung empfand, obwohl er sie erst
kennenlernte, als sie bereits bei schlechter Gesundheit, alt und
wirr im Kopf war, so wurden seine Annäherungsversuche von
einem Pfau vereitelt, der sich bei einem idyllischen Picknick auf
einer der Venedig vorgelagerten Inseln listigerweise an die Stelle heranpirschte, wo sie Tee tranken, und dicht neben dem Ohr
der Schauspielerin sein fürchterliches heiseres Kreischen aus-
stieß, woraufhin letztere entsetzt nicht nur vom Picknick, sondern gleich aus Venedig floh. Aufgrund eines wundersamen
Identifikationsprozesses fühlte sich Rilke mit dem Pfau solida-
risch, was ihm nebst sonderbaren Gewissensbissen eine schlaflose Nacht eintrug.

Rilkes inniges Verhältnis zu Tieren ist all jenen wohlbekannt,
die die großartige Oktave seiner *Duineser Elegien* gelesen haben.
Vermutlich hat der Dichter immer dann, wenn es um Hunde
ging, sein Bestes gegeben, denn es ist schon bemerkenswert,
was er in einer häßlichen trächtigen Hündin aus Córdoba sah,
mit der er beim Kaffeetrinken ein Zuckerstückchen teilte, das
hieß »gewissermaßen lasen wir zusammen die Messe«. Sie hatte einen Blick von ihm erbettelt, und laut Rilke »war in dem ihren

wahrhaftig alles, was über den Einzelnen hinausgeht, ich weiß nicht wohin, in die Zukunft oder ins Unbegreifliche«. Dagegen fühlte er sich in der Gesellschaft von Kindern unwohl, wenngleich diese ihn vergötterten. Was seine Schriftstellerkollegen betrifft, so ließ ihm sein übermäßiger Verkehr mit den Damen höchstwahrscheinlich keine Zeit, mit ihnen Umgang zu pflegen, obwohl er einige von ihnen flüchtig kannte und sich während eines Aufenthalts in Venedig mit Gabriele d'Annunzio einen *valet* teilte, der bezeichnenderweise auf den Namen Dante hörte. Den Dichter der Wollust dagegen lernte er nie persönlich kennen.

Rainer Maria Rilke, der früher schlicht und einfach René Rilke geheißen hatte und den seine Freundin, die Prinzessin Marie von Thurn und Taxis, »Doktor Seraphicus« nannte, wurde sein Lebtag von allerlei Leiden, körperlichen wie seelischen, geplagt, während er auf die Lyrik wartete. Seine Verehrerinnen können sich nicht erinnern, ihn je ohne irgendwelche Gebrechen oder Beschwerden erlebt zu haben, und er selbst scheute nicht davor zurück, diese in seinen unzähligen Briefen und Tagebüchern zu erwähnen: Seine ewigen Mißlichkeiten hinderten ihn daran, ernsthaft zu arbeiten – egal, wo er sich gerade befand, und obwohl er stets bereit war, sein Leben der Arbeit zu opfern (der lyrischen Arbeit, versteht sich). Folgendes Beispiel sei genannt: Als er im prachtvollen Schloß Berg am Irchel im Kanton Zürich wohnte, störte ihn das ferne Geräusch eines Sägewerks am hinteren Ende des Parks in seiner Konzentration und beim Verfassen seiner Verse. Für die Komposition der *Duineser Elegien* brauchte er bekanntlich zehn Jahre, von denen er die meisten allein mit Warten zubrachte. Meinte das Glück es gut mit ihm, vernahm er Stimmen wie an jenem Januartag, als er mitten im Gewitterdonner eine hörte, die nach ihm rief, eine Stimme ganz in seiner Nähe, die ihm die mittlerweile berühmt gewordenen Worte: »Wer, wenn ich schriee, hörte mich denn aus der Engel Ordnungen?« ins Ohr flüsterte. Reglos lauschte er der Stimme dieses Gottes. Dann zog er sein kleines Lyrikheft heraus, das er stets bei sich trug, und schrieb diese Worte nebst ein paar weiteren hinein, die ihm unwillkürlich in den Sinn kamen. Am Abend war die erste Elegie vollendet, doch kurz darauf verstummte sein Gott, und die folgenden zehn Jahre litt Rilke, von kurzen, ebenso beredten wie ergiebigen Intervallen abgesehen, grausam unter diesem Schweigen – und wartete. Alles in allem erhebt sich die Frage, inwiefern an der legendären Warterei des Dichters Rilke, mit der er all seine adligen Freundinnen bei Laune hielt, tatsächlich etwas dran war, denn André Gide, der mit ihm zwar nicht oft, dafür aber in noch nahezu »frauenfreien« Zeiten verkehrt hatte, erinnerte sich daran, wie er ihn einmal hatte sagen hören, daß ihm die meisten Verse in einem Schwung und ohne Stocken aus der Feder flössen und er sie danach nicht mehr großartig überarbeiten müßte. Rilke hatte ihm danach das Lyrikheftchen mit einer ganzen Reihe von Gedichten gezeigt, die er auf einer Bank im Jardin du Luxembourg aus dem Stegreif verfaßt hatte – ohne eine einzige Streichung.

Wie es sich für einen ordentlichen Dichter gehört, versetzte sich Rilke in alles mögliche hinein, nicht nur in Tiere, sondern auch in die Sterne, die Erde, die Bäume, die Götter, in Bauwerke, Gemälde, Helden, Mineralien und Tote (vor allem in Frauen, die jung und verliebt gestorben waren), weniger allerdings in seine noch lebenden Artgenossen. Die Tatsache, daß ein so sensibler und einfühlsamer Mensch wie er zum größten Dichter des Jahrhunderts wurde (worüber es wohl kaum Zweifel gibt), hatte verheerende Auswirkungen auf die Mehrzahl der Lyriker, die nach ihm gekommen sind und die sich noch immer wahllos in alles hineinversetzen, was sich gerade anbietet, wenn auch mit weniger außergewöhnlichen Resultaten und mit schlimmen Folgen für ihre Persönlichkeit. Doch dies nur nebenbei.

Rilke war klein und schmächtig, auf den ersten Blick häßlich (auf den zweiten weniger) und hatte ein längliches, spitzes Gesicht, stark konturierte Lippen, die das leicht fliehende Kinn mit dem tiefen Grübchen noch betonten, riesengroße schöne Augen – Frauenaugen mit einem kindlichen, schalkhaften Funkeln, wie die Prinzessin Thurn und Taxis sie einmal beschrieb. Seine Gesellschaft wurde zweifellos als sehr angenehm empfunden, zumindest von jener Klasse von Damen, die am häufigsten in deren Genuß kamen. Rilke geriet immer mal wieder in finanzielle Verlegenheit, was ihn aber nicht daran hinderte, ein kritischer und wählerischer Mensch zu sein – sogar beim Essen: Er ernährte sich vegetarisch, haßte Fisch und rührte diesen nicht an. Über das, was er mochte, ist nicht allzuviel bekannt, weder was Essen noch was andere Dinge betrifft – abgesehen vom Buchstaben y, den er beim Schreiben so oft wie nur irgend möglich verwendete, und natürlich von Reisen und Frauen. Er gestand, daß er sich nur mit Frauen unterhalten könne, daß er nur sie verstehe und sich nur in ihrer Gesellschaft wohlfühle. Offenbar hielt dieses Gefühl jedoch nie lange vor. »Was wollen Sie?« sagte sein Freund Kassner einmal zu Rilkes Freundin Thurn und Taxis, als sie soeben erfahren hatten, daß er mal wieder die Flucht ergriffen hatte. »Früher oder später langweilen ihn all diese Frauen ...«

Rainer Maria Rilke starb mit einundfünfzig Jahren am 29. Dezember 1926 nach langem Todeskampf an Leukämie in einem Krankenhaus im schweizerischen Valmont. Vier Tage später wurde er in Raron beerdigt. Die Grabinschrift hatte er selbst verfaßt und ausgewählt: »Rose, oh reiner Widerspruch, Lust, Niemandes Schlaf zu sein unter soviel Lidern.« Lyrik auch auf dem Grabstein: Vielleicht waren es nur diese drei Verszeilen, auf die er so lange gewartet hatte.

Malcolm Lowry, 1932

Malcolm Lowry in Nöten

Als Malcolm Lowry bei seinem zweiten Aufenthalt in Mexiko im Jahr 1946 in Schwierigkeiten geriet und sich, um eine drohende Ausweisung abzuwenden, beim stellvertretenden Leiter der Einwanderungsbehörde in Acapulco erkundigte, was denn von seinem letzten Besuch im Jahr 1938 gegen ihn vorläge, zog der Beamte eine Karteikarte heraus, schnippte mit dem Finger dagegen und erwiderte: »Einmal ein Trinker, immer ein Trinker. So sieht Ihr Leben aus.« Dieser Satz ist ebenso brutal wie zutreffend, wenngleich einem mitfühlenderen Zeitgenossen vermutlich eher das Wort »Pechvogel« über die Lippen gekommen wäre, denn offenbar hat es in der gesamten Literaturgeschichte unter den Schriftstellern keinen größeren Unglücksraben gegeben als ihn, was angesichts seiner reichen Erfahrung auf diesem Gebiet auch wieder seine Vorteile gehabt haben mochte.

Auf den meisten Photos, die von Lowry erhalten sind, ist er in Badehose oder kurzen Hosen zu sehen, jedenfalls stets mit nacktem Oberkörper – einem Oberkörper wie eine Spindel, nicht dick, aber gewölbt. Diese Angewohnheit mag sich zum Teil mit seinen häufigen Aufenthalten an tropischen Orten oder Stränden und seiner extremen Begeisterung fürs Schwimmen erklären lassen. Andererseits legte er auf seine Kleidung aber anscheinend auch keinen gesonderten Wert: Kurz, nachdem er zum zweiten Mal geheiratet hatte, verspielte er beim Pferderennen eine empfindliche Summe, und aus schlechtem Gewissen verdrückte er sich mitten auf der Straße, als seine Frau Margerie Bonner gerade einmal nicht aufpaßte. Als sie ihn schließlich, nachdem sie auf der Suche nach ihm stundenlang durch Vancouver geirrt war, in einem Bordell fand, lag er in Unterhosen auf einem schmuddeligen Bett. Das Fehlen der restlichen Kleidung war jedoch nicht auf das zurückzuführen, was man in Anbetracht der Art des Etablissements im ersten Moment meinen könnte, sondern auf die Tatsache, daß Lowry sie versetzt hatte, um sich eine Flasche Gin kaufen zu können, die er bis zum Zeitpunkt von Margeries Eintreffen fast geleert hatte. Seine gesamte Garderobe hatte er auch schon in anderen, noch dramatischeren Situationen verloren, etwa als die verschiedenen Hütten und Häuser, die er bewohnte, in Flammen aufgingen. Bei einem dieser Brände gelang es Margerie wie durch ein Wunder, das Original von *Unter dem Vulkan* zu retten. Man muß allerdings dazusagen, daß es Lowry vielleicht nicht allzuhart getroffen hätte, wenn es verbrannt wäre, denn er war durchaus daran gewöhnt, Originale zu verlieren oder zu verlegen und seine Bücher immer wieder neu zu schreiben. Diesem Roman sind ungezählte Entwürfe vorausgegangen, woran teilweise die Verleger schuld waren, weil sie das Manuskript ein ums andere Mal ablehnten und verlangten, daß er es noch einmal überarbeitete, aber zum anderen auch seine eigene Unzufriedenheit. Insgesamt zehn oder gar elf Jahre feilte er an diesem Text herum, der erst dann endlich erschien (und einen beachtlichen Erfolg darstellte), als Lowry die letzten Änderungen ablehnte, zu denen seine Verleger ihm geraten hatten. Wer weiß, ob nicht auch dieser Roman, dank dessen Lowry in die Literaturgeschichte eingegangen ist, womöglich

wie fast sein gesamtes überschaubares Werk erst nach seinem
Tod veröffentlicht worden wäre, wenn er sich zum fraglichen
Zeitpunkt nicht auf die Hinterbeine gestellt hätte.

Lowrys Trunksucht begann beizeiten, genauer gesagt in frü-
hester Jugend, nachdem er ein paar Monate an Bord der *Pyrrhus*
verbracht hatte, weil er »die Welt sehen« wollte (und, dies nur
nebenbei, ziemlich enttäuscht zurückkehrte), und sie gipfelte
darin, daß er, als man ihn in ein »sadistisches« Krankenhaus ein-
wies, das Rasierwasser eines Freundes und sein eigenes Pipi
trank. Bekanntschaft mit der Hölle hatte er allerdings schon vor
der *Pyrrhus* gemacht, und zwar während seiner Kindheit in England, jedenfalls behauptete er das gerne: Mehrere seiner Kinder-
mädchen hätten sich darauf verlegt, ihn zu quälen oder ihm gar
nach dem Leben zu trachten. Eines von ihnen, zum Beispiel, hätte ihn zusammen mit seinem Bruder Russell zu einem entlegenen Stück Heideland geführt, ihm die Hosen heruntergezogen
und vor den sprachlosen Blicken des anderen Knaben seine
Genitalien mißhandelt; ein anderes hätte versucht, ihn in einer
Regentonne zu ertränken, aus der ihn ein gutmütiger Gärtner
gerettet hätte; ein drittes hätte mit seinem Kinderwagen am
Rand eines Steilhangs herumgespielt; und es ist nicht ganz klar,
ob es ein viertes oder eins der drei vorgenannten war, das ihn mit
einer Decke ersticken wollte. Doch egal, ob drei oder vier – offenbar hatten ihm allzu viele Böses gewollt, jedes auf seine Art.

Lowry, darüber besteht kein Zweifel, erfand für sein Leben
gern Geschichten, was zur Folge hatte, daß ihm niemand glaubte, wenn etwas doch einmal von A bis Z stimmte. Mit Tieren hatte er ausgesprochenes Pech: Als er eines Abends mit seinem
Freund John Sommerfield im »Fitzrovia«, dem Viertel der Lon-

doner Bohème der dreißiger Jahre, spazierenging, erblickte er an der Ecke Fitzroy/Charlotte Street zwei Elefanten. Die beiden Männer liefen los, um anderen davon zu erzählen, doch als sie zurückkehrten, waren die Elefanten verschwunden und keiner glaubte ihnen, obwohl auf dem Pflaster ein noch dampfender Haufen Elefantenkot lag, den Lowry jedoch mehr als Beleidigung denn als Beweis, geschweige denn als Glücksfall betrachtete. Als er ein andermal an einem Fuhrwerk vorbeiging, stieß das Pferd, das den Karren zog, ein Schnauben aus, das Lowry für Hohngelächter hielt (angeblich hatten sich sogar leblose Gegenstände gegen ihn verschworen); seine Antwort bestand in einem unterhalb des Pferdeohrs platzierten Fausthieb, woraufhin der Gaul ins Wanken geriet und an den Knien einknickte. Obwohl dem Pferd sonst nichts weiter geschah, plagte Lowry wochenlang das schlechte Gewissen. Trauriger war, was einem armen Karnickel widerfuhr, das er eines Abends gedankenverloren auf seinem Schoß streichelte, während er sich mit dem Besitzer des Tierchens und dessen Mutter unterhielt. Plötzlich wurde das Kaninchen starr: Lowry hatte ihm mit seinen plumpen kleinen Händen das Genick gebrochen. Zwei Tage irrte er voller Selbsthaß mit dem Kadaver durch Londons Straßen, weil er nicht wußte, wohin damit, bis er sich auf Empfehlung eines Freundes an den Kellner einer Kneipe wandte, der ihm in die Hand versprach, für eine Beerdigung zu sorgen, wie sie dem Gott der Tiere genehm wäre.

Trotz all dieser Mißgeschicke hatte er zahlreiche Freunde, die einhellig bestätigen, daß er zwar ein unmöglicher Mensch gewesen sei, aber gleichzeitig ungeheuren Charme besessen und in anderen den unbezähmbaren Wunsch ausgelöst habe, ihn zu beschützen. Betrachtet man seine Lebensumstände, stehen einem die Haare zu Berge, doch gerade in diesem Zusammenhang sollte man an das erinnern, was er selbst manchmal zu seinen engsten Vertrauten sagte: »Nehmt mich nicht zu ernst.« Oder, wie sein geistiger Mentor Conrad Aiken Jahre nach Lowrys Tod meinte: »Sein ganzes Leben war ein einziger Scherz: Es hat wohl nie einen lustigeren Spaßmacher im Shakespeareschen Sinn gegeben. Daran sollten wir denken, wenn alle Welt klagt: ›Oh Finsternis! Oh Verzweiflung! Oh Rätsel!‹ Unfug. Er war der fröhlichste Mensch.«

Lowry spielte zwar die Ukulele, die er fast immer dabeihatte, oder brachte, wenn er sich über etwas fürchterlich erschrak, alle zum Lachen, indem er so tat, als würde er sich selbst in den Mund schießen oder sich mit einem Strick erhängen, doch zugebenermaßen können die nackten Tatsachen den Blick auf seine Lebensfreude schon mal verstellen: Abgesehen von seiner ständigen Betrunkenheit, den Hausbränden, seinen Aufenthalten in psychiatrischen Kliniken, seinen Stippvisiten in Gefängnissen und seinen mehr oder weniger ernstzunehmenden Selbstmordversuchen ist bekannt, daß er in seinen letzten Lebensjahren zweimal versucht hat, seine Frau Margerie zu erwürgen, die ihn dennoch nie verlassen hat. Einmal schnitt er sich wie aus Experimentierlaune, um nicht zu sagen ohne Vorsatz, die Adern am Handgelenk auf, ein andermal schwamm er bei Acapulco so weit in den Pazifik hinaus, daß es eigentlich kein Zurück mehr gab. Das Handgelenk verheilte, und die Wellen spielten nicht mit, so wie auch das Schicksal nicht wollte, daß sich seine Hände rasch genug um Margeries Hals schlossen oder sie beide im fraglichen Augenblick vollkommen allein waren, so daß niemand Margeries Schreie hören konnte.

Dabei hätte Lowry bei seiner ersten Frau Jan Gabrial mehr Gründe im klassischen Sinn gehabt, sie umzubringen, denn sie ließ sich bereits einen Monat nach der Hochzeit unverhohlen mit anderen Männern ein. Lowrys Freunde berichten von einer rührenden Szene, bei der Lowry sie an der Tür des mexikanischen Busses verabschiedete, mit dem sie gleich darauf wegfahren sollte, um sich eine Woche lang mit ein paar Ingenieuren zu vergnügen, und bei der Gelegenheit überreichte er ihr ein Paar silberner Ohrringe, weil sie ihren Geburtstag zwei Tage später nicht gemeinsam würden feiern können. Dem Vernehmen nach betrachtete Jan das Geschenk verdrießlich und stopfte es, fast wütend, in ihre Handtasche. Sowohl seine erste als auch seine zweite Frau haben sich offenbar über seine armseligen oder vielmehr nicht vorhandenen sexuellen Leistungen beklagt, was sein Interesse am Alkohol und sein Desinteresse an den Huren erklären mag, bei denen er nach Verkauf seiner Kleider gelandet war.

Jan Gabrial hatte er in Spanien kennengelernt, wo er eine Zeitlang zusammen mit dem Dichter Aiken lebte, dem Lowrys begüterter Vater für dessen Dienste als Vormund einen festen monatlichen Betrag zukommen ließ. Während seines Aufenthalts in Ronda und insbesondere in Granada hinterließ Lowry nicht eben einen sehr guten Eindruck: Obwohl damals noch sehr jung, war er schon dick, trank pausenlos Wein und ließ sich nicht davon abhalten, riesige Korduaner aufzusetzen, die sonst niemand freiwillig getragen hätte. In Granada war er schon bald als »der besoffene Engländer« bekannt, die Leute machten sich über ihn lustig, und die Guardia Civil hatte ein Auge auf ihn geworfen. Aikens Frau erinnert sich noch, wie ihm auf seinen Streifzügen durch die Stadt einmal eine Horde feixender Gören folgte, die er beim besten Willen nicht abschütteln konnte. Vor einem Plattenladen blieb er stehen und lauschte mit dümmlichem Grinsen der nach außen dringenden Flamenco-Musik, dann setzte er seinen Zickzackkurs fort. Als Lowry zum ersten Mal mit Jan ausging, stolperte er: beide stürzten, kugelten durch die Gärten des Generalife, und er kam auf ihr zu liegen. Jan glaubte, daß sich Lowry die Gelegenheit, sie zu verführen, bestimmt nicht entgehen lassen würde, doch er nutzte sie lediglich, um ihr den Handlungsstrang seines einzigen bislang veröffentlichten Romans *Ultramarin* zu erzählen.

Malcolm Lowry war ein stets zu Scherzen aufgelegter, warmherziger, hübscher Bursche. Im Lauf seines Lebens versuchten mehrere Homosexuelle, ihn zu verführen, und als er einmal zwei von ihnen in New York besuchte, war er eines Abends so betrunken, daß er am nächsten Morgen nicht mehr mit Sicherheit sagen konnte, ob sie ihn nun herumgekriegt hatten oder nicht, wobei seine Hauptsorge in diesem Fall war, ob er sich womöglich irgendeine Geschlechtskrankheit eingefangen hatte. In den Jahren, die er in Cambridge verbrachte, drohte ihm ein anderer junger Homosexueller mit Selbstmord, falls er ihn nicht erhörte. Lowry ging in ein Pub und erzählte seinen Kumpanen davon, worauf diese nur meinten: »Soll sich der Scheißkerl doch umbringen!« Ob Lowrys wegen oder nicht – an dem Abend, als der Schriftsteller im Pub war, nahm sich der junge Mann das Leben.

Lowry hatte vor vielen Dingen panische Angst, und zum Schlimmsten gehörten für ihn Grenzübergänge, von denen er im Lauf seines rastlosen Lebens unzählige passieren mußte. Stand wieder einmal eine Reise an, sorgte bei ihm allein schon die Aussicht, sich mit den Zöllnern auseinandersetzen zu müssen, Tage zuvor für Schweißausbrüche und Zitteranfälle. Auch unter Verfolgungswahn litt er, und insbesondere in Mexiko war er davon überzeugt, daß ihm finstre Mächte auf Schritt und Tritt folgten, von *cantina* zu *cantina*, von einem Tequila, Mescal, Pulque oder dunklen Bier zum nächsten.

Den Erfolg von *Unter dem Vulkan* empfand er als lästig, so sehr war er bereits ans Scheitern gewöhnt, und gegen Ende seines Lebens konnte er nicht mehr selbst schreiben, sondern mußte seiner Frau Margerie diktieren, und zwar im Stehen und ohne sich zu bewegen, was zu Durchblutungsstörungen in den Beinen führte. Im Anschluß an seine ausgedehnten Weltreisen kehrte er nach England zurück, genauer gesagt in das Dorf Ripe, wo er am Abend des 27. Juni 1957, einen Monat vor seinem achtundvierzigsten Geburtstag starb. Eine Zeitlang glaubte man, sein Tod sei ein *death by misadventure* gewesen, also ein Unfall mit tödlichem Ausgang, doch mittlerweile scheint gesichert, daß es sich nicht wirklich um einen Unfall gehandelt hat, sondern daß sein Selbstmordversuch in diesem Fall nur weniger experimentell verlaufen ist als die anderen Male. Margerie hatte im Streit seine Ginflasche zu Boden geworfen, wo sie zerbrach. Als er sie daraufhin schlagen wollte, floh sie zu einer Nachbarin. Erst am nächsten Morgen wagte sie sich zurück, und da fand sie ihn: Er lag tot auf dem Boden, das Abendessen, das sie ihm zubereitet und das er nicht angerührt hatte, im ganzen Zimmer verstreut, als hätte er schließlich doch essen wollen und den Teller fallenlassen. Lowry hatte rund fünfzig Schlaftabletten aus den Beständen seiner Frau geschluckt, die im übrigen nicht die Inschrift in seinen Grabstein meißeln ließ, die er eigens zu diesem Zweck verfaßt hatte: »Malcolm Lowry/Late of the Bowery/His prose was flowery/And often glowery/He lived, nightly, and drank, daily,/And died playing the ukulele« – was man frei und unter Verzicht auf den Reim wie folgt übersetzen könnte: »Malcolm Lowry/Verstorbener aus der Bowery/seine Prosa war blumig/und oft grollend/Er lebte nächtlich und trank täglich/und starb beim Spiel der Ukulele.«

Doch hier darf man auf den Reim nicht verzichten.

Madame du Deffand

Madame du Deffand
und die Dummköpfe

Madame du Deffands Leben war zweifellos zu lang für jemanden, der die Geburt für das größte Unglück hielt, das einem widerfahren konnte. Doch es wäre falsch, daraus den Schluß zu ziehen, daß sie ihre nahezu vierundachtzig Jahre damit verbracht hätte, sich den Tod herbeizusehnen. Bei mehr als einer Gelegenheit hat sie klargestellt: »Zu leben, ohne das Leben zu lieben, bedeutet nicht, daß man sich dessen Ende herbeiwünscht, und es mindert auch kaum die Furcht davor, es zu verlieren.« Sie war kein verzweifelter Mensch wie etwa ihre Freundin und Rivalin Julie de Lespinasse, und sicherlich hatte ihre Seele auch nie größere Wunden davongetragen. Sie langweilte sich ganz einfach nur.

Zugegeben, das französische Wort *ennui* ist nicht vollkommen deckungsgleich mit *Langeweile*, aber es kommt ihr in jedem Fall sehr nahe und schließt sie natürlich mit ein. Madame du Deffand langweilte sich, und sie kämpfte gegen die Langeweile an, was sie noch mehr langweilte. Doch sie gab sich nie geschlagen, und sie hat es einem der Mittel, die sie in ihrem ebenso langweiligen wie erbitterten Kampf einsetzte, zu verdanken, daß sie in die Literaturgeschichte eingegangen ist: Sie war eine unermüdliche Briefeschreiberin, und, wie sich herausgestellt hat, eine der besten. Ihre Korrespondenz mit Voltaire und anderen ist bereits üppig, doch allein den englischen Dandy, Politiker und Literaten Horace Walpole beglückte sie mit achthundertvierzig Briefen aus ihrer Feder, und diese dürften noch nicht alle sein, sondern lediglich diejenigen, die uns überliefert sind. Noch erstaunlicher ist, daß diese Briefe nicht wirklich aus ihrer Feder stammten, sondern von ihr diktiert wurden, da Madame du Deffand bereits erblindet war, als sie Walpoles Bekanntschaft machte. Sie hat den Gegenstand ihrer nahezu einzigen (wenn auch rein epistolaren) Liebe also nie gesehen, diesen Mann mittleren Alters, der trotzdem noch einundzwanzig Jahre jünger war als sie, denn als der Briefwechsel über den Ärmelkanal hinweg seinen Anfang nahm, zählte sie bereits neunundsiebzig Jahre. Möglicherweise hätten sich ihre Begeisterung und ihr ungeduldiges Warten auf den Briefträger etwas gelegt, wenn sie Walpole hätte sehen können, denn den Porträts nach zu urteilen, die uns Reynolds und andere vom Verfasser von *Die Burg von Otranto* hinterlassen haben, hatte er Augen wie hartgekochte Eier, eine lange Nase, die zu weit oben im Gesicht saß, und einen ziemlich schiefen Mund. Abgesehen von seinem einnehmenden Wesen war es offenbar seine Stimme, die es Madame du Deffand angetan hatte, sowie sein leicht englischer Akzent im Französischen, der seine Oberflächlichkeiten noch amüsanter klingen ließ. Wie dem auch sei, das Leben der Marquise du Deffand, bei der man weder in der Jugend noch im reiferen Alter die leiseste Leidenschaft, sondern stets eiserne Beherrschung erlebt hatte, hing schon bald von dieser Post ab – aber auch von ihrem eigenen Zutun, denn bekanntlich bereitet der Erhalt von Briefen nicht deshalb solche Wonne, weil man sie lesen darf, sondern weil sie einem die Möglichkeit geben, sie zu beantworten.

Madame du Deffand

Schon in ihrer Kindheit war Madame du Deffand ein sehr ungläubiger Mensch gewesen. Bekanntermaßen predigte sie in der Zeit, die sie im Kloster verbrachte, ihren Gefährtinnen den Unglauben, weshalb die Äbtissin den damals hochangesehenen frommen Bischof Massillon kommen ließ, auf daß dieser sie bekehrte. Als der Seelenretter von dem Zwiegespräch mit ihr zurückkehrte, meinte er lediglich: »Sie ist bezaubernd.« Die Äbtissin bedrängte ihn und wollte wissen, welche heiligen Bücher man dem Mädchen zu lesen geben sollte, doch der Bischof warf das Handtuch: »Den billigsten Katechismus«, lautete seine resignierte Antwort. Gegen Ende ihres Lebens allerdings versuchte sich die Marquise ein wenig in Andächtigkeit mit dem Hintergedanken, daß ihr dies, wie anderen Damen ihres Alters auch, vielleicht eine gewisse Zerstreuung verschaffte. Da sie nicht so frivol war, trieb sie es nicht so weit wie die Marschallin du Luxembourg, die nach einem kurzen Blick in die Bibel ausgerufen haben soll: »Nein, was für ein Ton, was für ein fürchterlicher Ton! Ach, wie bedauerlich, daß der Heilige Geist so wenig Geschmack besessen hat!« Dafür regte sie sich, wenn sie sich von ihrer Zofe die Briefe des heiligen Paulus vorlesen ließ, gewaltig über den Stil des Apostels auf, den sie für inkonsequent hielt. »Aber, mein Fräulein!« herrschte sie die Zofe an, als könnte diese etwas dafür. »Versteht Ihr etwas von alledem?« Die Art und Weise, wie sie während ihrer letztlich zum Tode führenden Krankheit ihren Beichtvater empfing, zeugt auch nicht eben von tiefer Ergebenheit. »Hochwürden, Ihr werdet mit mir sehr zufrieden sein, doch erspart mir dreierlei: Fragen, Einwände und Predigten.«

In ihrer Jugend hatte sie als verheiratete und sogleich wieder geschiedene Frau (»Seinen Gatten nicht im geringsten zu lieben ist ein weitverbreitetes unsägliches Unglück«) an einigen Orgien teilgenommen, in die sie zweifellos ihr erster Liebhaber, der Regent Philippe d'Orléans, eingeführt hatte. Madame du Deffand begann ihre nicht sehr lang währende Laufbahn als Libertine also auf höchstem Niveau, und ihrem eigenen Bekunden nach dauerte das unmittelbare und möglicherweise sogar exklusive Verhältnis mit dem mächtigsten Mann Frankreichs zwei Wochen – am damaligen Hof eine Ewigkeit. In einer ebenso übertriebenen wie mißwilligen Beschreibung derartiger Zusammenkünfte heißt es: »Zur Stunde des Abendessens schloß sich der Regent mit seinen Gespielinnen – mitunter Mädchen aus der Oper oder andere von ähnlichem Schlage – sowie zehn bis zwölf Männern seines Vertrauens, die er gleichermaßen seine Libertins nannte, in seinen Gemächern ein ... Jedes Abendessen war eine Orgie. Es herrschte eine Haltlosigkeit, wie sie zügelloser nicht hätte sein können. Unflätigkeiten und Ruchlosigkeiten bildeten den Hintergrund, wenn nicht die Würze jeder Konversation, bis vollkommene Trunkenheit die Tischgenossen außerstande setzte, noch irgend etwas zu sagen oder zu hören. Wer noch gehen konnte, zog sich zurück; alle übrigen wurden auf dem Rücken hinausgetragen.«

Der schlechte Ruf hing Madame du Deffand noch eine Zeitlang an, doch nicht lange genug, um ihrem Talent im Wege zu stehen. Nachdem sie die Blüte der Jugend hinter sich gelassen hatte, strebte sie nach einer anderen Gnade, nämlich jener der Klugheit, und mit der Geburtsstunde ihres Salons wurde auch ihre Legende geboren: Selbst als sie schon sehr betagt war, rissen sich Ausländer wie vielversprechende junge Franzosen um eine Einladung zu einem ihrer Diners, um später ihren Nachkommen erzählen zu können, sie hätten die Freundin Voltaires, Montesquieus, D'Alemberts, Burkes, Humes, Gibbons und Fontenelles gekannt. Einer dieser jungen Männer war Talleyrand, der sich mit seinen achtzehn Jahren ein etwas einfältiges Bild von der Marquise machte: »Die Blindheit«, so schrieb er, »verlieh der sanften Friedlichkeit ihres Antlitzes einen an Seligkeit grenzenden Ausdruck.«

Offenbar stimmt es, daß ihre Augen bis zum Ende ihre Schönheit bewahrten, aber dieser Dame Güte ohnegleichen, ansehnliche Schönheit oder Seligkeit nachzusagen, muß wohl eine andere Form von Blindheit gewesen sein, denn auch im Alter hat sich Madame du Deffands Wesen nicht geändert, und wenn sie etwas war, dann gleichgültig, mitunter sogar hartherzig. Letzteres war sie mehr oder weniger begründet, ersteres aus Selbstschutz: Nach Ansicht jener, die sie besser kannten (wirklich gut kannte sie niemand), hatte sie solche Angst davor, verletzt zu werden, daß sie die Menschen, die ihr wehtun hätten können, lieber schon vorher verprellte. In ihren Briefen läßt sich nachlesen, wie gefaßt sie mehr als einmal auf die Nachricht vom Tod eines ihr nahestehenden Menschen reagierte: »Offen gestanden habe ich etwas Wichtiges vergessen, nämlich daß Voltaire gestorben ist. Weder die Stunde, noch der Tag sind bekannt. Die einen sagen, es sei gestern gewesen, die anderen meinen vorgestern ... Er ist an einem Übermaß an Opium gestorben, mit dem er die Schmerzen seines Harndrangs zu besänftigen suchte, und ich würde meinen auch an einem Übermaß an Wonne, die seinen armen Organismus allzu sehr strapaziert hat.« Ein verdächtiges Übermaß an Kälte ihrerseits, wenn man bedenkt, daß sie über den Tod des Menschen berichtet, mit dem sie ein lebenslanger Briefwechsel sowie eine enge Freundschaft verbunden und der einmal geschrieben hatte: »Wenn ich wiederauferstehen möchte, dann nur, um vor Madame du Deffand auf die Knie zu fallen.« Den tödlichen Unfall eines Dieners mit Namen Colman kommentierte sie mit den Worten: »Er ist ein Verlust. Er hat mir einundzwanzig Jahre gedient, ist mir in verschiedenen Belangen von Nutzen gewesen, ich bedaure seinen Tod, zumal der Tod ein so schreckliches Ereignis ist, daß es unweigerlich Trauer hervorruft. Ich war der Ansicht, daß ich Euch in dieser Verfassung lieber nicht schreiben sollte, doch heute habe ich meine Meinung geändert ...« Härter fiel ihre Reaktion beim Tod Julie de Lespinasses im Alter von vierundvierzig Jahren aus. Ihr einziger Kommentar lautete: »Sie hätte fünfzehn Jahre früher sterben müssen, dann hätte ich D'Alembert nicht verloren.«

So wie Voltaire ihr Freund und Colman ihr Diener war, war Julie de Lespinasse vermutlich ihre uneheliche Nichte und mit Sicherheit einer der von ihr am meisten geliebten Menschen. Sie hatte sie aus der Provinz zu sich nach Paris geholt und in die Gesellschaft eingeführt, und irgendwann hatte Julie, als junge Frau so schön, wie sie es selbst einmal gewesen, und so klug, wie sie es noch immer war, ihren eigenen Salon gegründet und ihr einige ihrer Stammgäste »gestohlen«, so auch den bereits erwähnten Enzyklopädisten D'Alembert, für den die Marquise so viel getan hatte, als ihn noch niemand kannte. D'Alembert wiederum – welche Ironie des Schicksals – liebte Julie, was zum Teil seine Abtrünnigkeit, nicht aber seine spätere Unflätigkeit erklären mag: »Ich weiß, daß du Deffand, die alte Hure, Euch geschrieben hat«, sagte er einmal zu Voltaire, »und vielleicht läßt sie sich in ihren Briefen gar gegen mich und meine Freunde aus, aber über all das muß man lachen und diese alten Huren beschlafen, denn zu etwas anderem taugen sie nicht.« Offensichtlich hat die ebenso geistreiche wie elegante Ausdrucksweise seiner Gönnerin in all den Jahren ihrer Bekanntschaft nicht im geringsten auf ihn abgefärbt.

Madame du Deffand haßte Künstlichkeit, doch aus heutiger Sicht betrachtet vermittelt ihre sogenannte Natürlichkeit den Eindruck, als hätte in ihrem Zirkel, um es gelinde auszudrücken, eine verquere Vorstellung von dem geherrscht, was unter »natürlich« zu verstehen ist. Ihr Tagesablauf war etwas ungeregelt: Sie stand gegen fünf Uhr nachmittags auf, und um sechs empfing sie ihre Gäste – sechs oder sieben, wenn nicht gar zwanzig oder dreißig, je nach Tageslaune – zum Abendessen; das Diner und die Gespräche dauerten bis zwei Uhr nachts, aber da sie die Vorstellung, zu Bett gehen zu müssen, nicht ertrug, kam es mitunter vor, daß sie bis sieben Uhr früh mit Charles Fox würfelte, obwohl sie das Spiel eigentlich nicht mochte und damals bereits dreiundsiebzig war. Ging ihr die Gesellschaft aus, ließ sie den Kutscher wecken, damit dieser sie auf den leeren Boulevards spazierenfuhr. Ihre Bettflucht war größtenteils auf die hartnäckige Schlaflosigkeit zurückzuführen, unter der sie seit jeher litt: Manchmal harrte sie bis zum morgendlichen Eintreffen ihres Vorlesers oder ihrer Vorleserin aus und hörte sich ein paar Passagen aus dem einen oder anderen Buch an, bis der Schlaf sie endlich übermannte. Ihr gefiel es, anderen zu gefallen, doch bedeutete dies keineswegs, daß sie Dummköpfen gegenüber ein Blatt vor den Mund genommen hätte: Bei einer inzwischen berühmt gewordenen Gelegenheit äußerte ein Kardinal sein

Erstaunen darüber, daß der heilige Dionysius Areopagita nach seinem Märtyrertod mit dem abgeschlagenen Haupt unter dem Arm von Montmartre bis zu der nach ihm benannten Kirche St. Denis gewandert sei, also eine Strecke von neun Kilometern zurückgelegt habe, worauf ihn Madame mit den Worten unterbrach: »Ach, Monsieur. Unter diesen Umständen kostet nur der erste Schritt Überwindung.« Über den neapolitanischen Gesandten schrieb sie: »Mir entgehen drei Viertel von dem, was er sagt, aber da er sehr viel redet, läßt sich dieser Verlust verschmerzen.« Schlimm ist, daß sie fast die gesamte Menschheit für dumm hielt, und dabei nahm sie sich selbst nicht aus: »Gestern hatte ich zwölf Gäste, und ich habe über die verschiedenen Arten und Schattierungen des Schwachsinns gestaunt: Wir waren alle vollkommene Schwachköpfe, aber jeder auf seine Weise.« Oder etwas menschenfreundlicher: »Ich finde die Menschen allesamt abscheulich.« Oder wie wäre es mit der folgenden optimistischen, im Vertrauen gemachten Äußerung? »Man ist von Waffen und Feinden umgeben, und die sogenannten Freunde sind jene, von denen wir zwar nicht umgebracht zu werden befürchten, die jedoch den Mördern freie Hand lassen würden.« Oder, etwas allgemeiner: »Alle Schichten, alle Gattungen erscheinen mir gleichermaßen unselig, vom Engel bis hin zur Auster. Lästig ist, überhaupt geboren zu sein ...« Oder, etwas persönlicher: »Ich bin mit mir selbst nie zufrieden ... Ich hasse mich bis in den Tod.«

Ihre Ungeduld schlug sich auch in ihrem literarischen Geschmack nieder: Sie bewunderte Montaigne und Racine, fand Corneille passabel; den *Quijote* verabscheute sie, und eine Geschichte über Malta, die ihr Walpole empfohlen hatte, konnte sie nicht lesen, weil darin von den Kreuzzügen die Rede war, und das brachte sie aus der Fassung; sie mochte Fielding und Richardson, begeisterte sich für *Othello* und *Macbeth*, wohingegen sie am *Coriolan* einen »Mangel an gesundem Menschenverstand« beanstandete, den *Julius Cäsar* geschmacklos fand und *König Lear* ein Höllengrauen, das die Seele verfinstere. Für junge Autoren hatte sie nichts übrig.

An den geselligen Diners hielt sie bis zum Ende ihrer Tage fest, das am 23. September 1780, drei Monate vor ihrem Geburtstag, langsam kam. Sie hatte also trotz allem so gelebt, wie es ihr Wunsch gewesen war: Der wichtigste Augenblick des Tages, hatte sie einmal gesagt, sei das Abendessen, »eine der vier Bestimmungen des Menschen; die drei anderen habe ich vergessen«.

In ihrem letzten Brief an Walpole hatte sie sich von ihm verabschiedet: »Vergnügt Euch, soviel Ihr könnt, mein Freund; bekümmert Euch in keinster Weise über meinen Zustand; wir waren einander schon fast verlorengegangen; wir sollten uns niemals wiedersehen; Ihr werdet meinen Fortgang bedauern, weil es einen mit Wohlgefallen und Zufriedenheit erfüllt, sich geliebt zu wissen.« Diese Zeilen vermitteln den Eindruck, als hätte nichts, schon gar nicht der eigene Tod, Madame du Deffand überraschen können. Vielleicht war es nicht nur ein Scherz, als sie Voltaire schrieb: »Schickt mir ein wenig Nippes, mein Herr, aber nichts über die Propheten: Was sie vorhergesagt haben, hat sich bereits bewahrheitet.«

Rudyard Kipling, 1882 (Photo: Bourne & Sheperd)

Rudyard Kipling ohne Scherze

Obwohl Rudyard Kipling sehr viel reiste, haftet ihm etwas von einem Reklusen oder Eremiten an. Er wurde in Indien geboren, arbeitete als Journalist, brachte es bereits in sehr jungen Jahren zu Ruhm, bereiste Japan, Kanada, die Vereinigten Staaten, Brasilien, Ceylon und Südafrika (um nur die entferntesten Ziele zu nennen), und doch vermittelt er den Eindruck eines zurückhaltenden und menschenscheuen, in sich gekehrten und grundlos unglücklichen Individuums. Eines seiner Gedichte heißt »Hymn to Physical Pain«, und dieses Loblied besingt die Fähigkeit eben dieses Schmerzes, Reue, Gram sowie andere Seelenqualen auszulöschen und vergessen zu machen. Der Mann wußte offenbar, wovon er sprach, was den Schluß nahelegt, daß er selbst ein verzweifelter Mensch war. Ein anderes seiner Gedichte mit dem Titel »The Beginnings« liest sich wie ein Plädoyer für den Haß, und auch wenn die Ereignisse des Ersten Weltkrieges manches erklären mögen, lösen folgende Verse dennoch ein gewisses Schaudern aus: »Man hat es nicht den Massen gepredigt/noch hat der Staat es gelehrt/Niemand hat mit lauter Stimme verkündet/wann die Engländer zu hassen begonnen haben.« Kipling gestand einmal, daß auch er selbst durchaus gegen eine bestimmte Person gerichteten Haß verspüren und nachtragend sein könne, was jedoch glücklicherweise nicht bedeutete, daß er seine Ressentiments auslebte oder gar auf Rache sann: Seiner

Veranlagung entsprechend grübelte er über seine Aversionen nach und schürte sie lediglich und gewissermaßen unter Verschluß in seiner Brust.

Freundschaften, sei es zu Schriftstellerkollegen oder Laien, unterhielt er offenbar nur wenige. Sein bester Freund war anscheinend der Amerikaner Wolcott Balestier, der allzu jung starb, weshalb sich Oscar Wildes Adagio, die Freundschaft sei viel tragischer als die Liebe: Sie dauere länger, in diesem Fall nicht bewahrheiten konnte. Dafür hinterließ Balestier Kipling ein Buch, das sie gemeinsam geschrieben hatten, und zwar »Naulahka«, sowie die Liebe in Gestalt seiner Schwester Caroline oder auch Carrie, die spätere Mrs. Kipling. Offenbar war diese Ehe – zumindest in den Anfängen (der Rest gehört zum Mysterium der Reklusen) – alles andere als berühmt und nicht gerade fröhlich, zumal der reizende Schwager mittlerweile gestorben war. Henry James, einer der spärlichen Freunde Kiplings und zweiundzwanzig Jahre älter als dieser, hatte bei der Trauung die Aufgabe, dem Bräutigam die Braut zuzuführen, doch sein späterer Kommentar diesbezüglich läßt darauf schließen, daß er dieser Pflicht nur sehr reluktant, um einen Anglizismus zu gebrauchen, nachgekommen ist: »Sie war die Schwester des armen Wolcott Balestier, eine harte, fromme, fähige und charakterlose kleine Person, und ich verstehe beim besten Willen nicht, warum er sie geheiratet hat. Was diese Verbindung betrifft, möchte ich keine Vorhersagen für die Zukunft machen, obwohl ich die Braut zum Altar geführt habe: Eine schreckliche Hochzeit in kleinstem Kreis, es waren nur vier Männer zugegen, weil Mutter und Schwester der Braut mit Grippe darniederlagen.« Rätselhafter und besorgniserregender nimmt sich die

Bemerkung von Kiplings Vater aus: »Carrie Balestier«, sagte er, »war ein netter Kerl, wenn auch zu verwöhnt.« Barmherzigkeit war James' Sache nicht, und nachdem er Kipling anfangs als »genialen Menschen« (»was etwas ganz anderes ist als ein Mensch von ›trefflicher Intelligenz‹«) begrüßt hatte, fühlte er sich später von ihm hintergangen und kritisierte ihn unverhohlen in seinen Schriften. Trotzdem erhielt er die Freundschaft bis zu einem gewissen Grad aufrecht, mit Kipling ebenso wie mit der »harten kleinen Person«, doch war diese Freundschaft von Ironie und auch einem Schuß Grausamkeit durchsetzt: Er machte sich nicht nur über die fast senile Begeisterung der Kiplings für motorisierte Fahrzeuge lustig, die damals eine relative Neuheit darstellten, sondern es kostete ihn außerdem enorme Überwindung, persönlich mit ihnen zu verkehren. An einem Tag im Juli 1908 hatte James miserable Laune, denn er hatte eine Einladung der beiden zum Mittagessen angenommen. Es regnete, er hatte keine Lust, zu Fuß zu gehen, und rechnete nicht damit, daß ihm sein Gastgeber die ersehnte Kutsche schicken würde. Doch genau das tat Kipling, was Henry James' Laune noch mehr verschlechterte, denn jetzt würde er zwar nicht naß werden, hatte aber auch keine Ausrede mehr.

Echter und weniger verkrampft war offenbar Rudyard Kiplings Freundschaft mit einem dritten Autor, nämlich mit Rider Haggard, dem Verfasser von *König Salomons Diamanten*, wobei die metrische Übereinstimmung ihrer beiden ausgefallenen Namen möglicherweise ein übriges tat. Kiplings Vorname stammte von einem See, an dem seine Eltern sich kennengelernt hatten, und sein irgendwie skandinavisch klingender Nachname erinnert unweigerlich an die Wikinger; was Haggard angeht, dessen Vorname im übrigen Henry lautete, so bedeuten seine beiden Familiennamen wortwörtlich soviel wie »Reiter mit Augenringen« oder, vielleicht noch schlimmer, »Hagerer Reiter«. Seine Besuche im Haus der Kiplings waren heiß begehrt, zumal bei den Kindern, die sich ihm »wie Bluthunde« an die Fersen hefteten, damit er ihnen »mehr Geschichten aus Südafrika« erzählte. (Es waren, dies nur nebenbei, unersättliche Kinder, denn obwohl Geschichtenerzählen die Lieblingsbeschäftigung ihres Vaters war, wollten sie von »Herrn Hager« noch mehr hören.) Nachdem die zwei Schriftsteller »zufällig« (Kiplings Worte) herausgefunden hatten, daß sie beide in Gegenwart des anderen bestens arbeiten konnten, besuchten sie sich gegenseitig mit ihren Manuskripten unter dem Arm und ersannen die eine oder andere Erzählung sogar gemeinsam. Es mutet bedenklich an, daß in ein und demselben Raum so viele grausame und exotische Abenteuer ausgeheckt wurden.

Eine dieser Geschichten, »Der Mann, der König werden wollte«, war allem Anschein nach sowohl Faulkners als auch Prousts Lieblingsgeschichte, und allein schon deshalb wäre ihrem Urheber ein Platz, wenn auch nicht zwingend in der Literaturgeschichte, so doch im Gedächtnis der Leser und übrigen Schriftsteller sicher gewesen. Kiplings Erzählbände waren allerdings schon wesentlich früher regelrecht verschlungen worden, und zwar zuerst in seinem Geburtsland Indien und später auch in allen anderen Ländern der Welt, ob englischsprachig oder nicht. Er war so unglaublich populär, daß sich 1898, als er kurz nach seiner Ankunft in New York an einer Lungenentzündung erkrankte und man um sein Leben bangte, die Menschen vor dem Eingang seines Hotels in Scharen versammelten, um Neuigkeiten über seinen Zustand zu erfahren, als wäre er der Landesvater. Er selbst genas von der Krankheit, nicht jedoch seine älteste Tochter Josephine, die mit sechs Jahren das Zeitliche segnete, doch die Menschen bedauerten in Wirklichkeit mehr ihren Vater als sie. Viele Jahre später fiel Kiplings achtzehnjähriger Sohn John kurz nach seiner Einziehung an der Front. Von dem Tag, an dem man Kipling benachrichtigte, daß sein Sohn in Loos verwundet worden und anschließend verschollen war (Kipling gab ihn sofort für verloren), und dem Tag, an dem Näheres über seinen tapferen Einsatz bekannt und der Tod offiziell bestätigt wurde, vergingen zwei Jahre. Der Leichnam wurde nie gefunden.

Mit Rudyard Kipling war nicht zu scherzen: Er haßte es, wenn man sich in sein Privatleben einmischte, ließ sich nach Möglichkeit nicht photographieren (trotzdem sind reichlich Photos von ihm vorhanden), lehnte es ab, sich über die Werke seiner Zeitgenossen zu äußern (weshalb nicht bekannt ist, wen er in literarischer Hinsicht schätzte und wen nicht), und weigerte sich, über Dinge zu sprechen, die ihn nicht interessierten. Der Schriftsteller Frank Harris – er »entpuppte sich als ein Menschenkind, mit dem ich mich unter keinen Umständen verständigen konnte« – mag aus diesem Grund nicht eben die verläßlichste aller Quellen darstellen, doch wie dem auch sei: er berichtet, wie er mit Kipling einmal über eine von dessen Erzählungen und über die Unglaubwürdigkeit eines sich darin ereignenden Unfalls diskutierte, der durch einen plötzlich am Rand eines Abgrunds auftauchenden Inder mit einem Ochsengespann und einer Ladung Brennholz ausgelöst wird. Das Auftauchen des Inders hat den sofortigen Absturz einer der Figuren zur Folge, und damit endet die Geschichte. Harris fand es »eine Beleidigung für die Intelligenz, eine psychologische Diskussion mit einem brutalen Unfall zu beenden«. – »Warum?« fragte Kipling. »Im Leben geschehen nun mal Unfälle.« Harris beharrte jedoch auf seiner Meinung, er hielt den Unfall für allzu unwahrscheinlich und meinte, »in der Kunst ist das Unwahrscheinliche schlimmer als das Unmögliche«. Kiplings Antwort fiel sehr schlicht aus, doch sie genügte, um weitere Einwände im Keim zu ersticken: »Ich sehe den Inder vor mir«, sagte er.

Es war wohl gar nicht so verwunderlich, daß er ihn vor sich sah und der Amerikaner Harris hingegen nicht, denn nach Kiplings eigenem Bekunden hatte er die glücklichsten Jahre seines Lebens in seiner frühen Kindheit in Bombay verbracht, umgeben von Dienern, die ihm jeden seiner launenhaften Wünsche erfüllten, und von einer lebendigen, farbenprächtigen Welt, die er in England stets vermißte, insbesondere als er im Alter von sechs Jahren nach Southsea in der Nähe von Portsmouth verschickt wurde, um dort eine englische Erziehung zu genießen. Der Ort, an dem er und seine Schwester Trix ohne ihre Eltern, die in Indien geblieben waren, mehrere Jahre zubrachten, trägt in dem nach seinem Tod veröffentlichten autobiographischen Text »Etwas von mir« den Namen »Haus der Freudlosigkeit«, was in doppelter Hinsicht erahnen läßt, daß der junge Rudyard eine an Dickens gemahnende Kindheit fern seiner eigentlichen Heimat verlebte. Die Heimvorsteherin und ihr Sohn (ein Schläger) setzten ihm offenbar so zu, daß der kleine Ruddy (wie er in der Familie genannt wurde) einmal, als seine Mutter zu Besuch kam und mitten in der Nacht an sein Bett trat, als erste Reaktion schützend die Hände vors Gesicht hielt. Es steht also zu vermuten, daß er an jenem Ort mit Schlägen geweckt wurde.

Nicht ganz nachvollziehbar ist, warum Kiplings Eltern ihre Sprößlinge einer derart fragwürdigen Einrichtung anvertrauten, doch man sollte vielleicht daran erinnern – das rechtfertigt ihr Verhalten jedoch keineswegs –, was Kipling in einer seiner Erzählungen über einen Sechsjährigen schreibt, der große Ähnlichkeit mit ihm hat: »Es wollte ihm nicht in den Kopf, daß sich ein Mensch seinen Befehlen widersetzen könnte«; und eine seiner Tanten sagte einmal über ihn, er sei ein unbeherrschtes Kind mit der Neigung, ununterbrochen zu schreien, wenn es wütend sei. Allerdings muß auch gesagt werden, daß von seinem vorgeblichen infantilen Despotismus im Erwachsenenalter glücklicherweise kaum noch etwas übrig war, doch dafür war mit ihm, wie vorhin erwähnt, nicht zu scherzen: Bei einem seiner langen Aufenthalte in Amerika fing sein anderer Schwager Beatty Balestier, der noch unbeherrschter als er und dem Alkohol sehr zugetan war, eine Schlägerei mit ihm an und drohte ihm in der Hitze der Auseinandersetzung mit dem Tod. Ob die Drohung nun ernst gemeint war oder nicht – jedenfalls marschierte Kipling schnurstracks zur Polizei, und sein Schwager landete hinter Gittern.

Kipling wirkte stets älter, als er tatsächlich war, wohingegen in unseren Tagen die Tendenz besteht, das jugendliche Aussehen übermäßig lang zu erhalten, so daß es als Kriterium schon nicht mehr taugt. Jedenfalls gibt es ein Photo von Kipling, das ihn als sechzehnjährigen Schüler zeigt und über das man beinahe erschrickt: Er trägt darauf eine Schirmmütze, eine kleine Brille mit Metallgestell sowie einen dünnen Oberlippenbart und sieht aus wie fünfundvierzig. Würdiger nimmt er sich auf seinen Porträts in reiferen Jahren und im Alter aus mit seinem buschigen weißen Schnurrbart, der makellosen Glatze und – ein Zeichen der Treue – dem metallenen Brillengestell.

Er war erst einundvierzig, als ihm 1907 der Nobelpreis verliehen wurde, und er nahm ihn an, obwohl er in seinem eigenen Land den Titel des Poeta Laureatus, den Verdienstorden sowie andere mehr oder weniger noble Auszeichnungen ausgeschlagen hatte. Doch er hatte Pech, denn während seiner Überfahrt nach Stockholm starb der König von Schweden, und so fand er ein betrübtes Volk vor, in dem jedermann Gesellschaftskleidung (die offizielle Trauerkleidung) trug, was ihn zwar beeindruckte, ihm aber auch die Freude verdarb.

Er war weder eitel noch eingebildet und ging nur selten zum Schneider, aber er zog sich jeden Abend vor dem Essen um, weil »man das nun mal so machte, und das, was man machte, war wahrscheinlich das Sinnvollste, was man tun konnte«. Sein Gedicht »If« oder auch »Wenn« war so berühmt, daß es ihm wiederholt den Groll seiner Lieblinge, der Kinder, einbrachte, die ihm bei seinen Schulbesuchen immer wieder vorwarfen, daß er es überhaupt verfaßt hatte, weil sie allzu häufig dazu verdonnert wurden, es zur Strafe abzuschreiben. Schon zu Lebzeiten schimpfte man ihn einen »imperialistischen« Schriftsteller, worauf er zu erwidern pflegte, daß damit wohl eher »imperial« gemeint sei. Manche seiner öffentlichen Äußerungen waren ihm nicht unbedingt zuträglich, so zum Beispiel seine Feststellung, daß »am Ende des Krieges keine Deutschen übrigbleiben« sollten. Ihn plagten Geschwüre im Zwölffingerdarm, und kurz nach seinem siebzigsten Geburtstag bekam er schlimme Blutungen und wurde ins Middlesex-Krankenhaus eingeliefert, wo er am 18. Januar 1936 verstarb. Seine Asche ruht im Dichterwinkel der Abtei von Westminster. Er wurde bewundert und gelesen, vielleicht nicht sehr geliebt, aber gegen ihn als Mensch hat nie jemand etwas gesagt.

Arthur Rimbaud (Gemälde von Jef Rosman)

Arthur Rimbaud wider die Kunst

Von Rimbaud als Erwachsenen, also von dem Mann, der mit Literatur nichts zu tun hatte, an der Küste Somalias lebte und den unterschiedlichsten, nicht sehr einträglichen Beschäftigungen nachging, sind nur wenige Abbildungen erhalten, und diese wenigen haben etwas Gespenstisches. Dies mag einer der Gründe sein, warum man bei Rimbaud nahezu ausschließlich an den fürchterlichen, aufmüpfigen Heranwachsenden denkt, den man aus seiner nur wenige Jahre umfassenden Pariser Zeit und seinem nur Monate dauernden Aufenthalt in London kennt. Seine Abkehr von der Poesie in einem nicht genau zu bestimmenden Alter (sagen wir mit etwa zwanzig) hat die einzelgängerischen Phantasien jedes frühreifen Schriftstellers nach ihm beflügelt und ihn in Versuchung geführt, irgendwann selbiges zu tun, in der Regel jedoch *leider* erst in fortgeschrittenerem Alter: Nach Rimbaud war jeder frühreife Schriftsteller im Grunde genommen spätreif.

Der Hauptgrund, weshalb Arthur Rimbaud sich im Gedächtnis der Literaturgeschichte als gräßlicher Wunderknabe festgesetzt hat, liegt in eben dieser Abkehr und deren mysteriösen Ursachen. Dabei war dies nicht der erste radikale Kurswechsel in seinem Leben gewesen. Es hat den Anschein, als hätte Rimbaud es alle paar Jahre satt gehabt, der zu sein, der er war, was poetisch unterlegt wird von seinem gefeierten *Ich ist ein anderer*, welches in

der Welt der Zitate Karriere gemacht hat. Aus dem fleißigen
Kind und Schüler mit hervorragenden Noten wurde ein bilder-
stürmerischer Flegel, mit dem der Umgang sicherlich alles andere als einfach war. Seine Hagiographen beklagen oft das Unver-
ständnis, das ihm von seiten der literarischen Kreise in Paris (ob
Bohème oder nicht) entgegenschlug, doch offengestanden kann
man nur zu gut verstehen, daß all jene, die seine Kollegen oder
Kameraden gewesen sein mochten, ihn zwar persönlich mieden
wie die Pest, seine Gedichte aber Jahre, nachdem sie ihn kennengelernt hatten, in aller Ruhe lasen, wie es im übrigen auch
die Nachwelt zu tun pflegt (die stets den Vorteil hat, daß sie die
Werke der Schriftsteller ohne das Ärgernis, jene auch ertragen
zu müssen, genießen kann). Zeitgenössischen Beschreibungen
zufolge wechselte Rimbaud nie die Kleidung, weshalb er ent-
setzlich roch, ließ die Betten, in die er sich legte, verfloht zurück,
trank unentwegt (vorzugsweise Absinth) und hatte für seine
Bekannten nichts als Frechheiten und Schmähungen übrig.
Einen gewissen Lepelletier verletzte er einmal zutiefst, als er ihn
einen »Leichengaffer« nannte, nur weil er ihn in einem Trauer-
zug erblickte. Das wäre an und für sich nicht allzu kränkend
gewesen, hätte besagter Lepelletier nicht soeben seine Mutter
verloren. Einen anderen Zeitgenossen namens Attal, der in der
Absicht, freundschaftliche Bande zu knüpfen, an ihn herantrat
und ihm ein paar seiner Gedichte zu lesen gab, fertigte Rimbaud
nach einem flüchtigen Blick auf dessen Ergüsse ab, indem er auf
die sorgfältigst ersonnenen, sich reimenden und in Schönschrift
niedergeschriebenen Verse spuckte. Und wiederum einem anderen Dichter namens Mérat, den Rimbaud von seinem entlegenen
Heimatdorf Charleville aus schon immer bewundert und der

soeben eine Handvoll Sonette veröffentlicht hatte, in denen er die Schönheit des weiblichen Körpers besang, antworteten Arthur Rimbaud und Paul Verlaine mit einem obszönen Sonett, dem sie den bezeichnenden Titel »Das Sonett des Arschlochs« gaben. Bei einer literarischen Soiree, bei der die angesehensten Schriftsteller jener Zeit zugegen waren, verlegte sich Rimbaud darauf, nach jedem von einem prominenten Gast vorgelesenen Vers »Merde!« zu rufen. Irgendwann riß einem Photographen namens Carjat der Geduldsfaden: Er schüttelte Rimbaud und drohte ihm an, ihn zu ohrfeigen, doch trotz seiner eher schmächtigen Gestalt kuschte der Wunderknabe nicht etwa, sondern zog den Stockdegen seines Freunds Verlaine aus der Scheide und hätte den Pionier dieser damals noch zweifelhaften Kunstform um ein Haar aufgespießt.

Freilich war dies nicht die einzige Gelegenheit, bei der Rimbaud in Gewaltsamkeiten verwickelt wurde; allerdings war bei den meisten anderen Verlaine mit von der Partie, woraus man den Schluß ziehen könnte, daß die Gewalt dem zehn Jahre älteren Dichter und zugleich Freund oder Geliebten Rimbauds im Blut lag. Die Mütter der beiden Schriftsteller gaben jeweils dem anderen die Schuld an dem unsteten, liederlichen Lebenswandel, dessen sich die zwei befleißigten, nur nahm in Verlaines Fall der Groll seiner Liebsten noch gravierendere Ausmaße an, da bei ihm zur leiblichen Mutter noch Frau, Kind und Schwiegereltern hinzukamen. Verlaine hatte mit Rimbaud in Briefwechsel gestanden und ihn kurz nach der Hochzeit nach Paris in sein Haus, besser gesagt in das Haus seiner Schwiegereltern eingeladen. Die Bezeichnung »Provinzgenie«, mit der Verlaine Rimbaud beizeiten bedacht hatte, ließ zwar nicht eben einen Brummell erwarten, aber auch nicht unbedingt das, was sich ihnen allen sodann präsentierte: ein Bauernlümmel mitten in seinen Wachstums- und Flegeljahren mit sonnen- und windgegerbtem Gesicht, Kleidern, aus denen er längst herausgewachsen war, zottigem Haar, das so aussah, als hätte es noch nie Bekanntschaft mit einem Kamm gemacht, und anstelle einer Krawatte einer Art ausgefranster Schnur, die ihm den Hemdkragen zusammenhielt. Er hatte keinerlei Gepäck dabei: weder eine Zahnbürste noch Kleider zum Wechseln, sondern lediglich das, was er am Leibe trug. Das Eindringen dieses Subjekts in die ebenso behäbige wie spießige Lebenswelt der Familie Mauté de Fleurville wurde als schlechtes Omen gedeutet, und diese Vorahnung hat sich, um es gleich zu sagen, mehr als reichlich bewahrheitet.

Nicht, daß Verlaine vor oder nach seiner geschickt eingefädelten Ehe ein verantwortungsvolles, gesetztes Leben geführt hätte: Er hatte sich hemmungslos zwei Lastern hingegeben, die von beiden Familien alles andere als wohlwollend betrachtet wurden, nämlich dem Suff und der Knabenliebe. Doch nun – ein Sohn war unterwegs und seine Frau Mathilde mit ihren siebzehn Jahren selbst noch ein halbes Kind – versuchte er gerade, sein Leben in den Griff zu bekommen. Allerdings hätte ihm bei diesem Bemühen kaum etwas Schlimmeres in die Quere kommen können als dieser wildwüchsige Knabe, der sich zudem mit der Absicht trug, dem ebenso unzählige Male zitierten »dérèglement de tous les sens« zu frönen. Nach der Geburt seines Sohnes legte Verlaine drei Tage lang ein Betragen an den Tag, das er selbst als mustergültig erachtete und das darin bestand, daß er zum Abendessen nach Hause kam und die Nacht bei seiner Frau verbrachte. Doch schon am vierten Tag kehrte er erst früh um zwei heim, und zwar in betrunkenem und bedrohlichem Zustand. Er legte sich zum Schlafen mit den Füßen auf dem Kopfkissen ins Bett der frischgebackenen Mutter, und da er die Stiefel nicht auszog, mußte Mathilde die schlammverkrusteten Dinger stundenlang neben ihrem Gesicht erdulden.

Die Beziehung zwischen Rimbaud und Verlaine bestand aus einer Folge von Zwischenfällen mit Mathilde mittendrin oder, zumeist, außen vor. Verlaine brauchte sie beide, und trotz seiner Brutalität (ihr gegenüber) und seiner Gefühlsduselei (Rimbaud gegenüber) – eine unerträgliche Mischung – konnte keiner von ihnen ganz auf ihn verzichten. Als Beispiel für erstere sei erwähnt, daß Verlaine, wenn er betrunken nach Hause kam, nicht nur einmal die fixe Idee hatte, den Schrank in Brand zu stecken, in dem sein Schwiegervater die Jagdmunition aufbewahrte und der sich gleich neben Mathildes Schlafzimmer befand. Ein andermal war sie beziehungsweise ihr Kopf noch unmittelbarer vom Feuer bedroht: »Ich werde dir die Haare abbrennen«, sagte Verlaine mit einem brennenden Streichholz in der Hand zu ihr. Offenbar erlosch das Zündholz, bevor es mehr als ein paar Strähnen versengen konnte. Auch setzte er ihr eines Tages ein Messer an die Kehle und fügte ihr an einem anderen Schnittwunden an Händen und Handgelenken zu. Rimbaud teilte seine Vorliebe für einschneidende Erlebnisse, nur machte er Verlaine zu seinem Opfer. Eines Abends sagte er im Café du Rat Mort zu ihm: »Leg die Hände auf den Tisch. Ich möchte ein Experiment machen.« Vertrauensvoll bot Verlaine sie ihm dar. Rimbaud zog ein Taschenmesser heraus und ritzte ihm damit mehrmals ins Fleisch, woraufhin Verlaine entrüstet das Café verließ, aber Rimbaud setzte ihm nach und stach ihn nochmals. So wie Verlaine Mathilde immer wieder verletzte und kränkte, kränkte und verletzte Rimbaud Verlaine, aber keiner von ihnen ging aufs Ganze. Die Krönung der Gewaltsamkeit bilden Verlaines berühmte drei Revolverschüsse in Brüssel. Die beiden ersten verfehlten ihr Ziel, der dritte traf Rimbaud am Handgelenk. Der Vorfall wäre an sich nicht weiter von Bedeutung gewesen, doch wenige Stunden später, auf dem Weg zum Bahnhof, wo Rimbaud allein den Zug nach Paris besteigen wollte, gingen Verlaine im Beisein seiner Mutter, die die beiden unvernünftigerweise begleitete, erneut die Gäule durch, und er fuchtelte mit der Waffe herum, die ihm unbegreiflicherweise niemand abgenommen hatte. Aus Angst, Verlaine könnte diesmal nicht danebenschießen, rief Rimbaud einen Wachmann zu Hilfe, und dieser natürliche Akt der Feigheit hatte zur Folge, daß der Schwiegersohn der Mauté de Fleurvilles zu zwei Jahren Zwangsarbeit verurteilt wurde, obwohl Rimbaud die Anzeige später – zu spät – zurückziehen wollte. Immerhin gelang es ihnen, die Anklage wegen »versuchten Mordes« in schlichte »Körperverletzung« umzuwandeln. Da entbehrt es nicht der Ironie, daß Rimbaud kurz vor dieser Episode in einem Brief an Verlaine geschrieben hatte: »Nur mit mir kannst Du frei sein.«

Rimbaud war ein Hochbegabter, der aus seiner überdurchschnittlichen Begabung nie etwas Vernünftiges machte. Dagegen erlernte er im Nu allerlei nicht sehr nützliche Dinge, unter anderem zahlreiche Sprachen wie Deutsch, Arabisch, Hindustani und Russisch oder später, etwas nutzbringender, die Idiome der Eingeborenen, unter denen er sich als Erwachsener im Exil aufhielt. Auch Klavierspielen brachte er sich selbst in kürzester

Zeit bei, obwohl er in den ersten Monaten nur in seiner Phantasie übte: Da seine Mutter sich weigerte, ein Klavier zu mieten, ritzte Rimbaud die Tastatur mit einem Messer in den Eßtisch und übte stundenlang in vollkommener Stille darauf. Folgende Anekdote scheint wahr zu sein oder zumindest wahrer als die eine oder andere, aus denen sich seine Legende speist: Der Erzählung nach (wobei vermutet wird, daß er selbst die Quelle war) legte die Hebamme ihn nach der Entbindung auf ein Kissen, um kurz hinauszugehen und ein paar Windeln zu holen, und als sie wieder hereinkam, war der kleine Herumtreiber schon nicht mehr an seinem Platz, sondern aus lauter Abenteuerlust auf allen vieren unterwegs zur Tür.

Seit Erscheinen der hervorragenden Biographie Enid Starkies ist über Rimbauds postliterarisches Nomadenleben einiges bekannt: über ihn als Kaffeexporteur, Vorarbeiter, Siedler, Entdeckungsreisenden, Expeditionsteilnehmer, Waffen- und nachweislich auch Sklavenhändler. Aus seinen abessinischen Jahren sind zahlreiche Briefe erhalten, und sie vermitteln den Eindruck, daß Rimbaud es damals zum zweiten oder gar dritten Mal leid war, der zu sein, der er war. Er veränderte sein Aussehen, wurde fülliger und trug Oberlippen- sowie Kinnbart; unverändert blieben nur seine auffallend blauen Augen, die seinem Gesicht selbst in Tagen größter Verwahrlosung und Ungeschlachtheit jenen poetischen Zug verliehen, wie er für einen jugendlichen Verseschmied schon immer unverzichtbar gewesen ist. In der ersten Zeit wollte er schnell reich werden, doch bald schraubte er seine Ansprüche herunter und wollte nur noch so viel Geld verdienen, daß er zu arbeiten aufhören und sich, ohne große Not zu leiden, in Abessinien niederlassen konnte. Er äußerte auch den

Wunsch, zu heiraten und Nachkommen zu zeugen, doch konnte er keine ernstzunehmende Kandidatin vorweisen. In einem Brief an seine Mutter fragte er: »Darf ich kommen und mich dann im nächsten Frühjahr bei Euch verheiraten?« Ein ebenso inniger wie unbestimmter Wunsch, denn er fügte hinzu: »Meinst Du, daß ich eine Frau finden könnte, die willens wäre, mit mir nach Afrika zu gehen?« Kurz zuvor hatte er mit dreiunddreißig Jahren an seine Familie geschrieben: »Mein Haar ist völlig grau. Mein ganzes Leben scheint zu zerbröckeln ... Ich bin schrecklich erschöpft. Ich habe keine Arbeit und muß fürchten, das wenige Geld, das ich habe, zu verlieren.« Rimbaud führte ein genügsames, zurückgezogenes Dasein und war in all seinen Unternehmungen vom Pech verfolgt. So sparte er sich wie ein Bauer ein wenig Geld vom Mund ab, investierte dieses in ein gewagtes Vorhaben, das unter gewaltigen Anstrengungen umgesetzt werden mußte, wurde bei der Abwicklung über den Tisch gezogen oder bekam Mitleid mit jenen, die eben dieses mit ihm vorhatten, verlor alles und begann mit der Sparerei und seinen langfristigen Projekten wieder von vorn. Nichts glückte ihm.

Unterdessen wuchsen sein Ansehen und sein Ruhm in Paris, wo er zu einer lebenden Legende wurde, die jedermann für tot hielt. Eines Tages entzündete sich sein Knie, und dies war der Beginn einer Krankheit, die ihn ins Grab bringen sollte: eine Krebsgeschwulst, die ihn zwang, unter fürchterlichen Qualen die Reise aus der Wüste in ein Krankenhaus in Marseille anzutreten. Das Bein wurde amputiert; er mußte mit Krücken herumlaufen und wünschte sich nichts sehnlicher als eine Prothese. Doch die Krankheit schritt fort, so daß er schon bald auch alle anderen Glieder nicht mehr bewegen konnte, und sie »hingen bewegungslos an seinem Rumpf, so wie noch die trockenen Zweige an einem noch nicht ganz abgestorbenen Baum hängen« – so der bildhafte Vergleich seiner Biographin Starkie. Er trank Schlafmohntee und erzählte seinen Nachbarn Geschichten aus der Fremde. Einen Tag vor seinem Tod diktierte er seiner Schwester Isabelle halb bewußtlos einen Brief an eine Schifffahrtgesellschaft: »Ich bin gänzlich gelähmt, daher will ich mich rechtzeitig einschiffen. Lassen Sie mich bitte wissen, wann ich an Bord getragen werden kann.« Am 10. November 1891 starb er, gerade einmal siebenunddreißig Jahre alt. Er wurde ohne Grabrede in seinem verhaßten Geburtsort Charleville beigesetzt. Als ein Bekannter einmal mit ihm – damals war Rimbaud schon sehr krank – über seine Poesie und die Literatur im allgemeinen sprach, erwiderte Rimbaud ungehalten: »Was spielt das alles für eine Rolle? Scheiß auf die Poesie.« Dieses Ansinnen war bei ihm nichts Neues und auch keine Folge seiner Agonie. Bereits viele Jahre zuvor hatte er im Entwurf zu *Eine Zeit in der Hölle* vermerkt: »Jetzt kann ich sagen, daß Kunst eine Dummheit ist.« Vielleicht hatte er allein deshalb mit dem Schreiben aufgehört.

Djuna Barnes (Photo: Carl van Vechten)

Djuna Barnes und das Schweigen

Djuna Barnes' außerordentlich langes Leben war, zumindest was ihr literarisches Schaffen angeht, nicht allzu fruchtbar, und dies, obwohl die Literatur, von einer gewissen Zeit in ihrer Jugend abgesehen, in der sie sich als Journalistin betätigte, nebst Einhaltung längerer Schweigephasen, ihre Hauptbeschäftigung darstellte. Besagtes Schweigen war schriftlicher wie mündlicher Natur. Im Paris der Zwischenkriegszeit und der Auswanderer, dem Paris von Joyce, Pound, Hemingway, Fitzgerald und weiteren achthunderttausend angehenden Künstlern und Bohemiens (vor allem aus Nordamerika) gab es einige Zeitzeugen, die sich daran erinnerten, daß Djuna Barnes bei großen Menschenansammlungen stets sehr still war und ihre Umgebung mit scheuer Überlegenheit beobachtete. Andere dagegen hatten sie als eine der brillantesten Frauen in Erinnerung, die es wie keine andere verstand, eine Abendgesellschaft mit ihrer perfekten Nachahmung bekannter Persönlichkeiten, ihrer Vorwitzigkeit, ihrem Lachen (einem auffallenden, lauten, seltsamen Lachen, das nie lange andauerte: Dem Vernehmen nach brach es urplötzlich ab), ihrer charmanten Überspanntheit und ihrer Trinkfreudigkeit in Schwung zu bringen.

Photos aus jener Zeit nach zu urteilen, war sie eher elegant als schön und, nicht zuletzt durch ihren hohen Wuchs, eine imposante Erscheinung, allerdings nicht im gewöhnlichen Wortsinn, sondern insofern, als sie anderen imponierte. Abenteuer hatte sie reichlich, mit Männern wie mit Frauen, doch noch zahlreicher ist die Schar der Männer und Frauen, deren Annäherungsversuche aus den unterschiedlichsten, mitunter rein literarischen Gründen scheiterten. Beispielsweise lud der seinerzeit hochangesehene Kritiker Edmund Wilson, den sie eigentlich bewunderte, die damals Neunundzwanzigjährige 1921 eines Abends zum Essen ein. Beim Dessert machte er ihr den Vorschlag, mit ihm zusammenzuziehen und als ersten sinnfälligen Schritt ihrer intellektuellen Romanze auf der Stelle nach Italien zu reisen. Möglicherweise zog Djuna Barnes dies tatsächlich in Betracht, als Wilson anfing, sich mit ungezügelter Begeisterung über die Romanschriftstellerin Edith Wharton zu verbreiten – ein schwerer Fehler, denn die Barnes konnte die Wharton nicht ausstehen. Mag sein, daß Wilson sich dadurch nicht unbedingt als Kritiker disqualifizierte, wohl aber als potentieller Liebhaber.

Bei anderen Gelegenheiten ging es weniger zivilisiert zu: So weiß man von einem Portier in einem Hotel in der Rue Saint-Sulpice, der sie auf ihrem Zimmer zu vergewaltigen suchte, und von einem betrunkenen Journalisten, der sich in einem Café mit ihr und ihrer damaligen Geliebten Thelma Wood anlegte. Jemand warf den Kerl hinaus, aber Djuna Barnes hatte sich bereits genug anhören müssen: Sie folgte dem Journalisten auf die Straße und sagte ihm gehörig die Meinung, worauf sie einen Fausthieb kassierte, der sie am Kinn traf und zu Boden streckte. Doch sie bekam es nicht etwa mit der Angst, sondern war im Gegenteil in nicht geringem Maß beteiligt, als der Trunkenbold gepackt und anschließend verdroschen wurde. Ein paar Monate später berichteten die bissigsten Klatschkolumnen darüber, wie sie

»ihren männlichen Begleiter bei einer Auseinandersetzung vor ein paar hartgesottenen Kellnern gerettet« hätte.

Auch in reiferen Jahren blieb ihr die eine oder andere Belagerung nicht erspart, nur daß ihre hartnäckigsten Verehrer später weiblichen Geschlechts waren. Zwei jüngere Schriftstellerinnen, die heute weltberühmten Anaïs Nin und Carson McCullers, unterzogen sie einer regelrechten Marter, die eine aus der Ferne, die andere aus nächster Nähe. Nin tat es aus der Distanz und auf literarischem Wege, indem sie in ihre Werke wiederholt eine Figur namens »Djuna« einflocht, was die echte Djuna ärgerte und aus der Fassung brachte, während McCullers über einen längeren Zeitraum hinweg vor ihrer Wohnung Posten bezog. Der Legende nach drückte sich die damals noch unbekannte junge Frau stundenlang klagend und schluchzend vor der Tür herum und begehrte flehentlich Einlaß. Doch die Barnes war unbeugsam, denn ihre Ungestörtheit war ihr heilig. Was Anaïs Nin betraf, so hielt Barnes sie trotz ihrer unbeholfenen Lobhudelei (sie hatte über Barnes gesagt: »Sie sieht zuviel, sie weiß zuviel, sie ist unerträglich«) für eine dumme kleine Person und lausige Schriftstellerin und ließ sich nie dazu herbei, sie zu empfangen. Und was Carson McCullers angeht, deren Werk sie damals noch nicht kennen konnte, so strafte sie diese ausnahmslos mit undurchdringlichem Schweigen – bis auf einen Nachmittag, an dem sie ob des Geklingels der einsamen Jägerin offenbar die Geduld verlor und rief: »Wer immer da klingelt, soll bitte in drei Teufels Namen weggehen!« Ihre Worte zeigten nicht nur augenblicklich, sondern möglicherweise auch langfristig Wirkung, da die arme Carson McCullers ein paar Jahre später erst fünfzigjährig starb.

Obwohl Djuna Barnes' Kindheit und Jugend bizarr und verworren oder verworren, weil bizarr waren und nicht allzuviel darüber bekannt ist, war sie offenbar von klein auf an belagerungsähnliche Zustände und ungewöhnliche Situationen gewöhnt, zumal wenn es stimmt, was als einigermaßen gesichert gilt, nämlich daß ihr Vater und ihre Großmutter sie im Alter von siebzehn oder achtzehn Jahren (wie es in der Bibel mitunter mit den Töchtern von Patriarchen geschieht) einem zweiundfünfzigjährigen Mann, genauer gesagt dem Bruder der Geliebten ihres Vaters namens Percy Faulkner »auslieferten«. Faulkner nahm sie für kurze Zeit mit nach Bridgeport, und wer weiß, ob sein Nachname nicht etwas mit der Geringschätzung zu tun hatte, die Djuna Barnes stets dem Romancier William Faulkner entgegenbrachte, weil sie diesen für gefühlsduselig hielt. Offensichtlich schätzte Faulkner (der Schriftsteller) sie seinerseits auch nicht sonderlich, zumindest nach außen hin, denn in zweien seiner Werke zitiert er sie mit leicht vorwurfsvollem Ton. Andererseits haben viele Kritiker darauf hingewiesen, daß Faulkners Prosa Djuna Barnes mehr als nur ein Stilmerkmal zu verdanken habe.

Andere Zeitgenossen dagegen rühmten sie unverhohlen, von T.S. Eliot, der die Einleitung zu ihrem Meisterwerk *Nachtgewächs* schrieb und in England ihren Gönner spielte, bis hin zu Dylan Thomas, James Joyce (der ansonsten für nichts und niemanden Lob übrig hatte) und Lawrence Durrell. Durrell blieb es trotz seiner glühenden Begeisterung für sie (er verstieg sich einmal zu der Aussage: »Man freut sich, in derselben Zeit zu leben wie Djuna Barnes«) nicht erspart, von ihr des Plagiats bezichtigt zu werden, weil sie in einem seiner Texte eine Szene entdeckt hatte, die einer von ihren allzusehr ähnelte. Zweifelsohne war dem so, doch es handelte sich weniger um ein Plagiat als vielmehr um eine Hommage. Dies ereignete sich in den sechziger Jahren, als Djuna Barnes ihre Siebziger bereits hinter sich hatte und anscheinend überall Diebstahl witterte. Etwas früher, in den fünfziger Jahren, hatte sie einmal Malcolm Lowry in ihrer Wohnung empfangen, und dieser berichtete später in einem Brief über seinen Besuch bei ihr. Nun war er selbst schon so ein Unglücksrabe, doch sie schien ihm ein noch wesentlich hoffnungsloserer Fall zu sein. Bei seinem Eintreffen malte sie gerade einen »halb männlichen, halb weiblichen Dämon« an die Wand. Sie putzte Lowry wegen des Erfolgs von *Unter dem Vulkan* gnadenlos herunter, gab ihm nacheinander sechs Flaschen Bier zu trinken und gestand ihm, daß ihr sechzehn Jahre zuvor veröffentlichter Roman *Nachtgewächs* ihr angst machte und sie seither nichts mehr geschrieben hatte. Obwohl besagtes Buch (in technischer Hinsicht ein Meisterwerk, wenn auch etwas monströs) in Lowry widerstreitende Gefühle hervorrief, gab er zu, daß »sie oder er oder es« ihm als bewundernswertes, wenn auch auf erschütternde Weise tragisches Wesen erschienen sei, das »sowohl Redlichkeit wie auch Ehrgefühl besitze«. Es ist anzunehmen, daß Lowry ihre Wohnung leicht verwirrt verlassen hat, woran allerdings auch das großzügig verabreichte Bier schuld gewesen sein mochte.

Nicht verwunderlich ist, daß Djuna Barnes ihren Vornamen so unmißverständlich für sich beanspruchte, als Anaïs Nin willkürlich von ihm Gebrauch machte, denn die meisten Vornamen in ihrer Familie erwecken den Eindruck, als seien sie nur deshalb ausgewählt worden, damit niemand sie sich mißbräuchlich aneignen konnte. Ihre Geschwister und Vorfahren trugen zum

Teil so ausgefallene Namen, daß diese in vielen Fällen nicht einmal Rückschlüsse auf das Geschlecht ihres Trägers zuließen:
Urlan, Niar, Unade, Reon, Hinda, Zadel, Gaybert, Culmer, Kil-
meny, Thurn, Zendon, Saxon, Shangar, Wald und Llewellyn.
Letzterer ist immerhin in Wales ein bekannter Name. Verständ-
lich, daß sich einige Mitglieder der Familie als Erwachsene ganz
banale Rufnamen wie Bud oder Charlie zulegten. Möglicherweise gingen all diese Namen auf eine mysteriöse Begebenheit
zurück, schließlich besaß der exzentrische Spiritismus in der
Familie eine gewisse Tradition. Einer von Djunas Großvätern
hatte sogar Akolythen, nur wenige zwar, doch zu ihnen zählte
der große Houdini, der für seine Spektakel berühmt war, bei
denen er sich wie durch ein Wunder von schweren Ketten oder
aus dicken Panzerschränken befreite.

Djuna Barnes hatte keine Kinder und heiratete nur ein einziges Mal, und zwar einen gewissen Courtenay Lemon, doch die
Ehe hielt lediglich drei Jahre, und diese eher schlecht als recht.
Dem Vernehmen nach war Lemon ein ruhiger Zeitgenosse mit
einer Neigung zur Fettleibigkeit. Er sprach reichlich dem Gin
zu, war Sozialist, schrieb langweilige, vor Gemeinplätzen strot-
zende Pamphlete und trug sich damit, eine »Philosophie der
Kritik« zu verfassen, die er jedoch nie beenden sollte. Djuna
Barnes' männliche Liebhaber waren zwar zahlreicher als die
weiblichen, doch sofern es in ihrem Leben überhaupt eine
große Liebe gab – was bezweifelt werden mag –, war dies die
Bildhauerin Thelma Wood. Die zwei lebten jahrelang in Paris
zusammen, und wenn sie gemeinsam auf den Boulevards der
Stadt unterwegs waren, blieben die beiden eleganten, resolu-
ten, blasierten Ausländerinnen nie unbemerkt. Thelma Wood

hatte riesige Füße, die jedem, der sie kennenlernte, als erstes auffielen, vor allem den Herren, die bei Abendveranstaltungen mit ihr tanzten, denn sie mußten sich vor ihnen in acht nehmen. Thelma Wood war noch scharfzüngiger und eingebildeter als Djuna Barnes: Als der kanadische Autor John Glassco ihren Körper beim Tanz (mit den Riesenfüßen) einmal schamlos beäugte, ihr ohne Umschweife vorschlug, mit ihm ins Bett zu gehen, und gleich darauf hinzufügte: »Entschuldigen Sie, ich hoffe, ich habe Sie nicht erschreckt«, erwiderte sie: »Mich erschreckt? Niemand erschreckt Thelma Wood!« Offenbar gehörte sie zu dem merkwürdigen Menschenschlag, der von sich selbst in der dritten Person spricht. Thelma war eine Trinkerin und Verschwenderin, und, noch schlimmer, meistens verlor sie das Geld, das sie Djuna abluchste, noch bevor sie es verprassen konnte, und die von Eifersucht und Sorge geplagte Djuna mußte nicht selten mitten in der Nacht auf die Straße hinaus, um nach ihr zu suchen, bis sie Thelma in irgendeiner mißlichen Lage vorfand und sie in ihrem erbärmlichen Zustand nach Hause brachte.

Bei den Männern wäre vor allem ihre Liebelei mit Putzi Hanfstaengl zu erwähnen, einem Deutschen, der in Harvard studiert hatte und zwanzig Jahre später Adolf Hitlers offizieller Hofnarr wurde. Obwohl Djuna ihn verabscheute (Adolf, nicht Putzi), hielten sie losen Kontakt, weshalb Djuna Barnes einer der ersten Menschen aus dem Lager der Alliierten war, der über den ansonsten so unermeßlichen Führer folgendes erfuhr: »Hitler hat in seiner Hose nicht mal das, was einem Mäuserich zusteht.« Es gibt ein Photo aus dem Jahr 1928, auf dem die beiden zusammen zu sehen sind (Djuna und Putzi, nicht Adolf): er mit Fliege und großer Nase und stark schielend – ehrlich gesagt sieht er darauf aus wie ein Mörder.

Djuna Barnes wurde neunzig Jahre alt, und in einem Gutteil ihrer Lebenszeit wollte oder konnte sie keine Liebschaften mehr haben, so daß ihr nichts anderes übrig blieb, als sich in Schweigen zu hüllen. Ihre New Yorker Wohnung diente ihr als uneinnehmbares Refugium. Dort empfing sie ihre Post sowie die Schecks, mit denen ihre Freundin, die Multimillionärin Peggy Guggenheim, sie eine halbe Ewigkeit finanzierte, und auch den einen oder anderen Anruf von Verlegern, die eine Neuauflage ihrer spärlichen Werke planten und über die sie sich ausnahmslos aufregte. (Auch über Henry Miller, den sie für Abschaum hielt, regte sie sich auf.) Manchmal arbeitete sie drei oder vier Tage hintereinander acht Stunden täglich, brachte in der Zeit aber nur zwei oder drei Verse zuwege, weil bereits das leiseste Geräusch sie für den Rest des Tages derart in ihrer Konzentration störte, daß sie schier verzweifelte. In ihrer Wohnung am Patchin Place verbrachte sie einem ihrer Biographen zufolge mehr als fünfzehntausend Tage, das heißt über vierzig Jahre, und bekanntermaßen verstrichen die meisten von ihnen, Tage wie Jahre, in vollkommener Stille, ohne daß sie mit irgend jemandem auch nur ein Wort wechselte. Da waren lediglich das Klappern der Schreibmaschine und Verse, die bis heute niemand gelesen hat. 1931, also lange bevor die soeben erwähnten vierzig Jahre anbrachen, hatte sie geschrieben: »Mir gefällt mein menschliches, mit ein wenig Schweigen und Beherrschung angereichertes Experiment. Das Schweigen vertieft das Experiment und verleiht ihm, wenn ich einmal sterbe, diese Würde, die all dem eigen ist, was man berührt, aber nicht mitgenommen hat.«

In ihrem nicht enden wollenden Alter bekam man Djuna Barnes also nur selten zu Gesicht. Gassenjungen machten ihr angst, und Bärte fand sie so grauenhaft, daß sie am Telefon von einem künftigen Besucher (den sie nach seinem Aussehen befragte) verlangte, er solle sich seinen Bart abrasieren, bevor er zu ihr käme. Sie war der Ansicht, daß Altern eine Sache der Einstellung sei, doch gleichzeitig fand sie, daß man alte Menschen umbringen müsse. »Es sollte ein Gesetz darüber geben«, sagte sie einmal. Dieses Gesetz wurde in ihrer Wohnung am Abend des 18. Juni 1982 angewandt, sechs Tage nach dem neunzigsten Geburtstag der Mieterin. Die wenigen Menschen, die Djuna Barnes vor diesem Datum besuchten, blieben Stunden bei ihr und verließen sie mit Kopfschmerzen. »Man hat mir gesagt, daß ich jedem, der mit mir spricht, Kopfschmerzen verursache«, gestand sie einem Besucher. Worauf dieser antwortete: »Sie sind so intensiv!« Und sie: »Ja, ich weiß.«

Oscar Wilde, 1897
(Photo im Besitz der William Andrews Clark Library)

Oscar Wilde nach dem Zuchthaus

Nach Aussagen jener, die ihn kannten, war die Hand, die Oscar Wilde ihnen zum Gruß reichte, schlaff wie ein Waschlappen oder vielmehr glibberig wie abgegriffenes, leicht schmieriges Plastilin, so daß sie nach dem Händedruck das Gefühl hatten, sich beschmutzt zu haben. Auch wird ihm nachgesagt, daß seine Haut »schmutzig und gallig« gewesen sei und er beim Reden die häßliche Angewohnheit besessen habe, sich in sein nicht zu übersehendes Doppelkinn zu kneifen und daran zu zupfen. Auf den ersten Blick fanden ihn viele – zu Recht oder zu Unrecht – abstoßend, doch dieselben Menschen versichern einhellig, daß sich dieser Eindruck verflüchtigte, sobald Wilde etwas sagte, ja mehr noch, daß er einem anderen wich, nämlich so etwas wie vagen Muttergefühlen, offener Bewunderung oder bedingungsloser Sympathie. Selbst der Herzog von Queensberry, der später dafür sorgen sollte, daß Wilde im Zuchthaus landete und nichts mehr schrieb, verfiel seinem Charme, als er ihm bei einem Mittagessen im Café Royal begegnete, wohin er sich zusammen mit seinem Sohn Lord Alfred Douglas in der Absicht begeben hatte, diesen dem schädlichen Einfluß Wildes zu entziehen. Douglas, der damals auch auf den Kosenamen »Bosie« hörte, erzählte anschließend, sein Vater sei Wilde voller Haß und Verachtung sowie in übelster Laune entgegengetreten, doch bereits zehn

Minuten später habe »er ihm aus der Hand gefressen«, und tags darauf ließ Queensberry seinem Sohn »Bosie« eine Nachricht zukommen, in der er alles zurücknahm, was er bis dahin gegen dessen Freund gesagt oder geschrieben hatte. »Es wundert mich nicht«, schrieb er, »daß Du ihn so schätzt, er ist ein wunderbarer Mensch.«

Dieser zweite Eindruck hielt jedoch nicht allzulange an, und bevor die beiden Herren sich gegenseitig vor Gericht bekriegten, was mit der allseits bekannten Niederlage Wildes endete, kam es zwischen ihnen mindestens noch zu einer weiteren, wesentlich spannungsvolleren Begegnung. Der Herzog, der in die Geschichte eingegangen ist, weil er den Boxsport salonfähig gemacht und außerdem das englische Publikum vermutlich um einige seiner Lieblingskomödien gebracht hat, wurde eines Tages in Begleitung eines Faustkämpfers, der nicht nur ein professioneller Boxer, sondern obendrein ein Champion war, in Oscar Wildes Haus vorstellig. Der Herzog hatte es beim Amateurboxen als Leichtgewicht selbst zu beachtlichem Ansehen gebracht und tat sich zu jener Zeit noch immer als schneidiger Reiter und feuriger Jäger hervor. Diesem hartgesottenen Gespann trat Wilde mit seinem schmächtigen Diener gegenüber, einem Knaben von siebzehn Jahren, der wie ein Püppchen aussah. Doch zu Handgreiflichkeiten kam es nicht. Der scharlachrote Schreihals von einem Herzog, wie Wilde Queensbury nannte, ließ alles vom Stapel, was er im Rahmen seiner Aktion zur Rettung des verdorbenen Sprößlings für nötig erachtete, und alsdann läutete Wilde nach seinem zwergenhaften Majordomus und beschied dem Bürschlein, kaum daß es erschien: »Das ist der Marquess von Queensberry, der übelste Grobian von

London. Sie dürfen ihn nie wieder in mein Haus lassen.« Mit diesen Worten öffnete er die Tür und befahl dem Herzog: »Hinaus!« Der Herzog gehorchte, und der Faustkämpfer, offensichtlich ein gutherziger und respektvoller Mensch, kam gar nicht erst auf die Idee, sich in eine Auseinandersetzung zwischen zwei Ehrenmännern einzumischen.

Oscar Wilde war demnach also ein entschlossener Mensch – trotz seiner augenscheinlichen Weichheit, die, wie es die Legende will, bereits in seiner zartesten Kindheit angelegt wurde, als nämlich seine Mutter, die irische Aktivistin und Dichterin Lady Wilde, mit der Enttäuschung darüber, daß auch ihr Zweitgeborenes ein Knabe und kein Mädchen war, nicht recht fertig wurde und Oscar länger als vielleicht ratsam in weibische Kleider steckte. Von seiner Entschlossenheit und physischen Kraft kündet noch eine andere Legende, derzufolge er in seiner Oxforder Studentenzeit in seinem Quartier einmal ungebetenen Besuch von vier Halbstarken aus dem Magdalen College erhielt, die gerade von einer feuchtfröhlichen Party kamen und wild entschlossen waren, sich auf seine Kosten königlich zu amüsieren. Die weniger Mutigen der Horde, die sich als Zaungäste am unteren Treppenabsatz postiert hatten, sahen schon wenig später zu ihrer Überraschung, wie die strammen Draufgänger, die nach oben gestürmt waren, um die ästhetische Maske und das chinesische Porzellan dieses aufgeputzten Sohns Irlands zu zerstören, einer nach dem anderen die Stufen herunterkullerten.

Anscheinend kursierten über Wilde seinerzeit viele Lügengeschichten, und diesem Umstand sind die äußerst widersprüchlichen Informationen zuzuschreiben, die uns heute über ihn vorliegen. Andererseits steht folgende von Ford Madox Ford berichtete Anekdote Wildes Ruf als unerschrockenem Menschen vielleicht nicht unbedingt entgegen: Nach der Entlassung aus dem Zuchthaus wurde Wilde in seinen letzten Pariser Jahren häufig zum Gespött der Studenten, wenn er durch das Montmartre-Viertel spazierte. Dort fing ihn nämlich regelmäßig ein *apache* namens Bibi La Touche ab, der von ein paar weiteren Raufbolden begleitet wurde. Er sagte zu ihm, sein Ebenholz-Gehstock mit den Intarsien aus Elfenbein und dem Griff in Form eines Elefanten hätte es ihm angetan, und wenn er ihn nicht auf der Stelle herausrückte, würde er Wilde auf dem Nachhauseweg umbringen. Ford zufolge vergoß Wilde dann jedesmal dicke Krokodilstränen, bis seine Pausbacken feucht glänzten, und trennte sich von seinem Stock. Am nächsten Morgen gaben die *apaches* selbigen in seinem Hotel ab, um ihn ein paar Tage später erneut von ihm zu verlangen. Möglicherweise entsprachen Geschichten wie diese tatsächlich der Wahrheit, denn schließlich hatte sich Wilde während der Haft sehr verändert. Vielleicht hatte er im Gefängnis gelernt, was es heißt, Angst zu haben. Auf jedem Fall war er vor der Zeit gealtert und besaß nicht mehr Geld als das, was seine treusten Freunde ihm zukommen ließen, denn er scheute die Arbeit (also die Schriftstellerei), war mißvergnügt bis zur Verbitterung und hatte etwas von einem Clown an sich. Zu jener Zeit legte er sich den Namen Sebastian Melmoth zu, gab nichts weiter als seine berühmte *Ballade vom Zuchthaus zu Reading* in Druck, hörte von Mal zu Mal schlechter, hatte gerötete, rauhe Haut, stützte sich beim Gehen auf seinen ihm so oft entrissenen Stock und bewegte sich, als täten ihm die Füße weh. Seine Garderobe war längst nicht mehr so prachtvoll wie einst, und er hatte sich am Ende doch der Fettleibigkeit anheimgegeben, die schon immer gelauert hatte. Es gibt ein Photo von ihm, das ihn drei Jahre vor seinem Tod vor dem Petersdom in Rom zeigt: Darauf wird seine ganze Gestalt von einem winzigen Hut beherrscht und ins Lächerliche gezogen, der zudem seinen überaus dicken Kopf auf grausame Weise betont, denselben Kopf, den in seiner Jugend eine wallende Künstlermähne und ausladende, federgeschmückte Hüte geziert hatten.

Das einzige, was ihm nie abhanden kam, war seine Unterhaltsamkeit, und es heißt, bei Gesellschaften und Diners hätte er mit seiner überaus reichen Anekdotensammlung auch später noch ebenso unbeirrbar den Ton angegeben wie während seiner glanzvollsten Jahre in London, in denen er als Schauspieldichter gearbeitet hatte. Er besaß nicht nur einen unerschöpflichen Einfallsreichtum, erfand die unglaublichsten Wortspiele und stellte Maximen auf, von denen eine brillanter als die andere war, sondern war offenbar auch ein begnadeter *Erzähler*, ein weitaus besserer als in seinen Büchern. Bei mondänen Anlässen führte stets er das Wort und sagte außer ihm kaum jemand etwas, doch war er mit einem anderen Menschen allein, hatte dieser den Eindruck, daß ihm noch nie zuvor jemand mit soviel Aufmerksamkeit, Interesse und Mitgefühl – so dieses gefragt war – zugehört hatte. Was Wildes Kalauer angeht, bezichtigte man ihn allerdings häufig des Plagiats: *Dies* habe bereits Pater gesagt, *das* Whistler und *jenes* Shaw. Zweifelsohne traf dies in vielen Fällen zu (vor allem vom Maler Whistler, den er verehrte, bis er sich mit ihm überwarf, übernahm er vieles), aber außer Frage steht doch, daß all diese Bonmots, von wem auch immer sie ursprünglich stammen mochten, erst berühmt wurden, nachdem sie über seine Lippen gekommen waren.

Wilde war nachweislich bisexuell, auch wenn man aufgrund der skandalumwitterten Prozesse dazu neigt, in ihm einen reinen Apostel und modernen Protomärtyrer der Homosexualität zu sehen. Aber er war nun mal nicht nur mit Constance Lloyd verheiratet, mit der er zwei Kinder zeugte, sondern es ist im Zusammenhang mit ihm auch häufig von der Syphilis die Rede, die er sich in seiner Jugend bei einer Hure geholt hatte, sowie von einer frühen enttäuschenden Erfahrung mit einer jungen Irin, der er zwei Jahre lang mit großer Ernsthaftigkeit den Hof machte mit der Folge, daß sie Bram Stoker heiratete. (Was, nebenbei bemerkt, den Schluß nahelegt, daß besagte junge Frau eine Vorliebe für starke Gefühle besaß, denn schließlich hatte sie eine Zeitlang zwischen den künftigen Verfassern von *Das Bildnis des Dorian Gray* und *Dracula* geschwankt, bevor sie am Ende den unsterblichen Vampirismus einem zwar pittoresken, aber nicht so beständigen Pakt mit dem Teufel vorzog.) Einige seiner Freunde und Bekannten waren fassungslos, als der Skandal losbrach und sie von den Anschuldigungen erfuhren: Sie hätten bei ihm niemals derartige Neigungen vermutet, meinten sie, auch wenn sich Wilde seit seiner Studienzeit und seiner Reise nach Griechenland, von der ein Photo von ihm in der typischen Landestracht mit dem weiten Rock sowie seine starke Hinwendung zum Heidentum stammten, hartnäckig zum Hellenismus bekannt habe – auf Kosten des Katholizismus, mit dem er kurz zuvor geliebäugelt hatte: Seine Unterkunft in Oxford hatte er mit Konterfeis des Papstes und Kardinal Mannings dekoriert, doch als er dann bei einer von seinem erzkatholischen und begüterten Freund Hunter Blair in die Wege geleiteten Audienz in Rom Gelegenheit hatte, ersterem seine Aufwartung zu machen, hüllte er sich, weil er die Begegnung grauenhaft fand, in ungeselliges Schweigen; danach schloß er sich in seinem Hotelzimmer ein und verfaßte ein anzügliches Sonett. Er setzte später sogar noch eins drauf: Als er am protestantischen Friedhof vorbeikam, wollte er unbedingt einen Augenblick verweilen, um sich mit weit größerer Ehrfurcht, als er sie dem längst nicht so frommen Pius IX. bezeugt hatte, vor dem Grab des Dichters Keats auf die Knie zu werfen.

Über Constance Lloyd Wilde ist, abgesehen davon, daß sie den Lebenswandel ihres Mannes mit Mißbilligung, aber auch mit Milde betrachtete, nicht allzuviel bekannt. Über Lord Alfred Douglas alias »Bosie« dagegen sehr viel mehr, nicht zuletzt dank mehrerer Bücher, die er im Lauf seines langen Lebens schrieb (er starb 1945 im Alter von fünfundsiebzig Jahren) und bei denen es sich zu gleichen Teilen um Gedichtbände und mehr oder weniger autobiographische, seiner eigenen Rechtfertigung dienende Werke handelt. Als Jüngling hatte »Bosie« lange Locken und eine noch längere Leitung, in reiferen Jahren wurden die Locken kürzer, die Leitung aber nicht: Er wandelte sich zu einem puritanischen Katholiken, und seine Ansichten über die Geschehnisse sind bestenfalls als konfus zu bezeichnen. Das Schicksal wollte es, daß er allzuviele Jahre mit dem Stigma eines Skandals leben mußte, in dem er selbst nur eine unliebsame Nebenrolle gespielt hatte, doch unternahm er keinerlei Anstrengungen, sich auf andere Weise hervorzutun. Zwei Jahre nach Wildes Tod heiratete er eine Dichterin und begründete so gewissermaßen ein Kuriosum, nämlich eine Ehe von Verseschmieden. Seine *bête noire* ist Robert Ross, der nicht nur den langen Brief, den Wilde aus dem Gefängnis an »Bosie« geschrieben hatte und der heute unter dem

Titel *De profundis* bekannt ist, behalten und aus ihm Gewinn geschlagen hat, sondern der, wie es scheint, insofern unmittelbarer Auslöser der ganzen Tragödie war, als er den jungen Wilde in getreuster hellenistischer Tradition in die Welt der Sexualität eingeführt hatte.

Wildes Aperçus sind Legion, und die meisten von ihnen haben bereits zur Genüge Eingang in den Himmel der Zitate gefunden, als daß hier noch einmal näher darauf eingegangen werden müßte. Mehr noch: ihm werden heutzutage sogar Bonmots zugeschrieben, die ihm nie durch den Kopf gegangen sind. Sehr wohl von ihm stammt allerdings folgende Beschreibung eines sehr geschäftigen Tages im Leben eines Schriftstellers: »Heute morgen«, sagte er, »habe ich ein Komma entfernt, und heute nachmittag habe ich es wieder eingefügt.«

In seinen letzten Lebensjahren nach der Entlassung aus dem Zuchthaus, in dem er zwei Jahre Zwangsarbeit verrichtet hatte, schien er diesen Ausspruch wörtlich zu nehmen: Es war offensichtlich, daß er nur ein neues Lustspiel oder einen Roman zu schreiben brauchte, damit es Geld regnete und seine finanzielle Not ein Ende hätte, doch er hatte weder Kraft noch Lust zu schreiben. Wie sagte er gleich? Er habe das Leid kennengelernt, und das könne er nicht besingen; er verabscheue es, obwohl er es kenne, und deshalb könne er jetzt auch das nicht besingen, was ihn stets inspiriert habe: das Vergnügen und die Freude. »Alles, was mir widerfährt«, sagte er einmal, »ist symbolisch und unwiderruflich.« André Gide beschrieb ihn in jenen Jahren als vergiftete Kreatur. Wilde trank zuviel, und als Folge davon entzündete sich seine ohnehin schon gerötete Haut am ganzen Körper und mußte er sich ständig kratzen, wofür er sich entschuldigte: »Ehrlich gesagt«, meinte er zu einem Freund, »gleiche ich mehr denn je einem großen Affen, aber ich hoffe, du lädst mich trotzdem nicht nur zu Nüssen, sondern zu einem Mittagessen ein.«

Sechs Jahre, bevor er in Ungnade fiel, hatte er über das Leben folgendes geschrieben: »Das Leben verkauft alles zu teuer, und wir kaufen seine schäbigsten Geheimnisse zu einem ungeheuren und unbezahlbaren Preis.« Er bezahlte diesen Preis nur bis zum 30. November 1900, dem Tag, an dem er in Paris im Alter von sechsundvierzig Jahren nach über zweimonatigem schwerem Leiden verstarb. Todesursache war eine Ohrenentzündung, die ihren fernen Ursprung in der Syphilis und sich in der Folge ausgebreitet hatte. Der Erzählung nach verlangte er kurz vor seinem Ende nach Champagner, und als er ihm gebracht wurde, verkündete er humorvoll: »Ich kann es mir nicht einmal leisten, zu sterben.« Oscar Wilde liegt auf dem Friedhof Père Lachaise in Paris begraben, und seinem von einer Sphinx gekrönten Grabmal mangelt es nie an den Blumen, die sich alle Märtyrer verdienen.

Yukio Mishima

Yukio Mishima und der Tod

Yukio Mishimas Tod war so spektakulär, daß er beinahe all die Albernheiten vergessen macht, zu denen Mishima sich im Lauf seines Lebens hat hinreißen lassen, als wäre sein chronischer Exhibitionismus lediglich Mittel zum Zweck gewesen, um sich schon im vorhinein die Aufmerksamkeit für seinen krönenden Auftritt zu sichern, dem vermutlich einzigen, an dem ihm wirklich etwas lag. So muß man es wohl sehen, denn der gewaltsame Tod übte auf ihn nun mal eine tiefverwurzelte Faszination aus, und er sah in ihm den Gipfel der Schönheit, vorausgesetzt, der Tote war jung und gut gebaut. Diese Haltung ist allerdings nicht gänzlich seiner eigenen Phantasie entsprungen, zumal nicht in einem Land wie Japan, wo es bekanntlich seit jeher hochgeschätzte Tradition gewesen ist, sich in aufsehenerregender Weise den Bauch aufzuschlitzen und anschließend von einem Freund oder Untergebenen mit einem gezielten Hieb den Kopf abschlagen zu lassen. In nicht allzu ferner Vergangenheit, genauer gesagt nach dem Ende des Zweiten Weltkriegs, begingen in Japan nicht weniger als fünfhundert Offiziere (sowie gut eine Handvoll Zivilisten) Selbstmord, um die »Verantwortung für die Niederlage zu übernehmen« und »dem Kaiser ihre Entschuldigung darzubieten«. Unter ihnen befand sich auch ein Freund Mishimas namens Zenmei Hasuda, der, bevor er »die Kultur meines Landes durch meinen frühen Tod« ehrte und sich eine

Kugel in den Kopf jagte, noch Zeit fand, seinen unmittelbaren Vorgesetzten umzubringen, weil dieser den göttlichen Kaiser kritisiert hatte. Vielleicht wird nun verständlicher, warum sich das japanische Heer noch fünfundzwanzig Jahre später verraten und verkauft fühlte sowie deprimiert und handlungsunfähig war, wie Mishima höchstpersönlich beanstandete.

Seine sich bereits in jungen Jahren abzeichnende Todessehnsucht hatte jedoch nichts Wahlloses, und mag seine schreckliche Angst davor, vergiftet zu werden, noch begreiflich erscheinen, weil diese Art des Abgangs nicht unbedingt als »schön« zu bezeichnen ist, so läßt sich weniger leicht nachvollziehen, was ihn 1945, als er im Alter von zwanzig Jahren einberufen wurde, dazu bewog, sein von einem grippalen Infekt herrührendes Fieber auszunutzen, um den ihn untersuchenden Militärarzt anzulügen und ihm eine ganze Reihe erfundener Beschwerden zu nennen, woraufhin dieser fälschlicherweise eine beginnende Tuberkulose diagnostizierte und Mishima vom Dienst am Vaterland freistellte. Nicht, daß Mishima sich nicht darüber im klaren gewesen wäre, was dies für die Glaubwürdigkeit seiner Ideale bedeutete: Ganz im Gegenteil, denn in seinem berühmten autobiographischen Roman *Geständnis einer Maske* hadert er mit sich selbst ebenso lange wie müßig über dieses Thema. Und wie bei einem Mann von bemerkenswerter Verschlagenheit nicht anders zu erwarten: am Ende fand er eine ästhetische Erklärung dafür, warum er sich vor dem gedrückt hatte, wonach er sich im Grunde so sehr sehnte, nämlich: »Ich wollte unter Fremden sterben, ungestört, unter einem wolkenlosen Himmel ...«, »statt dessen sah ich mich viel lieber als Persönlichkeit, die selbst vom Tod verschmäht worden war ... Ich hatte ein Vergnügen daran, mir die seltsamsten Qualen eines Menschen vorzustellen, der gern gestorben wäre, jedoch vom Tod verschmäht wurde. Das innere Vergnügen, das ich mir dabei verschaffte, schien fast unmoralisch.« Wie dem auch sei, fest steht, daß Mishima bis zum Tag seines tatsächlichen Todes weder große noch sonderbare Schmerzen durchlitt, und dank dieser mangelnden Erfahrung verfügte er, als der Moment seiner Prüfung gekommen war, über seine uneingeschränkte Kraft und Entschlossenheit. Zuvor hatte seine panische Angst, vergiftet zu werden, allerdings so zwanghafte Formen angenommen, daß er im Restaurant lediglich Gerichte bestellte, unter die sich schwerlich Gift mischen ließ, und sich nach dem Essen wie ein Besessener die Zähne mit Wasser aus dem Siphon oder mit Mineralwasser putzte.

All dies hinderte ihn jedoch nicht daran, seiner Phantasie freien Lauf zu lassen, und zwar nicht nur, was seine eigene unterdrückte (und deshalb um so gewaltsamere) Erotik anging, sondern auch die zahlreicher fiktiver Gestalten, die sich alle stark ähnelten: »Die Waffe meiner Phantasie schlachtete so manchen griechischen Soldaten, viele weiße Sklaven in Arabien, Prinzen wilder Stämme, Liftboys, Kellner, junge harte Burschen, Offiziere, Zirkusakrobaten ... Ich küßte die Lippen der Opfer, die am Boden im Todeskampf zuckten.« Freilich verzichtete er auch auf kannibalische Träumereien nicht, deren bevorzugtes Objekt ein ziemlich athletisch gebauter Schulkamerad Mishimas war. »Ich stieß die Gabel senkrecht in sein Herz. Ein Strahl roten Blutes spritzte mir mitten ins Gesicht. Ich hielt das Messer in der rechten Hand und begann, langsam das Fleisch, vorerst in dünnen Scheiben, von der Brust zu lösen ...« Man kann davon ausgehen, daß er bei dieser Art der Nahrungsaufnahme keine Angst haben mußte, vergiftet zu werden, und das ist doch höchst erfreulich.

Seit seinem Jünglingsalter hatten gepeinigte, zerstückelte, gehäutete, tranchierte oder mit Pfeilen beschossene Männerkörper auf Mishima eine erotische Faszination ausgeübt. Als Schriftsteller war er schamlos genug, die Nachwelt über seine Samenergüsse ins Bild zu setzen, woraus man schließen muß, daß er ihnen extreme Bedeutung beimaß; und so erfahren wir nolens volens, daß er seine erste Ejakulation bei der Betrachtung eines von Guido Reni gemalten, von Pfeilen durchbohrten Torsos des heiligen Sebastian hatte. Insofern ist es nicht verwunderlich, daß er, als er sich im Erwachsenenalter in künstlerisch-athletischen Posen ablichten ließ, auf einem dieser Photos in derselben Aufmachung zu sehen ist, also mit einem großen, um die Hüften geschlungenen Tuch und ein paar Pfeilen in den Flanken, die an den Gelenken mit einem Seil zusammengebundenen Hände hoch über dem Kopf. Letzteres Detail ist nicht ohne Bedeutung eingedenk der Tatsache, daß er beim Masturbieren (worüber Zeugnis abzulegen er gleichfalls für nötig hielt) am liebsten an buschige und, wie zu befürchten steht, auch übelriechende Achseln dachte. Jedenfalls hat dieses mittlerweile berühmt gewordene Photo seinem Narzismus bestimmt große Dienste erwiesen.

Nicht weniger komisch wirken andere Abbildungen, die er den infantilsten unter den Liebhabern von Sexkalendern hinterlassen hat: Mishima, wie er seine noch schmächtige Brust in einem großen Spiegel betrachtet; Mishima mit dem Augenausdruck eines Pyromanen und einer weißen Rose zwischen den Zähnen; Mishima beim Gewichtheben, um seinen Bizeps auf Vordermann zu bringen; Mishima halbnackt und mit eingezogenem Bauch, einer Schleife im Haar, einem Samuraischwert in der Hand und einem Gesichtsausdruck wie bei einem fingierten Schlaganfall; Mishima in paramilitärischer Uniform, die dafür, daß es sich um ein von ihm selbst für seine Privatarmee, den Tatenokai, entworfenes Modell handelt, erstaunlich dezent ausgefallen ist. Auch die eine oder andere Rolle in selbstproduzierten oder zweitklassigen Filmen über die *yakuza*, sprich die japanische Mafia, hat er gespielt; er hat Lieder aufgenommen sowie eine Schallplatte, auf der er allen vierzig Figuren aus einem seiner Theaterstücke seine Stimme verleiht. Um sein Erscheinungsbild war er so besorgt, daß er es, wenn er zusammen mit anderen, wesentlich größeren Männern photographiert wurde, stets so einrichtete, daß er selbst als Riese herauskam.

Aus all dem sollte man jedoch nicht folgern, daß Yukio Mishima sein Leben mit Folklorismen und Lappalien vertändelt hat. Er muß unermüdlich geschrieben haben, denn bei seinem Tod hinterließ er über einhundert Schriften, und es ist überliefert, daß er eine von ihnen mit einem Umfang von achtzig Seiten während einer dreitägigen Klausur in einem Tokioer Hotel niederschrieb. Neben dieser Tätigkeit wäre sein Bemühen um größere Bekanntheit im Ausland zu erwähnen, das ihn veranlaßte, zahlreiche Reisen nach Europa und Amerika zu unternehmen und eine ebenso gründliche wie mißglückte Inszenierung vorzubereiten, als 1967 das Gerücht umging, der Nobelpreis solle in diesem Jahr erstmalig an einen Japaner vergeben werden. Mishima legte seine Rückkehr von einer Weltreise auf den Tag, an dem die Entscheidung verkündet werden sollte, und mietete in einem im Stadtzentrum gelegenen Hotel ein luxuriöses Zimmer an. Als er jedoch nach der Landung mit seinem strahlendsten Lächeln als allererster aus dem Flugzeug stieg, fand er einen verschlafenen Flughafen vor, denn der Preis war einem bescheidenen guatemaltekischen Autor zugesprochen worden. Im Folgejahr hatte Mishima erst recht Grund, deprimiert zu sein: Nun ging der Nobelpreis zwar endlich nach Japan, aber leider an seinen Freund und Lehrmeister Yasunari Kawabata. Mishima reagierte blitzschnell: Er eilte zu Kawabatas Haus, um ihn als erster zu beglückwünschen und zumindest mit auf die Photos zu kommen. Es erübrigt sich die Bemerkung, daß Mishima sich nicht nur des Nobelpreises für würdig, sondern auch – schlicht und einfach – für ein Genie hielt. Er wolle sein eigenes literarisches Werk mit Gott identifizieren, sagte er einmal zu einem fanatischen Rechtsextremisten, der vermutlich an größenwahnsinnige Hirngespinste gewöhnt war.

Wer mit Mishima verkehrte, weiß zu berichten, daß er ein sehr sympathischer, tatkräftiger Mann mit Sinn für Humor war, dessen schallendes Gelächter, das er allzu verschwenderisch einsetzte, jedoch etwas Bestialisches hatte. Mit Frauen hatte er eher wenig zu tun, abgesehen von seiner Großmutter (die ihn in seiner Kindheit zum großen Verdruß ihrer Schwiegertochter weitgehend in Beschlag nahm), seiner Mutter, seiner Schwester, seiner Frau und seiner Tochter – das selbst aus dem Leben des größten Frauenfeinds nicht wegzudenkende weibliche Element. Geheiratet hatte er aufgrund eines falschen Alarms: Er glaubte, seine Mutter müsse bald an Krebs sterben, und wollte ihr mit seiner Vermählung eine letzte Freude bereiten, weil sie in dem Wissen, daß die Nachfolge gesichert wäre, friedlicher würde sterben können. Der Krebs erwies sich jedoch als Phantasiegebilde, und die Mutter sollte den Sohn sogar überleben, doch als sich ersteres herausstellte, hatte Mishima sich bereits mit Yoko Sugiyama verlobt, einer jungen Frau aus guter Familie, die vermutlich alle sechs Anforderungen erfüllte, die der Bräutigam den Ehestiftern auferlegt hatte: Die Braut dürfe weder ein Blaustrumpf noch eine Trophäenjägerin sein; sie müsse also den Bürger und Privatmann Kimitake Hiraoka (so sein richtiger Name) heiraten wollen und nicht den Schriftsteller Yukio Mishima; sie dürfe nicht größer als ihr Gatte sein, auch nicht mit Absätzen; sie müsse hübsch sein und ein rundliches Gesicht haben; sie müsse bereit sein, sich um ihre Schwiegereltern zu kümmern, und den Haushalt führen können; und, zu guter Letzt, sie dürfe Mishima nicht bei der Arbeit stören. Ehrlich gesagt wurde auch nach der Hochzeit nicht wesentlich mehr über sie bekannt, allerdings wissen Mishimas Hagiographen (darunter auch die ihn beweihräuchernde und später selbst beweihräucherte Marguerite Yourcenar) eifrigst zu berichten, daß Mishima seine Frau Yoko häufig auf seine Auslandsreisen mitgenommen habe, was seinerzeit in Japan keineswegs üblich gewesen sei. Damit habe er, so die Ansicht Yourcenars und anderer, seine Schuldigkeit getan: Schließlich hätte er sie genausogut zu Hause lassen können.

In seinem letzten Lebensabschnitt gründete Mishima die paramilitärische Organisation Tatenokai, die er, der Initialen SS wegen, gern englisch »Shield Society« (Schild-Gesellschaft) nannte. Es handelte sich um eine kleine Armee von hundert Mann, die von den japanischen Streitkräften nicht nur geduldet, sondern sogar unterstützt wurde. Die Hundertschaft bestand vor allem aus Studenten und bedingungslosen, ergebenen Anhängern des Kaisers und eines vollkommen überholten Japan. Eine Zeitlang begnügten sich die Männer damit, Zeltlager abzuhalten, taktische Übungen sowie pseudomilitärische Manöver durchzuführen und sich die Haut aufzuritzen, um untereinander ihr Blut zu vermischen und zu trinken. Ihre erste und zugleich letzte richtige Operation fand am 25. November 1970 statt, als Mishima und vier seiner Akolythen sich in ihren gelblichen Uniformen am Militärstützpunkt von Ichigaya in Tokio einfanden. Sie hatten einen Termin bei General Mashita, dem sie einen offiziellen Besuch abstatten und ein kostbares altes Samurai-Schwert zeigen wollten, das sich in Mishimas Besitz befand und zweifelsohne eine Sehenswürdigkeit darstellte. Kaum standen sie im Büro des Generals, fesselten die fünf verkappten Soldaten ihm die Hände, nahmen seine Stoßwaffen an sich und verlangten von ihm, daß er seine Truppen unter dem Balkon zusammentrommelte, damit sie sich eine Ansprache Mishimas anhörten. Einige unbewaffnete Offiziere (in der japanischen Armee ist der Einsatz von Waffen gegen Zivilpersonen verboten) fingen sich bei dem Versuch, sie zu überwältigen, ein paar Säbelhiebe ein (einem Sergeanten hätte Mishima fast die Hand abgeschlagen). Als Mishima schließlich das Wort an die Truppen richten konnte, wurde seine Rede alles andere als wohlwollend aufgenommen: Die Soldaten unterbrachen ihn andauernd und warfen ihm Unflätigkeiten wie »Leck mich am Arsch!« oder *Bakayaro!* an den Kopf, was schwierig zu übersetzen ist und wohl noch am ehesten dem Ausdruck »Fick deine Mutter!« entspricht (andere wiederum würden es allerdings schlicht mit dem Wort »Tölpel« gleichsetzen).

Es lief überhaupt nicht so, wie Mishima geplant hatte. Also ging er zurück ins Büro und bereitete sich auf das Harakiri vor. Seinen Vertrauensmann und möglicherweise auch Geliebten

Masakatsu Morita bat er, ihn mit dem kostbaren Schwert zu enthaupten, sobald er, Mishima, sich den Bauch aufgeschlitzt hätte, und ihn nicht allzu lange leiden zu lassen. Doch Morita (der anschließend ebenfalls Harakiri begehen sollte) schlug nicht weniger als dreimal daneben und erwischte Mishima an Schulter, Rücken und Hals, ohne jedoch seinen Kopf zu treffen. Da entriß ihm ein anderer Jünger, der geübtere oder weniger nervöse Furu Koga, das Schwert und besorgte Mishimas Enthauptung. Sodann tat er dasselbe mit Morita, dem von Anfang an die nötige Kraft gefehlt und der sich mit dem Dolch am Bauch lediglich eine Kratzwunde beigebracht hatte. Beide Köpfe landeten auf dem Teppich. Mishima war damals fünfundvierzig Jahre alt, und angeblich hatte er, theatralisch, wie er nun mal war, noch am selben Vormittag seinen letzten Roman bei seinem Verleger abgegeben. Über das Harakiri hatte er einmal gesagt, es sei die definitive Masturbation. Sein Vater erfuhr durch das Fernsehen von den Geschehnissen. Als er von dem Überfall in Ichigaya hörte, dachte er: ›Welche Unannehmlichkeiten. Man wird sich bei den Behörden und allen anderen Betroffenen entschuldigen müssen.‹ Gleich darauf erfuhr er den Rest – Harakiri und Enthauptung –, und später gestand er: »Ich war nicht sonderlich überrascht. Mein Verstand weigerte sich, die Information aufzunehmen.«

Laurence Sterne
(Reproduktion eines Aquarells von Louis Carmontelle)

Laurence Sterne beim Abschied

Zwar stammte Laurence Sterne alles in allem aus guter Familie und konnte sogar einen Erzbischof zu seinen Vorfahren zählen, doch war er selbst als Sohn eines ihrer glückloseren Mitglieder namens Roger zur Welt gekommen, der sich für die militärische Laufbahn entschieden, es aber nur bis zum Fähnrich gebracht hatte. Roger zog mit seinem abgehalfterten Regiment, seiner Frau und den diversen Kindern, die sie im Lauf der Zeit bekamen, pausenlos durch die Gegend: Diverse Kinder deshalb, weil die einen geboren wurden, während die anderen starben und Laurence, der in Irland das Licht der Welt erblickte, eines der wenigen war, das ihnen erhalten blieb. Sein Vater vererbte ihm kaum mehr als seinen unbestreitbaren Sinn für Humor, den er sich bis zu seinem Tod bewahrte: Während der Belagerung Gibraltars im Jahr 1731 ließ sich sein Vater, offenbar aufgrund eines absurden Streits um eine Gans, mit einem Kameraden auf ein Duell ein. Hauptmann Philips und Roger Sterne schlugen sich in einem Zimmer, und ersterer spießte letzteren mit seinem Säbel derart schwungvoll auf, daß dieser Sterne nicht nur glatt durchbohrte, sondern die Spitze obendrein in der Wand steckenblieb. Der arme Fähnrich bewies eine bemerkenswerte Geistesgegenwart und bat Philips mit ausgesuchter Höflichkeit, doch so freundlich zu sein und den Gips, der sich möglicherweise an der Klinge befand, zu entfernen, bevor er diese herauszog, da es ihm höchst unangenehm wäre, wenn dieser Eingang in seinen Organismus fände. Er überlebte den Händel um einige Monate, lange genug, um nach Jamaika versetzt zu werden, wo er an einer fiebrigen Erkrankung starb, die sein geschwächter Körper nicht verkraftete. Laurence war damals siebzehn Jahre alt.

Mit Unterstützung betuchter Verwandter absolvierte er ein Studium in Cambridge, trat anschließend – nicht so sehr aus Frömmigkeit als vielmehr aus Tradition und Schicklichkeit – in die Kirche ein und lebte jahrelang bescheiden und anonym als Vikar in Yorkshire. Er heiratete eine eher häßliche Frau mit Namen Elizabeth Lumley, die zu erobern ihm dennoch erst nach zwei Jahren glückte, und angesichts der (falschen) Kunde, daß er sich mit einer reichen Erbin verlobt habe, äußerte seine Mutter (die in Irland lebte und sich bislang wenig um ihn gekümmert hatte) den Wunsch, er möge sich doch fortan um sie kümmern, allerdings – dies nur nebenbei – ohne großen Erfolg. Die Mittel ihres Sohnes waren nämlich begrenzt, was ihn jedoch nicht daran hinderte, ein lustiges Leben zu führen, vor allem in der Zeit, die er in Skelton Castle (von Stammgästen in Crazy Castle umbenannt) verbrachte, dem Besitz seines ebenso bequemen wie begüterten Freunds John Hall-Stevenson. Gleichermaßen als provinziellen Ableger der »Mönche« aus der Abtei von Medmenham, einer Gruppe von Adligen, die damals in Südengland mit ihren Skandalen für Aufsehen sorgten, gründeten die beiden den »Club der Teuflischen«. Dieser Club war noch harmloser als sein Vorbild, und vielleicht hielt er sich deshalb länger, denn die »Mönche« von Medmenham lösten sich nach kurzer Zeit bereits wieder auf, nachdem eines ihrer Mitglieder auf die verwegene Idee verfallen war, mitten in einer schwarzen Messe einen Babuin freizulassen, der zum großen Entsetzen der Anwesenden auf die Schulter des Zelebranten Lord Sandwich sprang. Sie hielten den Affen für den Teufel höchstselbst, der sich zu ihrer aller Schrecken schließlich dazu herbeigelassen hatte, ihnen einen Besuch abzustatten. Die »Teuflischen« von Sterne und Hall-Stevenson dagegen begnügten sich damit, Burgunder zu trinken, gemeinsam zu musizieren (Sterne spielte vorzugsweise Geige) und Sarabande zu tanzen. Der liebste Zeitvertreib des fröhlichen Vikars und seines faulen Freundes war es jedoch, nach Saltburn zu fahren und dort am Strand über eine Strecke von fünf Meilen Wagenrennen mit einem Rad im Wasser zu veranstalten.

Sternes literarischer Erstling war ein sarkastisches Pamphlet von lokaler Tragweite, das er aufgrund eines heftigen, die Gemeindepolitik betreffenden Zanks mit einem lächerlichen Geburtshelfer aus York verfaßte. Er hatte damit unerwarteterweise solchen Erfolg, daß es ihm erst zu jenem Zeitpunkt in den Sinn kam, ein für die Veröffentlichung bestimmtes Werk zu schreiben, nämlich seinen unvergleichlichen *Tristram Shandy*. Seine späte Hinwendung zur Schriftstellerei bedeutet allerdings keineswegs, daß Sterne sich nicht schon früher außerordentlich nicht nur für Literatur (er verehrte Cervantes, Rabelais, Luciano, Montaigne und Robert Burton, von denen er gelegentlich ebenso unverhohlen wie frech abschrieb), sondern auch für allerlei ausgefallene Bücher interessiert hätte: In seiner Bibliothek fanden sich gleichermaßen Abhandlungen über Festungsbau wie über Geburtshilfe, Studien über lange Nasen oder eines seiner Lieblingswerke, *Le Moyen de parvenir* des Domherrn von Tours, Béroalde de Verville.

In jedem Fall änderte sich für ihn nach dem Erscheinen und dem unvermuteten Erfolg der beiden ersten Bände des *Tristram Shandy* einiges: Mit sechsundvierzig Jahren begann Sterne ein Leben zu führen, wie er es sich besser kaum hätte vorstellen können, ein Leben der Lustbarkeit und Leutseligkeit. Von da an reiste er häufig nach London, wo er rasch Freundschaft mit einigen der einflußreichsten Persönlichkeiten jener Zeit schloß, allen voran der Doyen der Schauspieler David Garrick sowie der Maler Reynolds, der sich die Mühe machte, Sternes lange, hagere Gestalt gleich dreimal zu porträtieren, wobei das letzte Gemälde unvollendet blieb. Die Neugier auf den geistreichen Schriftsteller war gewaltig, alle Welt wollte ihn kennenlernen und Sterne ließ sich kennenlernen mit dem erstaunlichen Ergebnis, daß viele gut über ihn redeten und keiner schlecht. Allem Anschein nach war er nicht nur ein ungewöhnlich witziger Mensch und imstande, Scherze und Exkurse zu allen möglichen Sujets zu machen, mochte er in ihnen bewandert sein oder nicht, sondern besaß zudem ein herzliches, einnehmendes Wesen. Allerdings konnte er auch zornig werden, etwa wenn seine Späße nicht verstanden wurden oder keinen Anklang fanden, oder humorlose Einfaltspinsel seinen sanften Sarkasmus spüren lassen, der den Verhöhnten immer erst dann schmerzte, wenn es für eine prompte Retourkutsche zu spät war. Sterne dinierte mit dem Herzog von York, dem Bruder des Prinzen von Wales, höchstpersönlich, und vielleicht ist es gar nicht so verwunderlich, daß der Herzog Gefallen an seiner unterhaltsamen Gesellschaft fand, wenn man bedenkt, daß er selbst ein paar Jahre später in Frankreich an einer starken, mit Fieber einhergehenden Erkältung starb, die er sich zugezogen hatte, als er die Nacht durchtanzte. Sterne erlangte solche Berühmtheit, daß ihm eines Tages sogar ein Brief zugestellt wurde, auf dessen Umschlag lediglich »Tristram Shandy, Europa« stand.

Dennoch wurden sowohl der Roman als auch sein Verfasser nicht von jedermann goutiert, und die größte Geringschätzung brachte ihm wohl Horace Walpole entgegen, der Mann, den Madame du Deffand so abgöttisch liebte. Vielleicht besuchte Sterne bei seinen verschiedenen Reisen nach Paris deshalb nicht ihren Salon, sondern den ihrer Gegenspielerin Julie de Lespinasse und den nicht weniger angesehenen des Barons von Holbach, wo er sich sehr mit Diderot anfreundete, dem er in der Folge englische Bücher schickte. Als Sterne zum ersten Mal den Ärmelkanal überquerte, tat er dies seinen eigenen Worten zufolge »in einem Wettlauf mit dem Tode«, aus dem er zumindest auf dieser ersten Etappe als Sieger hervorging: Mit seiner Gesundheit hatte es nie zum besten gestanden, denn er litt an Tuberkulose und hatte des öfteren Blutungen, die ihn mitunter um ein Haar das Leben kosteten. Mag sein, daß er in gewisser Hinsicht aus England floh, wie es im übrigen so viele seiner trefflichsten Landsleute getan haben. Der so hervorragende wie mächtige Doktor Johnson hatte Sterne nicht nur wegen dessen Schriften, die er verachtete, den Rücken gekehrt, sondern auch deshalb, weil Sterne es bei einer Gesellschaft im Hause von Reynolds gewagt hatte, in seiner, Johnsons, Gegenwart eine allzu unanständige und derbe Zeichnung hervorzuholen, »die in einem Bordell Anklang hätte finden können«. Daher verwundert es vielleicht nicht weiter, daß einmal, als Sterne in Paris weilte, in London Nachrichten von seinem Tod die Runde machten, ja nicht nur das, sondern es wurden sogar Nachrufe veröffentlicht, und in Coxwold, dem Dorf, in dem er lebte, wenn er sich nicht gerade in der Hauptstadt aufhielt, trauerten die Mitglieder seiner Pfarre gebührend um ihn. Sterne kommentierte diese Meldungen einige Wochen später lediglich mit den Worten, sie seien »verfrüht« gewesen. Auf dem Festland hingegen erwarb er sich die Bewunderung Voltaires, erlebte Aufführungen der Comédie Française (die ihn langweilten) sowie die Sermone des Privatpredigers des polnischen Königs, eines Priesters, der mit seinen Darbietungen offenbar sogar Garrick an die Wand spielte. Er machte ausgedehnte Spaziergänge, bei denen seine lange, schwarzgekleidete Gestalt und seine ebenfalls lange Nase die Blicke auf sich zogen, und es ist überliefert, daß er einmal eine Menschentraube, die sich ihm an die Fersen geheftet hatte, dazu nötigte, auf dem Pont Neuf gemeinsam mit ihm vor dem Standbild Heinrichs IV. niederzuknien.

Über seine Rundreisen auf dem Festland berichtet Laurence Sterne in seinem Meisterwerk *Eine empfindsame Reise durch Frankreich und Italien*. Diese Länder und ihr Klima hatten es den Sternes derart angetan, daß seine Frau Elizabeth und seine Tochter Lydia sich für immer in Südfrankreich niederließen, wodurch die halboffizielle Trennung der Ehegatten gewissermaßen besiegelt wurde. Einige Zeit später schrieb ihm ein französischer Marquis, der gern sein Schwiegersohn werden wollte. Er gestand ihm seine Liebe zu Lydia und ging sogleich zur entscheidenden Frage über: »Wieviel könnt Ihr Eurer Tochter jetzt mitgeben und wieviel bei Eurem Tode?« Sterne erwiderte: »Mein Herr, ich würde ihr am Tag der Heirat zehntausend Pfund geben. Meine Berechnungen sehen indes folgendermaßen aus: Sie hat das achtzehnte Lebensjahr noch nicht vollendet, Ihr aber seid zweiundsechzig, da gehen schon die ersten fünftausend Pfund dahin. Und dann, mein Herr, haltet sie zumindest nicht für häßlich. Sie besitzt vielerlei Gaben, sie spricht Italienisch und Französisch, und sie spielt Gitarre, und da ich fürchte, daß Ihr selbst keinerlei Instrument beherrscht, denke ich, daß Ihr Euch damit begnügen werdet, sie zu meinen Konditionen anzunehmen, denn hier endet die Rechnung der zehntausend Pfund.« Sterne ließ sich nie aus der Ruhe bringen, und als eines Tages sein Haus in Yorkshire in Flammen aufging und sich in einen Haufen Asche verwandelte, war es nicht etwa der Verlust, über den er sich am meisten erregte, sondern, wie er sagte, »das merkwürdige und unerklärliche Verhalten meines armen unseligen Hilfsgeistlichen, nicht weil er das Haus in Brand gesteckt hat, denn das werfe ich ihm nicht vor, weiß Gott nicht, weder ihm noch sonst jemandem, sondern weil er anschließend an sich selbst eine Lunte angezündet hat und geflohen ist wie Paulus nach Tarsus aus Angst vor einer Verfolgung meinerseits«.

Tatsächlich kann man sich nur schwer vorstellen, daß Sterne jemanden verfolgt hätte. Er war ein gütiger, ja leichtfertiger Mensch, der einmal die beiden Kinder, die eine unbemittelte Witwe bei ihrem Tod zurückließ, »erben« wollte und auf die Bitte eines Schwarzen namens Ignatius Sancho in die späteren Bände des *Tristram Shandy* einige Seiten einfügte, auf denen er sich gegen die Sklaverei aussprach. Er begründete in der damaligen Gesellschaft die Mode, lästige Fliegen sanft zu verscheuchen, anstatt sie totzuschlagen, weil seine Figur Onkel Toby es so handhabte. Sterne hatte mehrere Liebschaften, und ein Brief an seine letzte Geliebte, die er am meisten von allen idealisierte, zeugt von seinem Humor inmitten der Agonie, die zunehmend von ihm Besitz ergriff: »Ich gehe«, schrieb er zum Abschied an seine Geliebte (sie weilte zu jener Zeit mit ihrem Mann in Indien); doch als der Tag voranschritt und sein Befinden doch nicht so schlecht war, fügte er hinzu: »Ich fühle mich ein bißchen besser, und deshalb gehe ich trotz meiner Ankündigung noch nicht.« Ein Bekannter beschrieb seine Geisteshaltung folgendermaßen: »Für diesen glücklichen Sterblichen nimmt alles die Farbe der Rose an; und was anderen düster und melancholisch erscheint, hat für ihn allein etwas Fröhliches und Heiteres. Sein Trachten gilt einzig dem Vergnügen; aber er ist nicht wie die meisten anderen, die es nicht zu genießen verstehen, wenn es in greifbarer Nähe ist, denn er leert die Schale bis auf den letzten Tropfen, und selbst dann ist sein Durst noch nicht gelöscht.«

Seinen Briefen nach zu urteilen, gab er sich in dem Wettlauf, auf den er sich Jahre zuvor bei der Überquerung des Ärmelkanals eingelassen hatte, bis zum Ende nicht geschlagen. Einer Freundin schrieb er: »Ich bin krank, sehr krank sogar, und dennoch spüre ich meine Existenz kraftvoll und mit ihr etwas so Ähnliches wie eine Offenbarung, das mir sagt, daß ich nicht sterben, sondern leben werde. Dabei würde jeder andere Mann jetzt sein Haus in Ordnung bringen.« Bis kurz vor seinem Tod arbeitete er an einer komischen »Romanze«, was in seinen Augen durchaus sein Gutes hatte: »Wenn ich sterbe, wird man meinen Namen auf die Liste jener Helden setzen, die mit einem Scherz auf den Lippen gestorben sind«, auf die Liste, die Cervantes anführt, gefolgt von Scarron und seinem geliebten Verville. Von der »Romanze« ist nichts erhalten, und seinen Wettlauf verlor Sterne schließlich mit vierundfünfzig Jahren am 18. März 1768 um vier Uhr nachmittags in London.

Die Unbilden, die seinem Leichnam widerfuhren, sind Sternes beiden Romanen würdig. Wenige Tage, nachdem er im kleinen Kreis auf einem Kirchhof am Hanover Square beigesetzt worden war, wurde er von dort gestohlen und an den Anatomieprofessor der Universität Cambridge verkauft, wo Sterne selbst studiert hatte. Der Erzählung nach fiel der Blick eines der beiden Freunde, die der Professor zur Sektion des Leichnams eingeladen hatte, gegen Ende der Sitzung zufällig auf das Gesicht des Toten, und er erkannte Sterne wieder, dem er vor nicht allzu langer Zeit vorgestellt worden war. Der Gast fiel in Ohnmacht, und als der Professor gewahr wurde, welch erlauchte Persönlichkeit er da mit seinem Skalpell traktiert hatte, achtete er darauf, daß wenigstens das Skelett erhalten blieb. In der Knochensammlung der Stadt Cambridge wurde mehr als einmal der Versuch unternommen, den Schädel des guten Laurence Sterne zu identifizieren, allerdings ohne Erfolg, weshalb über seine letzte Ruhestätte nichts bekannt ist. Vermutlich hätte ihm das nichts ausgemacht, denn obwohl er, als ihn der Tod ereilte, gesagt hatte, er »hätte gern noch sieben oder acht Monate gehabt..., aber Gottes Wille geschehe«, hatte er im *Tristram Shandy* den Wunsch geäußert, fern von zu Hause zu sterben, »in irgendeiner anständigen Herberge«, ohne seinen Freunden Sorgen oder Umstände zu bereiten. Sein Wunsch erfüllte sich in London, und ein Augenzeuge berichtete über seinen letzten Atemzug: »Da ist er schon«, sagte er und hob die Hand, wie um einen Schlag abzuwehren.

Flüchtige Frauen

Lady Hester Stanhope (Lithographie von Day & Haghe)

Lady Hester Stanhope, die Königin der Wüste

Lady Hester Stanhope kam ihre satirische Ader teuer zu stehen, doch man könnte auch sagen, daß sie ihr indirekt ihre Berühmtheit und ihre Legende verdankte. Die erfreulichste Zeit in ihrem Leben bildeten die Jahre, die sie im Haus ihres Onkels William Pitt, des Premierministers Georges III., verbrachte und dort das Regime führte. Allem Anschein nach wurde sie dank ihrer nicht unumstrittenen Schönheit, ihrer ebenso brillanten wie erschöpfenden Konversation und ihrer Gabe, Diners mit hochkarätigen Politikern zu organisieren und ansprechend zu gestalten, schon bald unentbehrlich. Doch ihre satirische Neigung schuf ihr so viele Feinde, daß nach Pitts Tod im Jahr 1806 um sie herum gähnende Leere herrschte, mochte ihre Börse auch prall gefüllt sein: Der Staat hatte ihr nämlich eine stattliche Leibrente bewilligt, vermutlich um sich bei der Nichte für die vaterländischen Verdienste des überaus loyalen Onkels erkenntlich zu zeigen.

William Pitt war nicht der einzige Mann, ob blutsverwandt oder nicht, der Lady Hester hörig war. Obwohl sie für damalige Begriffe riesig war (sie maß fast einen Meter achtzig), machten ihre Vitalität und Begabung sie in jungen und nicht mehr ganz so jungen Jahren unwiderstehlich, ja, sie hatte es gar nicht nötig, zu heiraten. Sie selbst bestritt, daß sie schön sei, und behauptete vielmehr, sie sei von einer ebenmäßigen Häßlichkeit. In der Liebe hatte sie kein Glück, denn der berühmte General John Moore, von dem schon kurz nach dem Tod ihres Gönners ihre Tage und Nächte abhängen sollten, fiel während des Halbinselkriegs (für uns Spanier der Unabhängigkeitskrieg) in La Coruña.

Teils aus diesem Grund, teils jedoch auch wegen des unverwindbaren Verlusts ihres Einflusses und ihrer Vorliebe fürs Politisieren kehrte sie England mit dreiunddreißig Jahren den Rücken, ein Alter, in dem vor zweihundert Jahren für jede andere Frau nichts anderes in Betracht gekommen wäre als ein Leben der Entsagung und Abgeschiedenheit. Doch von da an begann die Legende von einer sagenhaft reichen Dame zu erblühen, die mit ihrem extravaganten, stetig wachsenden Gefolge – in Zeiten des Wohlstands eine regelrechte Karawane – unermüdlich und ebenso ziel- wie planlos durch den Mittleren Osten reiste. Griechenland, die Türkei, Ägypten, der Libanon und Syrien wurden mit einer Durchreise oder gar einem Aufenthalt ihrerseits beehrt. Orientalisch und wie ein Mann gekleidet, war sie stets umringt von Dienern, Sekretären, Gesellschafterinnen, Schmarotzern, von ihrem Wesen betörten französischen Generälen, Doktor Meryon, der ihre Großtaten schriftlich festhielt, sowie dem einen oder anderen Geliebten, der fast ausnahmslos jünger und von ansprechenderem Äußeren war als sie selbst. Dank des Ansehens, das sie bei den Scheichs und Emiren genoß, durfte sie sogar nach Palmyra einreisen, für Abendländer zu jener Zeit ein absolutes Tabu. Am Ende ließ sie sich im Libanon-Gebirge bei den Drusen nieder und übte dort mit eigenen Mitteln den Einfluß aus, den sie in ihrer Heimat auf dem Wege der Blutsverwandtschaft nicht hatte erben können.

Allerdings glänzte Lady Stanhope in ihren geistreichen Briefen – neben den biographischen Aufzeichnungen ihres Verehrers Meryon die Hauptquelle an Informationen über ihre Abenteuer und Geschicke – nicht eben mit Bescheidenheit und auch nicht unbedingt mit Glaubwürdigkeit. In einem von ihnen behauptet sie: »Ich bin das Orakel der Araber und der Liebling aller Truppen, die mich offenbar für eine Gottheit halten, weil ich *reiten* kann.« Fest steht, daß sie auf ihren Reisen ohne Ziel und ohne erkennbaren Zweck pausenlos im Sattel saß, und zwar rittlings, was Frauen in jenen Ländern eigentlich nicht gestattet war. Aber Lady Hester genoß nun mal Narrenfreiheit, und mit der Zeit gelang es ihr sogar, bis zu einem gewissen Grad das zu werden, was sie zu sein vorgab: Nichts ist besser, als selbst von dem überzeugt zu sein, was man andere glauben machen will, und so galt sie in ihren letzten Lebensjahren als Wahrsagerin und Hellseherin, deren Neutralität bei Konflikten gefragt war, weil die Streitenden wußten, daß eine Parteinahme ihrerseits allzuviele noch unentschlossene Wüstenstämme mitreißen könnte.

In Djoun ließ sie eine Art labyrinthisch angelegte Festung mit unzähligen Pavillons und Gästehäusern erbauen, um all die illustren Flüchtlinge aufnehmen zu können, die früher oder später auf der Flucht vor den vielen Revolutionen, welche ihrer Überzeugung nach in Europa stattfinden würden, bei ihr Asyl suchen würden. Und tatsächlich beherbergte sie schon bald eine ansehnliche Zahl von Heimatlosen, die allerdings nicht sonderlich illuster waren und auch nicht wirklich aus Europa stammten: Ihre Burg wurde zur Zufluchtsstätte für Verstoßene und Verfolgte aus der Gegend.

Lady Hester Stanhope konnte bezaubernd sein, doch zumeist war sie cholerisch und tyrannisch, und das bei aller Fürsorglichkeit: Bekanntlich nötigte sie ihre Gäste, während der Dauer ihres Besuchs zum Schutz gegen Krankheit und Fieber allerlei Arzneitränke und seltsame Salze einzunehmen, und manchmal verabreichte sie pro Person die siebenfache Dosis. Sie rauchte unentwegt Pfeife, und es heißt, von ihren Gemächern, die sie in den letzten Monaten kaum noch verließ, sei permanent eine Rauchwolke aufgestiegen und es habe in ihnen kein Möbelstück oder sonstigen Gegenstand gegeben, der nicht von Funken und Flugasche angesengt gewesen wäre. Sie konnte Frauen nicht sonderlich leiden, brüstete sich damit, daß sie den Charakter eines Mannes mit einem einzigen Blick erfassen könne, und plauderte unermüdlich über allerlei Themen: Astrologie, Tierkreiszeichen, Philosophie, Politik, Moral, Religion und Literatur. Wegen ihrer köstlichen Imitationen war sie gefürchtet, und eine ihrer Glanznummern stellte das leidige Lispeln Lord Byrons dar, dem sie einmal in Athen begegnet war.

In ihren letzten Tagen mußte sie, geschwächt auf dem Sterbebett liegend, mit ansehen, wie ihre Diener alles stahlen, was sie in die Finger bekamen, und nur darauf warteten, daß sie endlich das Leben aushauchte, um auch noch den Rest an sich zu nehmen. Man schrieb das Jahr 1839, und sie war damals dreiundsechzig. Als zwei Abendländer ihren Leichnam entdeckten, befand sich dieser allein in der Festung: Ihre siebenunddreißig Diener hatten sich in Luft aufgelöst und nichts zurückgelassen, nicht einmal in ihrem Schlafgemach – bis auf den Schmuck, den sie trug, denn niemand hatte es gewagt, sie anzufassen. Demnach war vielleicht doch nicht gelogen, was sie in einem anderen Brief geschrieben hatte: »Unter dem Triumphbogen von Palmyra wurde ich zur Königin der Wüste gekrönt.«

Vernon Lee, 1889 (Zeichnung von John Singer Sargent)

Vernon Lee, die Wildkatze

Obgleich Vernon Lee viel geschrieben hat, lag ihr größtes Talent offenbar in der Konversation, dieser flüchtigen Gabe, die Überlebende sich aneignen, um Anekdoten und Einfälle eines anderen Menschen zum besten zu geben und für sich zu beanspruchen, der sie, sobald er erst einmal gestorben ist, nicht mehr des Plagiats bezichtigen kann.

Ihr wahrer Name lautete Violet Paget, und obwohl sie der Nationalität und Aussprache nach Engländerin war, kam sie zum ersten Mal mit fünfundzwanzig Jahren nach London. Sie wurde nämlich in Frankreich geboren und verbrachte ihre Kindheit und Jugend damit, auf dem »Kontinent«, wie ihre Landsleute es nennen, herumzureisen. Allerdings waren die Pagets eher Nomaden als Reisende, denn sie zogen alle sechs Monate um und wohnten an den verschiedensten Orten in Deutschland, Frankreich, der Schweiz, Belgien und Italien. Außerdem hielten sich die vier Familienmitglieder etwas darauf zugute, daß sie unterwegs nie einen schönen Blick genossen, einen Reiseführer konsultierten oder ein Baudenkmal oder Museum besichtigten, sondern an jedem neuen Wohnort haargenau dasselbe Leben führten wie eh und je (sie waren erklärte Feinde des Tourismus), bis sie ihrem Vagabundendasein 1873 ein Ende machten und sich in der Nähe von Florenz endgültig in einer Villa mit Namen Il Palmerino niederließen, wo Vernon Lee fast ihr gesamtes Erwachsenenleben verbrachte.

Es steht außer Frage, daß ihre Familie alles andere als konventionell war, zumal ihre (in zweiter Ehe mit Vernons Vater verheiratete) Mutter, eine winzige Person von nur einem Meter fünfzig, ebenso despotisch wie rührig, religionsfeindlich und größenwahnsinnig war (sie machte sich gern über die Abstammungsgeschichte in der Bibel lustig und behauptete von sich, sie sei eine Nachfahrin der französischen Könige). Das Verhältnis zu ihrem Gatten kann so aufregend nicht gewesen sein, denn Besucher hielten ihn wiederholt für den Gärtner der Villa, und seine einzige (aber unerläßliche) Pflicht gegenüber seiner Ehefrau bestand darin, sie nach dem getrennt eingenommenen Abendbrot mit einer Laterne auf ihrem nächtlichen Spaziergang zu begleiten. Was Vernons oder Violets elf Jahre älteren Halbbruder Eugene Lee-Hamilton betrifft, so legte sich dieser, um sich vor seiner Versetzung als Diplomat nach Buenos Aires zu drücken, ein Nervenleiden zu, verbrachte anschließend zwei Jahrzehnte zu Hause auf einem Sofa oder einer Matratze liegend, weil er seine Gliedmaßen nicht mehr bewegen konnte, und schrieb ab und an ein Gedicht.

Bis zu ihrem dreiundzwanzigsten Geburtstag durfte Vernon Lee das Haus nur in Begleitung einer Anstandsdame verlassen, doch in literarischer Hinsicht galt sie als frühreif: Mit dreizehn wurde ihr erster Zeitungsartikel abgedruckt (»Die Biographie einer Münze« – auf französisch) und mit vierundzwanzig ihr erstes Buch *Studies of the Eighteenth Century in Italy*, das seinerzeit wegen des ausgefallenen Themas und der enormen Belesenheit der Verfasserin für Aufsehen sorgte. Wenig später, im Jahr 1881, ging sie nach London, um ihre Karriere sowohl durch neue Werke als auch persönliche Kontakte zu festigen, wobei sie mit letzteren allerdings kein Glück hatte. Das ist nicht verwunderlich, wenn man bedenkt, wie unerbittlich sie über die vornehmsten Persönlichkeiten urteilte und welch erbärmlichen Eindruck diese auf sie machten: William Morris etwa kam ihr wie »ein Gepäckträger oder Fährmann« vor; ihren Lehrmeister Walter Pater fand sie bei aller Bewunderung »häßlich, mühsam und geistlos«; den Maler Whistler beschrieb sie als »kleines, schwarzes armseliges Etwas«, als »Kritikaster und Lästermaul«; über D'Annunzio sagte sie, er komme ihr vor wie »ein minderwertiger russischer Graf; vielmehr vermute ich, daß er ... nun gut, daß er Neapolitaner ist«; und Berenson nannte sie »einen egozentrischen, übellaunigen Esel«. Oscar Wilde hingegen fand sie »liebenswürdig«, aber dafür mied er sie, und auch mit Henry James, den sie verehrte und dem sie einen Roman widmete, erging es ihr nicht besser: Zwar lobte James sie und interessierte sich für ihr Werk (»Sie besitzt eine grandiose Verstandeskraft«, sagte er), aber er zeigte ihr die kalte Schulter, nachdem sie eine Erzählung veröffentlicht hatte, in der unverkennbar ein Abklatsch seiner Person vorkam (Lees größtes Vergehen bestand nicht etwa darin, daß sie überhaupt auf ihn zurückgriffen, sondern daß sie seine Gestalt literarisch nicht genügend überhöht hatte). James ließ sich nicht dazu herbei, die Erzählung selbst zu lesen, aber was er von anderen darüber hörte, reichte aus, damit er seinen Bruder William, den Philosophen, in einem Brief warnte: »Sie ist ebenso gefährlich und sonderbar wie intelligent, und das will viel heißen. Ihre Kraft und das Ausmaß ihres Intellekts sind durchaus ungewöhnlich, und in der Konversation ist sie allen anderen überlegen. Doch sei maßvoll in Sachen Freundschaft: Sie ist eine Wildkatze!«

Die meisten Freundschaften unterhielt Vernon Lee zu Frauen: Ihnen haftete etwas Obsessives an, auch wenn sie sich offenbar auf einen rein intellektuellen Austausch beschränkten, was allerdings bedeutete, daß sie besagte Freundinnen mit ihrem Intellekt erdrückte. Als sie hörte, daß eine von ihnen einen Mann heiraten wollte, den sie nur dreimal gesehen hatte, erlitt sie einen Anfall von Neurasthenie, der lediglich der erste einer ganzen Serie sein sollte, die sich hartnäckig bis zu ihrem Tod fortsetzte. Eine andere Freundin erzählte, als sie Vernon Lee zum ersten Mal gesehen habe, habe sie sich wie die Jungfrau Maria vor dem Engel der Verkündigung gefühlt. Und anscheinend war Vernon Lee tatsächlich ein geschlechtsloses Wesen: Selbstverständlich heiratete sie nie und bekannte sich auch nie zur Liebe, ein Thema, zu dem sie sich im übrigen klar und deutlich äußerte: »Andere Menschen so sehr zu lieben, daß man bereit ist, alles für sie zu tun, erscheint mir unerträglich. Ich kann doch nicht jemanden um den Preis lieben, daß er mir die Haut vom Leibe reißt. Ich kann ohne Menschen auskommen. Mir erscheint es bequemer, ohne sie auszukommen.«

Sie trug Maßanzüge, manchmal auch eine Krawatte oder einen weichen Filzhut sowie eine Brille, die ihre glutvollen, graugrünen Augen – »Tigeraugen« hatte eine Freundin sie einmal genannt – etwas sanfter erscheinen ließ. Ihre Unterlippe und ihr Gebiß standen hervor, ihre Nase war unvorteilhaft: Man sagte ihr eine »barocke Häßlichkeit« nach. Im Gespräch war sie bestechend, denn sie verfügte über einen bissigen Wortwitz und in Diskussionen über einen so maßlosen Fundus an Argumenten, daß sie sich früher oder später selbst widersprach oder es anderen schwerfiel, ihr zu folgen. Ihre ebenso zahlreichen wie originellen ästhetischen Studien sind mittlerweile etwas überholt, und ihre Romane waren nie sonderlich gut, aber ihre Bücher über den *Genius loci* und vor allem ihre Erzählungen über Gespenster und andere übernatürliche Wesen stehen in ihrer Meisterhaftigkeit denen einer Isak Dinesen nicht viel nach.

Gegen Ende ihres Lebens las sie Freud, allerdings ohne Nutzen: Sie hielt ihn für einen Obskurantisten und ließ kein gutes Haar an ihm. Vernon Lee starb 1935 im Alter von achtundsiebzig Jahren. In ihren letzten Jahren hörte sie nichts mehr und führte deshalb zum Ende hin ein noch abgeschotteteres Dasein, als sie es von jeher getan hatte. Ihr fehlten die zwei Dinge, die ihr am wichtigsten waren: die Konversation, auf die sie sich hervorragend verstanden hatte, und die Musik, die sie tröstete.

Adah Isaacs Menken, 1866 (Photo: Sarony)

Adah Isaacs Menken,
die reitende Dichterin

Es mutet seltsam an, daß die Hauptsorge von Adah Isaacs Menken am Ende ihres schwindelerregenden Lebens der Veröffentlichung ihres einzigen Gedichtbands mit dem Titel *Infelicia* galt, zumal sie diesen gar nicht mehr selbst zu sehen bekam, weil sie nämlich eine Woche vor seinem Erscheinen, am 10. August 1868, starb. Nicht, daß sie in den rund zwölf Jahren ihrer größten Berühmtheit der Literatur und vor allem den Literaten abhold gewesen wäre, doch den Großteil ihrer Zeit hatte sie nun mal, an ein Pferd gefesselt, auf der Bühne verbracht, und sie hatte es wohl eher dieser Tatsache und ihren ständigen Skandalen zu verdanken, daß sie es als Grande Dame des amerikanischen Theaters zu internationalem Ruf brachte und auf zwei Kontinenten zum Liebling der Zeitungen avancierte.

Schon unter ihren Zeitgenossen stellten viele die soeben von mir verwendeten Begriffe »Dame« und »Theater« in bezug auf ihre Person in Frage. Nebst vier Ehemännern (darunter ein Boxer und ein Spieler, der in Denver unter üblen Umständen ums Leben kam) hatte sie zahlreiche Liebhaber, zu denen zwangsläufig auch Schriftsteller zählten wie etwa der bejahrte Alexandre Dumas *père* oder der Masochist schlechthin unter den Dichtern, der rothaarige, kleinwüchsige, viktorianische, homosexuelle Trinker und Peitschenfetischist Algernon Charles Swinburne. Doch auch zu anderen unterhielt Adah Isaacs Menken Beziehungen, allerdings waren diese unterschiedlicher Natur: Walt Whitman war ihr Freund und sie seine erste Schülerin; George Sand war die Taufpatin ihres einzigen Sohnes, den sie auf den hochtrabenden Namen Louis Dudevant Victor Emmanuel hatte taufen lassen und der nicht lange lebte; der frühverstorbene Fitz-James O'Brien, ein Freund Edgar Allan Poes und vielleicht genauso talentiert wie dieser, war ihr Amüsierbruder; Charles Dickens erklärte sich, als er bereits ein sehr respektierlicher, angepaßter Mensch war, damit einverstanden, daß die Menken (wie sie sich selbst gern nannte) ihm ihren schmalen Gedichtband widmete; Gautier rühmte sie während ihres Aufenthalts in Paris, wohingegen sich Verlaine in ein paar hämischen Versen über sie lustig machte; und ihr Landsmann Mark Twain, der damals noch Clemens hieß, hinterließ der Nachwelt die wohl ausführlichste Schilderung ihrer Auftritte. Zu bedauerlich, daß die Künste der Menken den aus den Südstaaten stammenden Journalisten nicht überzeugten, und noch bedauerlicher – zumal für sie –, daß Clemens es ausgerechnet dank seiner satirischen Ader zu Ruhm bringen sollte. Adah Menkens Glanznummer, derentwegen sie in der halben Welt berühmt wurde, war ihr Ritt am Ende des Stücks *Mazeppa*, einer überaus freien Bühnenadaptation der gleichnamigen Verserzählung Lord Byrons, in der sie den Protagonisten spielte. Twains boshaften Bemerkungen zum Trotz scheint kein Zweifel darüber zu bestehen, daß die Darbietungen der Diva zumindest originell waren: Einmal, als sie die Lady Macbeth gab, änderte sie – aus der Not heraus – Shakespeares Text komplett, ohne daß das Publikum es ihr übelnahm (bei klassischen Inszenierungen wie dieser erlitten ihre weniger improvisationsbegabten Schauspielkollegen ihretwegen mitunter Schiffbruch). Bei *Mazeppa* dagegen erlebten die Zuschauer sie, wie sie beim Finale, auf den Rücken eines Pferdes gebunden, in einem enganliegenden, hautfarbenen Trikot auf die Bühne ritt, das selbst aus nächster Nähe den Eindruck erweckte, die Schauspielerin wäre nackt (da half es auch nicht viel, daß die Menken passend zu ihrer Männerrolle einen lächerlichen kleinen Schnurrbart trug). Laut Twain, der im übrigen bedauerte, kein Opernglas mit ins Theater genommen zu haben, sah das, was die Menken am Leibe trug, weniger wie ein Trikot aus als vielmehr wie ein »weißes Kleidungsstück von unbedeutenden Ausmaßen, dessen Namen ich vergessen habe, das jedoch für Kinder im zartesten Alter unentbehrlich ist«. Das Verhalten der Darstellerin und zugleich Hauptfigur während der gesamten Aufführung befand er für wunderlich, und er freute sich, daß die Menken im zweiten und zugleich am häufigsten aufgeführten Stück ihres Repertoires, *Der französische Spion*, eben diesen Spion spielte, und zwar stumm wie eine Auster, wodurch das extravagante Gefuchtel der Schauspielerin erträglicher wurde.

Gibt man etwas auf die Beschreibungen ihres Chronisten, erscheint es unerklärlich, wie eine so mäßige Künstlerin es schaffen konnte, die Säle auf beiden Seiten des Atlantiks über Jahre hinweg zu füllen. Sie mußte wohl doch ein wenig mehr zu bieten haben. Zweifelsohne war sie eine begnadete Verführerin, der es gelang, sich selbst ihre schärfsten Kritiker gefügig, wenn nicht gar in sie verliebt zu machen, so auch den Journalisten Newell, der sie einmal gnadenlos verrissen hatte und wenig später für die Dauer einer Woche ihr Ehemann wurde (ein anderer wiederum blieb ihr lediglich drei Tage erhalten). Außerdem hat ihr Talent für Provokationen und publikumswirksame Auftritte

auf der Welt wohl bis weit ins zwanzigste Jahrhundert hinein seinesgleichen gesucht: Als Baltimore während des Amerikanischen Bürgerkriegs kurz davor stand, den Nordstaaten in die
Hände zu fallen, besann sie sich kurzerhand auf ihre Herkunft
(sie war in der Nähe von New Orleans geboren und möglicherweise eine Quarterone) und verlangte, daß die Bühnendekoration des Theaters grau gestrichen wurde, so grau wie die Uniform der Konföderierten, die zunehmend an Terrain verloren.
Sofern ihre Zeit es zuließ (sie hielt nebenher Vorträge), tat sie
sich als eine der kämpferischsten, ironischsten und klügsten
Feministinnen ihrer Zeit hervor, die gegen die Versklavung der
Frau protestierte und stets tat, wonach ihr der Sinn stand, bis sie
eines Tages von den Truppen der Nordstaaten festgenommen
wurde. In einem Brief schrieb sie: »... Sie wollten mich in den
Süden schicken, mich aber nicht mehr als hundert Pfund Gepäck
mitnehmen lassen. Selbstverständlich bin ich darauf nicht eingegangen ... Ich gehe doch nicht ohne Garderobe über die
Grenze.«

Über ihr wahres Leben ist wenig bekannt, doch Legenden
gibt es reichlich: Angeblich war sie eine spanische Jüdin und
gebürtige Madriderin (das mit der Jüdin mochte stimmen), die
(nachdem ein österreichischer Baron sie auf die schiefe Bahn
gebracht hatte) in ihrer Jugend als Hure in Havanna arbeitete
und, als sie bereits berühmt war, einmal bei Kaiser Franz Josef
am Wiener Hof in einem Cape vorstellig wurde, das sie zur
Begrüßung ablegte und unter dem sie nichts weiter trug als das
Kostüm des reitenden Mazeppa, in dem sie nackt wirkte (das
Pferd nahm sie offenbar nicht mit in den Palast). Es gibt zahlreiche Photos von ihr, auf denen sie fast ausschließlich in *poses plas-*

tiques zu sehen ist, und besonders bezaubernd ist eines, auf dem sie auf den Knien des betagten, dicken, fast liederlich gekleideten Dumas sitzt und den Kopf an seine gewölbte Brust lehnt.

Sie fiel zwar mehr als einmal vom Pferd, und ihr letzter Sturz ereignete sich kurz vor ihrem Tod, doch schien die Todesursache eine andere gewesen zu sein, auch wenn die Ärzte an deren Feststellung nicht sonderlich interessiert waren und sich nicht einigen konnten. Das genaue Geburtsdatum von Vernon Lee ist nicht bekannt, nur daß sie nicht viel älter als dreißig wurde. In ihren letzten Jahren war sie immer verdrießlicher geworden, hatte Texte über die Gestalt des Shylock geschrieben und, wie eingangs erwähnt, in erster Linie für ihre Gedichte gelebt. Böse Zungen behaupten, es sei ganz allein ihre Schuld gewesen, daß sie das fertige Buch nicht mehr zu Gesicht bekommen habe, weil ihre größte Sorge dem Porträt gegolten habe, das den Band zieren sollte, und sie es Dutzende Male habe austauschen lassen, wodurch sie ihr Debüt als Dichterin dermaßen hinausgezögert habe, daß dieses schließlich erst nach ihrem Tod habe stattfinden können. Vielleicht war es besser so, denn obgleich ihr die Kritiken ihrer Bühnenauftritte schon lange nichts mehr hatten anhaben können, hätten die bissigen Rezensionen, mit denen ihre Gedichte aufgenommen wurden, sie womöglich allzusehr getroffen.

Violet Hunt, ca. 1910 (Photo: E.O. Hoppé)

Violet Hunt,
die schamlose Babylonierin

Von Violet Hunt läßt sich nicht behaupten, daß sie ein sehr konsequenter Mensch gewesen wäre, vor allem was ihr Gefühlsleben betrifft, denn einerseits besaß sie eine große Schwäche für »ungebührliche Situationen« und andererseits hatte sie ebenso häufige wie drastische Anfälle von Respektierlichkeit. Den stärksten dieser Art erlitt sie im Verlauf ihrer Beziehung mit dem berühmten Literaten Ford Madox Ford, dem Autor des meisterhaften Romans *Die allertraurigste Geschichte* sowie engen Freund und Mitarbeiter Joseph Conrads. Angesichts der Weigerung seiner Frau, in die Scheidung einzuwilligen, und dem Drängen seiner Geliebten Hunt, die selbiges nicht länger sein wollte, war er drauf und dran, die deutsche Staatsbürgerschaft seiner Vorfahren anzunehmen, um nach deutschem Recht die Ehe schließen zu können, und inszenierte sogar, der unzufriedenen Violet zu Gefallen, einen peinlichen Abklatsch von einer Trauung, die von einem aus Amt und Würden entlassenen Priester vorgenommen wurde. Ergebnis der ganzen Veranstaltung war ein Skandal, gefolgt von einem Prozeß – da es mit einemmal zwei Mrs. Fords gab –, der dem Romanschriftsteller mehrere Tage Gefängnis und Violet Hunt, von einem kurzen Exil in Europa abgesehen, genau das Gegenteil der erhofften Reaktion von einem der Männer einbrachte, die sie am meisten bewunderte, nämlich den gewissenhaften, rechtschaffenen Henry

James, der diesen Zustand als »bedauerlich, höchst bedauerlich!« bezeichnete.

Violet Hunt war nämlich einer seiner weiblichen Zöglinge, mit denen James entgegen dem, was der Begriff nahelegen mag, einen durch und durch züchtigen Umgang pflegte. Dabei mangelte es gewiß nicht an Gelegenheiten: Einmal zum Beispiel, bei einer Einladung im Landhaus von Henry James, wurde es Violet Hunt nach dem Abendessen übel, und sie erbrach sich. Sie nutzte die Gelegenheit, um sich umzuziehen und wenig später, nur mit einem chinesischen Morgenmantel bekleidet und mit kokettem Auftreten, wie sie in ihren Tagebüchern schreibt, im Salon zu erscheinen. James holte jedoch zu einer ausführlichen Abhandlung über die Romane von Mrs. Humprhy Ward aus, einer Autorin, deren Werke er offensichtlich eifriger las und mehr schätzte als die einer gewissen anderen Dame, welche es zu ihrem großen Verdruß nie zur »Mrs.« brachte.

Nun war James nicht der erste reifere Mann, mit dem sich einzulassen Violet durchaus willens war: Mit dreizehn bot sie dem damals sechsundsechzigjährigen Ästhetikapostel John Ruskin die Ehe an. Sie hatte großes Mitleid mit ihm, weil Rose La Touche, die Frau, die Ruskin seit langem begehrte, soeben gestorben war. Er war für Rose entbrannt, als diese ein zehnjähriges Mädchen gewesen war, und er, ein geduldiger Mensch, hatte das Feingefühl besessen, mit seinem Antrag bis zur Vollendung ihres achtzehnten Lebensjahrs zu warten, um sodann einen Korb und, Jahre später, ihren Tod hinzunehmen. Zu Violets Glück wurde ihr großmütiges Angebot nicht gleich angenommen und später vergessen. Dem Vernehmen nach trug ihr der junge Oscar Wilde seinerseits die Ehe an, als seine Sexualität noch breiter angelegt war, und es gilt als erwiesen, daß Violet zu den wenigen Frauen zählte, denen es gelang, den unbedarften und später eher zugeknöpften Somerset Maugham zu verführen, während sie selbst dem berüchtigten Schürzenjäger H.G. Wells erlag. Die Häufung berühmter Namen soll jedoch nicht den Eindruck erwecken, daß Violet Hunt an Größenwahn gelitten habe, denn einige ihrer ausdauerndsten und haltbarsten Beziehungen pflegte sie mit Männern, die keineswegs in die Geschichte eingegangen sind, etwa mit einem Diplomaten, der nicht nur fünf oder sechs weitere Geliebte neben ihr hatte, sondern ihr obendrein die Syphilis anhängte. Vor diesem hatte in ihrem Leben ein anderer, der lediglich drei Jahre jünger als ihr Vater und wie dieser Maler war, für Freud und Leid gesorgt.

Bemerkenswert ist aber vor allem ihre Epoche, denn Violet Hunt kam zwar noch voll und ganz in den Genuß der kurzen Regierungszeit Edwards VII., die von einer großen Freizügigkeit geprägt war (sofern die »Ungebührlichkeiten« nicht aufgedeckt wurden), doch erlebte sie, da 1862 geboren, auch einen Großteil der so heuchlerischen viktorianischen Ära. Violet Hunt war also sechsundvierzig, als sie sich auf ihre Liebesaffäre mit dem elf Jahre jüngeren Ford Madox Ford einließ. Nicht viele Frauen ihrer Zeit konnten sich rühmen, in solch einem Alter den Mann ihres Lebens gefunden zu haben. Obwohl nicht mehr ganz jung, muß Violet damals etwas blauäugig gewesen sein, denn die Art und Weise, wie sie Ford ins Netz ging, hatte etwas Theatralisches: Sie behauptete, es sei »der Vorsehung« zu verdanken gewesen (dabei war es wohl eher ein geschickter Ellbogenstoß seinerseits), daß ihre Hand an Fords Jackentasche zu liegen kam, in der sie ein Fläschchen entdeckte, auf dessen Etikett in krakeligen Lettern »GIFT« geschrieben stand. Rasch nahm sie es an sich und fragte ihn, ob er vorgehabt habe, das Gift einzunehmen, was er bejahte – woraus sie schloß, daß sie ihm das Leben gerettet hatte und ihn folglich lieben mußte. Nach Aussagen jener, welche die richtige Mrs. Ford kannten, hätte diese ihren Mann in selbiger Situation ermuntert, den Inhalt des Fläschchens zu trinken.

Bei aller Leidenschaft fand Violet Hunt noch genügend Zeit für andere Dinge: Sie unterstützte die Suffragettenbewegung, entzog sich den Annäherungsversuchen notorischer Lesben, war zu Gast auf tausend und einem Fest und schrieb insgesamt einunddreißig Artikel und Bücher, darunter Romane, Erzählungen, Gedichte, Theaterstücke und Übersetzungen. Die Zeit am besten überdauert haben von all diesen Werken ihre wirklich großartigen Schauermärchen und Gespenstergeschichten, für die Henry James den (leider nicht übernommenen) Titel *Gespenstergeschichten einer Frau von Welt* vorgeschlagen hatte, was sie sicher war; ja, manchmal hatte sie sogar den Eindruck, ihre werten Kollegen liebten und frequentierten sie weniger ihrer literarischen Fähigkeiten wegen als vielmehr deshalb, weil sie stets über den neuesten Gesellschaftsklatsch unterrichtet war und ihnen so manche Tür öffnen konnte. Dabei hielt sie selber nach Gönnern Ausschau, doch James, Conrad, Wells und Hudson übernahmen diese Rolle nur halbherzig, um nicht zu sagen widerwillig. Ersterer, der für sein Leben gern Spitznamen erfand, hatte für sie gleich zwei parat: »die schamlose Babylonierin« und »der maulbeerfarbene Fleck« – wegen der Farbe des Mantels und des Huts, die sie bei ihrer ersten Begegnung getragen hatte.

Gegen Ende ihres Lebens, als sie keine Liebhaber mehr hatte (Ford war ihr letzter gewesen), verlegte sie sich darauf, männliche Charaktere mit einem Hang zu Intrige und Verrat zu erschaffen, doch war sie damit nicht allzu erfolgreich. Eine der Folgen ihrer fortschreitenden Syphilis war, daß sie mitunter den Kopf verlor und nicht wiedergutzumachende Taktlosigkeiten beging. So sagte sie einmal zum Romanschriftsteller Michael Arlen: »Michael Arlen ist doch so ein angenehmer und kluger Mensch. Ich frage mich, wie es kommt, daß seine Bücher so *schauderhaft* sind!« Da nimmt es nicht wunder, daß sie mit der Zeit immer einsamer und trauriger wurde, bis sie 1942 mit neunundsiebzig Jahren starb. Ihr starkes, widersprüchliches Naturell lebt in einigen der denkwürdigen Figuren ihrer Freunde beziehungsweise Liebhaber weiter, zu denen ein paar der bedeutendsten Schriftsteller jener Zeit zählten. Violet Hunt hat sie inspiriert, aber sie haben es ihrerseits nicht vermocht, sie wirklich glücklich zu machen. Nur ein sehr unbedarfter Mensch würde dagegenhalten, daß sie Violet Hunt unsterblich gemacht haben.

Mlle de Lespinasse

Julie de Lespinasse

Julie de Lespinasse,
die geliebte Geliebte

Das Leben von Julie de Lespinasse war kurz, leidvoll und verworren, was ihre außerordentliche Gabe, andere Menschen miteinander zu versöhnen und ihnen ein Wohlgefühl zu vermitteln, um so verdienstvoller macht. Die Gäste ihrer ausgedehnten, täglich in ihrem Salon in der Rue de Bellechasse stattfindenden Zirkel (unter ihnen der Enzyklopädist D'Alembert, Diderot, Condorcet, Marmontel, Prälaten, Adlige, Diplomaten und Damen jeglicher Couleur bis hin zu Marschallinnen) haben durch die Bank Zeugnis von ihrem unglaublichen Geschick abgelegt, die Zusammenkünfte derart fähiger Geister und anspruchsvoller Köpfe meisterhaft zu lenken und dabei kaum in das Gespräch einzugreifen. Insofern verwundert es nicht weiter, daß, als ihre Gönnerin Madame du Deffand sie unter dem Vorwurf, sie habe sie verraten und ihr die Freunde abspenstig gemacht, aus dem Haus warf, die meisten dieser mittlerweile gemeinsamen Freunde, vor die Wahl zwischen dem Salon der einen und dem der anderen gestellt, sich für die zwar weniger geistreiche, dafür aber gefälligere von beiden entschieden.

Julie de Lespinasse verstand es, unter ihren Gästen große Eintracht zu säen, und einer von ihnen mit Namen Monsieur de Guibert brachte dies beim Tod ihrer Gastgeberin in aller Klarheit zum Ausdruck: »Man hat uns getrennt.« Und tatsächlich sahen diese Menschen von da an keine Veranlassung mehr, sich weiterhin zu treffen, denn sie wußten alle, daß es ohne Julie de Lespinasse nicht mehr dasselbe wäre.

Ihre Herkunft war dubios und wenig vielversprechend gewesen: Sie war die uneheliche Tochter der Comtesse d'Albon, und wer ihr Vater war, läßt sich zwar nicht mit absoluter Gewißheit sagen, doch scheint es so gut wie sicher, daß es sich um den Comte de Vichy und damit um den älteren Bruder der soeben erwähnten Madame du Deffand handelte. Die Comtesse d'Albon hatte noch eine zweite uneheliche Tochter, die später (im Jahr 1739) ausgerechnet besagten Comte de Vichy heiraten sollte, wodurch dieser zum Schwager seiner natürlichen Tochter wurde, ganz abgesehen davon, daß er der Ehemann seiner Nichte und ehemalige Liebhaber seiner Schwiegermutter war. All das nützte Julie de Lespinasse indes herzlich wenig, als jene Schwiegermutter, soll heißen ihre Mutter, starb: Sie zog zu ihren »doppelten Verwandten«, die sie jedoch wie eine Dienstmagd, wenn nicht gar schlimmer behandelten, bis sich Madame du Deffand (ihre Tante und zugleich Schwippschwägerin, wie mir scheint) ihrer erbarmte und beschloß, sie nach Paris zu holen – mit den bereits beschriebenen Folgen. Julie behandelte ihre Abstammung zwar stets mit Diskretion, doch einmal gestand sie, daß sie in den spitzfindigen Romanen von Richardson oder Prévost, die vor komplizierten Verhältnissen zwischen Blutsverwandten nur so strotzen, nichts erstaunen könne, und vielleicht hieß ihr Lieblingsautor deshalb Sterne, den sie im übrigen auslegte und nachahmte und den sie bei einer seiner Reisen nach Paris vermutlich empfing.

Dennoch schien Julie de Lespinasses' Leben eher einer *Pamela* oder *Manon Lescaut* als einem *Tristram Shandy* nachempfunden, und daß sie überhaupt in die Literaturgeschichte eingegangen ist, hat sie, ebenso wie ihre Gönnerin und spätere Rivalin, ihren Briefen zu verdanken. Allerdings haben die Korrespondenzen der beiden nicht viel gemein: Während Madame du Deffand sich durch Schwarzseherei, Bissigkeit und Skepsis hervortat, war Mademoiselle de Lespinasse die Glut und Leidenschaft in Person, zumindest in einem Großteil dessen, was uns überliefert ist, nämlich ihre Briefe an Monsieur de Guibert, den sie so widerstrebend wie rasend, wenn auch etwas verspätet liebte. Zuvor hatte sie, weniger widerstrebend zwar, aber nicht weniger rasend, einen brillanten Spanier geliebt, den Marqués de Mora, dem seine Landsleute seinerzeit nachsagten, er sei Spaniens nicht würdig, so wie sie es auch heute noch mit jedem einigermaßen begabten, hierzulande ausnahmslos schlecht behandelten Landsmann zu tun pflegen. Besagter Mora, der ihr einmal während einer zehntägigen Abwesenheit aus Fontainebleau zweiundzwanzig Billette zukommen ließ, mußte Paris irgendwann aus gesundheitlichen Gründen verlassen, kehrte zurück und mußte erneut abreisen, doch diesmal kam er nicht wieder, weil er 1774 in Bordeaux starb. Allerdings hatte Julie de Lespinasse schon vor seinem Tod Monsieur de Guibert kennengelernt, einen jungen Oberst von neunundzwanzig Jahren und so verführerisch, daß die Damenwelt sich die Mühe machte, sein einziges gedrucktes und eher trockenes Werk *Essai de tactique* zu lesen, um danach auszurufen: »Oh, Monsieur de Guibert, que votre tic-tac est admirable!« Wie zu befürchten stand, war die damals fast vierzigjährige Julie de Lespinasse nicht die einzige Frau in Guiberts Leben, ja, schlimmer noch: Nach einiger Zeit beliebte der Oberst eine andere zu ehelichen, ohne daß dies der

Liebe und Hingabe der vollends für ihn entbrannten Mademoiselle Julie jedoch Abbruch getan hätte. Ihre Briefe an den flatterhaften Soldaten zählen zweifellos zu den bedeutenden literarischen Denkmälern, wie sie talentierte Frauen Filous relativ häufig gesetzt haben.

Die traurigste Figur in der ganzen Geschichte aber macht vermutlich Monsieur d'Alembert, der große Enzyklopädist. Er lebte jahrelang mit Mademoiselle de Lespinasse zusammen, allem Anschein nach in Keuschheit, mochte diese (zumindest in der Zeit vor ihrem Zusammenleben) auch nicht immer strikt eingehalten worden sein. Wie dem auch sei, jedenfalls war er überzeugt, daß er in der Gedankenwelt seiner guten Freundin den wichtigsten Platz einnahm, so wie sie es, von der Enzyklopädie einmal abgesehen, zweifelsohne in seiner tat. Nach Julies Tod wurde ihm eröffnet, daß sie ihn als Testamentsvollstrecker eingesetzt hatte, und so mußte er sich um ihre Papiere kümmern – zu seinem großen Kummer, denn sie hatte nicht einen einzigen seiner Briefe aufgehoben, dagegen tonnenweise Billette von Mora. Am Boden zerstört suchte er Guibert auf (der von ihr viele Briefe erhalten hatte, aber nicht darauf geantwortet haben dürfte) und sagte zu ihm: »Wir haben uns alle geirrt! Sie hat Mora geliebt!« Es erübrigt sich der Hinweis, daß sich Guibert, wie es sich für jene gesittete Zeit ziemte, einer Stellungnahme enthielt. D'Alembert überlebte Julie um sieben Jahre, in denen er in seiner Eigenschaft als Sekretär der Academie Française eine Unterkunft im Louvre bezog. Er war untröstlich, und als sein Freund Marmontel ihm einmal das Verhalten seiner geliebten und nunmehr toten Freundin in Erinnerung rief, erwiderte er: »Ja, sie hatte sich verändert, aber ich mich nicht. Sie lebte nicht mehr für mich, aber ich habe immer nur für sie gelebt. Nun, da sie nicht mehr da ist, weiß ich nicht mehr, wofür ich lebe. Was bleibt mir jetzt noch? Wenn ich nach Hause komme, treffe ich nicht sie, sondern ihren Schatten an. Meine Unterkunft im Louvre ist wie ein Grab: Ich betrete sie stets voller Schrecken.«

Julie de Lespinasse starb am 23. Mai 1776 mit dreiundvierzig Jahren im Kreis ihrer engsten Freunde. In den letzten drei Tagen ihres Lebens war sie bereits so ausgezehrt, daß sie kaum noch sprechen konnte. Dank der herzstärkenden Mittel, die ihr die Krankenschwestern verabreichten, kam sie noch einmal kurz zu Kräften, so daß sie sich für einen Augenblick in ihrem Bett aufrichten konnte. Ihre letzten Worte waren voll des Staunens, sie sagte: »Ich lebe noch?«

Emily Brontë (Ölbild von Patrick Branwell Brontë)

Emily Brontë, der schweigsame Major

Emily Brontës Leben war so kurz und verschwiegen und liegt bereits so weit zurück, daß nicht viel über sie bekannt ist, was die Biographen unter ihren Landsleuten jedoch nicht davon abhält, dickleibige und in der Regel ziemlich nichtssagende Bücher über sie zu verfassen. Obwohl in der Geschichtsschreibung immer von den *drei* Brontë-Schwestern die Rede ist, waren es in Wirklichkeit fünf, und allzu häufig wird auch ihr Bruder Branwell unterschlagen, der, nur weil er ein Unglücksrabe und Alkoholiker war, im Leben der berühmtesten Schwester keineswegs eine weniger wichtige Rolle spielte. Die beiden Schwestern, die ausnahmslos übergangen werden, hießen Maria und Elizabeth und starben als kleine Mädchen nacheinander an der Schwindsucht. Man fühlt sich an Dickens erinnert, wenn man erfährt, daß die beiden noch kurz vor ihrem Tod von ihren Lehrerinnen mißhandelt wurden, indem diese die kranken Mädchen aus dem Bett scheuchten, um sie zu züchtigen und zu beschimpfen. Die Nachwelt hat Emily einen merkwürdigen Vorwurf gemacht: Warum sie, die doch das Hätschelkind der ganzen Schule gewesen sei, ob dieser Ungerechtigkeit geschwiegen habe, anstatt sich für die Opfer einzusetzen? Der Vorwurf ist um so abstruser, als die Autorin von *Die Sturmhöhe* damals noch nicht einmal sechs Jahre alt war, also fünf respektive vier Jahre jünger als ihre gequälten Schwestern. Nach ihnen kamen Charlotte und

Branwell, gefolgt von Emily und Anne, der Jüngsten, und während die überlebenden Schwestern allesamt Schriftstellerinnen wurden, brachte es Branwell lediglich zum gescheiterten Poeten. Ihre Mutter starb, als Emily drei Jahre alt war, und so wuchsen die Kinder bei ihrem irischstämmigen Vater auf, dem die Schriftstellerei keineswegs fremd war, da er selbst Predigten verfaßte. Andere, weniger fromme Familienangehörige machten sie mit der mündlichen Überlieferung vertraut, wobei die Geschichten irischer Erzähler über Gespenster, Dämonen und Kobolde wie üblich zu den Favoriten zählten. Zweifellos kam Emily bei solchen Gelegenheiten erstmals mit dem Übernatürlichen in Berührung, das von der ersten bis zur letzten Seite über ihrem einzigen Roman schwebt.

Ihre Schweigsamkeit brachte Emily offensichtlich nicht nur so manche Unannehmlichkeit ein, sondern auch den Ruf der Arroganz: Schon als Heranwachsende gab sie oft nur einsilbige oder überhaupt keine Antworten, was dazu führte, daß einige Menschen sie mieden und ihre Schwestern sich bei ihr darüber beklagten. Trotzdem war sie der Liebling ihres Vaters, was die Tatsache beweist, daß er ihr beibrachte, mit einer Schußwaffe umzugehen, und sie oft mitnahm, um mit ihr wie wild auf alles, was flog, zu schießen (sie wurde regelrecht süchtig danach). Mr. Brontë, der seinem eigentlichen Namen Brunty während seiner Zeit in Oxford – wo sonst? – diesen exotischen Klang verliehen hatte (vielleicht weil bronte im Griechischen »Donner« bedeutet), stand im Ruf, ein asketischer Exzentriker zu sein, und die über ihn vorhandenen Berichte mögen aus nicht unbedingt verläßlichen (weil schlecht auf ihn zu sprechenden) Quellen stammen, aber wie dem auch sei; jedenfalls wird ihm nachgesagt, er habe

sich in seinem Glaubenseifer geweigert, seinen Töchtern Fleisch
zu essen zu geben, und sie zu einer aus Kartoffeln bestehenden
Kost verdonnert; weiter heißt es, er habe an einem regnerischen
Abend gesehen, daß sich die Mädchen kleine Stiefel angezogen
hätten, die ihnen ein Freund geschenkt hatte, und er habe sie
verbrannt, weil er sie für zu luxuriös befand; er habe ein Seiden-
kleid, das seine Frau in einer Schachtel aufbewahrte – mehr, um
es dann und wann zu betrachten, als um es zu tragen –, in Fetzen
gerissen; und er habe die Rückenlehnen mehrerer Stühle abge-
sägt und Hocker aus ihnen gemacht. Sollte all dies der Wahrheit
entsprechen, muß es den Brontë-Schwestern um so höher ange-
rechnet werden, daß sie nicht wie ihr Bruder der Trunksucht ver-
fielen. Andererseits ging Mr. Brontë offenbar auch sehr liebevoll
mit seinen Kindern um und machte sich die Mühe, sie gewisse
Dinge zu lehren: So ließ er sie zum Beispiel eine Maske aufset-
zen und stellte ihnen dann Fragen, weil er der Meinung war, daß
es ihnen mit verborgenem Gesicht leichter fallen würde, freiher-
aus und beherzt zu antworten. Einmal fragte er Emily, wie er mit
Branwell verfahren solle, wenn dieser sich wieder unmöglich
benahm. »Mit ihm reden, und wenn er nicht einsichtig ist, ihn
auspeitschen.« Sie war damals erst sechs Jahre alt, hatte also
anscheinend schon immer einen Hang zu drastischen Maßnah-
men gehabt. Als sie älter war, schlug sie ihrem Hund Keeper,
nachdem sie ihn ausgeschimpft hatte, mit der Faust ins Gesicht
und auf die Augen – die daraufhin anschwollen –, bevor ihr das
Tier an die Kehle springen konnte. Als sich ihr Hund ein anderes
Mal mit einem Straßenköter auf eine Keilerei einließ, brachte sie
die beiden auseinander, indem sie ihnen Pfeffer auf die Schnauze streute, was erkennen läßt, daß es ihr bei aller Einsilbigkeit

nicht an Entschlossenheit mangelte. Nicht von ungefähr hatten die Schwestern ihr den Spitznamen »der Major« verpaßt. Obwohl in der Familie die größte von allen, wurde sie mitunter als eher schmächtige Person von anfälliger Gesundheit beschrieben. Nach einem achtmonatigen Aufenthalt mit ihren Schwestern in Belgien begann man sich auch ein wenig Sorgen um ihre geistige Gesundheit zu machen, aber das war womöglich eine nur so dahingesagte Stichelei, wie sie bei Diskussionen im Familienkreis schon mal vorkommt. Walter Scott gefiel ihr sehr, sie liebte Shelley und die Nacht und schlief wenig, um sie auszukosten.

Ihre Schwester Charlotte hatte sie, nicht ohne massives Drängen, dazu bewegt, ihre Gedichte zu veröffentlichen. Einige Zeit später schickten die drei Schwestern unter den Pseudonymen Currer, Ellis und Acton Bell ihren jeweiligen Erstlingsroman an mehrere Verleger. Der einzige, der nicht auf der Stelle angenommen wurde, war der von Charlotte, wohl aber ihr zweiter *Jane Eyre*. Die Kritiken zu *Die Sturmhöhe* fielen weitgehend positiv aus, doch niemand wagte es, das Buch als das zu feiern, als was es später gelten sollte, nämlich als Meisterwerk.

1848, ein Jahr nach seiner Veröffentlichung, mußte sich Emily häufig in die Kneipe »Black Bull« begeben, um Branwell nach Hause zu holen. Da ihre Sorge jedoch ausschließlich dem Hier und Jetzt galt, unternahmen weder sie (aufgrund mangelnder Weitsicht) noch Charlotte (aufgrund mangelnden Gerechtigkeitssinns) ernsthafte Anstrengungen, Branwell zu kurieren, weshalb er nach einer Phase schrecklicher Hustenanfälle und grauenhafter Schlaflosigkeit schon bald unter der Erde lag. Emily folgte ihm drei Monate später nach, und obgleich eine Dienstmagd steif und fest behauptete, sie sei »aus Liebe zu ihrem Bruder an gebrochenem Herzen« gestorben, was Anlaß zu einigen Spekulationen über ein inzestuöses Verhältnis gab, steht vielmehr zu vermuten, daß Emily Brontë die leidenschaftlichen Gefühle, die sie in ihrer halbinzestuösen *Sturmhöhe* so trefflich zu beschreiben verstand, selbst nie kennenlernte.

Während ihrer Krankheit lehnte sie jede ärztliche Untersuchung oder Behandlung ab und hüllte sich erneut über lange Strecken in Schweigen, entschlossen, der Natur ihren Lauf zu lassen, doch erwies sich diese ihr gegenüber nicht gnädig. Am 19. Dezember bestand Emily darauf, das Bett zu verlassen und sich anzukleiden, und setzte sich anschließend in ihrem Zimmer ans Feuer, um ihr volles langes Haar zu kämmen. Dabei fiel ihr der Kamm in die Flammen, und da sie nicht die Kraft besaß, ihn herauszuholen, war das Schlafzimmer schon bald vom Geruch verbrannter Knochen erfüllt. Daraufhin ging sie hinunter ins Wohnzimmer, und dort starb sie, auf dem Sofa sitzend, um zwei Uhr nachmittags, nachdem sie sich abermals geweigert hatte, wieder ins Bett zu gehen. Sie war damals erst dreißig Jahre alt.

Vollendete Künstler

Charles Dickens (Photograph unbekannt)

Charles Dickens liest seinen Töchtern vor

(National Portrait Gallery)

Charles Dickens

(Photo von Herbert Watkins, 1859. National Portrait Gallery)

Stéphane Mallarmé (Photo von Nadar)

Stéphane Mallarmé

(Ölgemälde von Edouard Manet, 1876. Réunion des musées nationaux)

Oscar Wilde (Photo von Napoleon Sarony)

Oscar Wilde (Photo von Napoleon Sarony, 1882)

Charles Baudelaire

Charles Baudelaire
(Photo von Étienne Carjat, ca. 1863. Arch. Phot. Paris/S.P.A.D.E.M.)

Henry James
(Ölgemälde von John Singer Sargent, 1913. National Portrait Gallery)

Henry und William James (Photograph unbekannt)

Laurence Sterne
(Ölgemälde von Sir Joshua Reynolds, 1760. National Portrait Gallery)

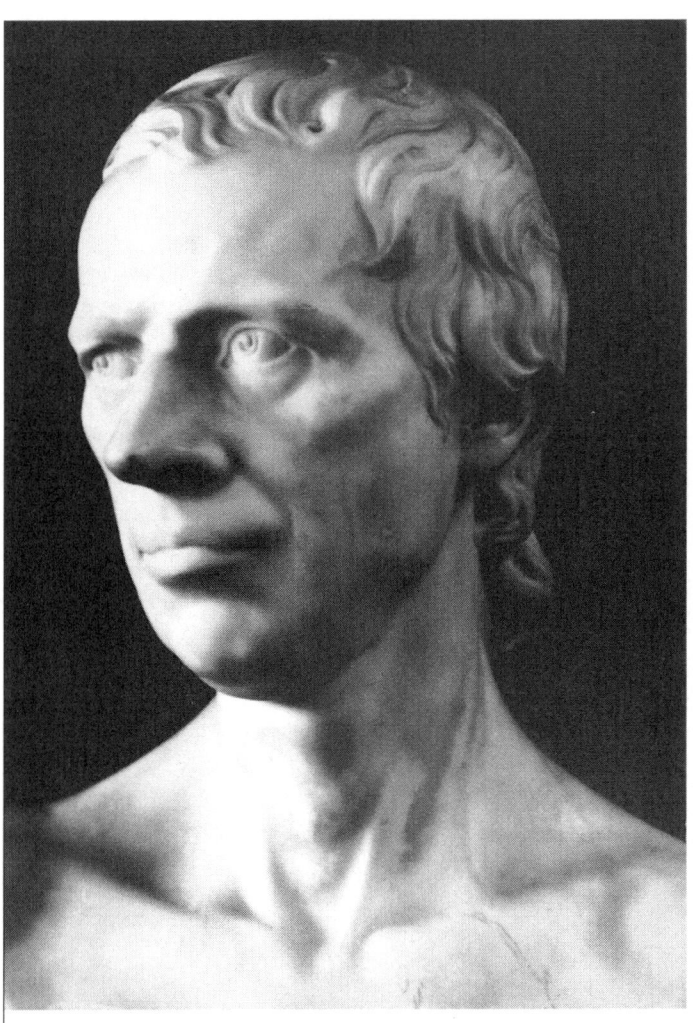

Laurence Sterne

(Marmorbüste von J. Nollekens, 1766. National Portrait Gallery)

André Gide (Photograph unbekannt)

André Gide (Doc. Roger-Viollet)

Joseph Conrad (Photo von Malcolm Arbuthnot, 1924)

William Faulkner (Photo von Hy Peskin, 1953. 1962, Time Inc.)

William Faulkner (Photo von Henri Cartier-Bresson, 1947)

Jorge Luis Borges (Photo von Grete Stern, 1951)

Rainer Maria Rilke (Photograph unbekannt)

Edgar Allan Poe (Photograph unbekannt)

Friedrich Nietzsche und seine Mutter

Friedrich Nietzsche (Photograph unbekannt)

T.E. Lawrence (Photograph unbekannt. National Portrait Gallery)

T.E. Lawrence (Photograph unbekannt, 1927. J. M. Wilson)

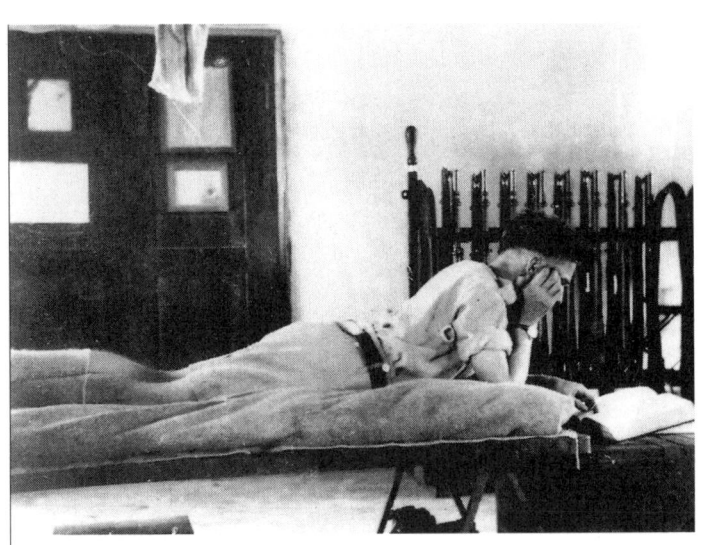

T.E. Lawrence

(Photograph unbekannt, ca. 1928. National Portrait Gallery)

Djuna Barnes (Photo von Berenice Abbott, 1985. Parasol Press)

Mark Twain (Photo von Underwood & Underwood)

Vladimir Nabokov

(Photo von Philippe Halsman. Hastings Galleries Collection)

Thomas Hardy (Photogravüre von Emil Otto Hoppé, ca. 1913–1914.
National Portrait Gallery)

William Butler Yeats
(Photo von Howard Coster, 1935. National Portrait Gallery)

T.S. Eliot (Photo von Emil Otto Hoppé, 1919)

Herman Melville (Photo von Rockwood, ca. 1885)

Wladimir Majakowski (Photo von Alexander Rodchenko, 1924. Walker, Ursitti & McGinnis, Inc., und Erben von Alexander Rodchenko)

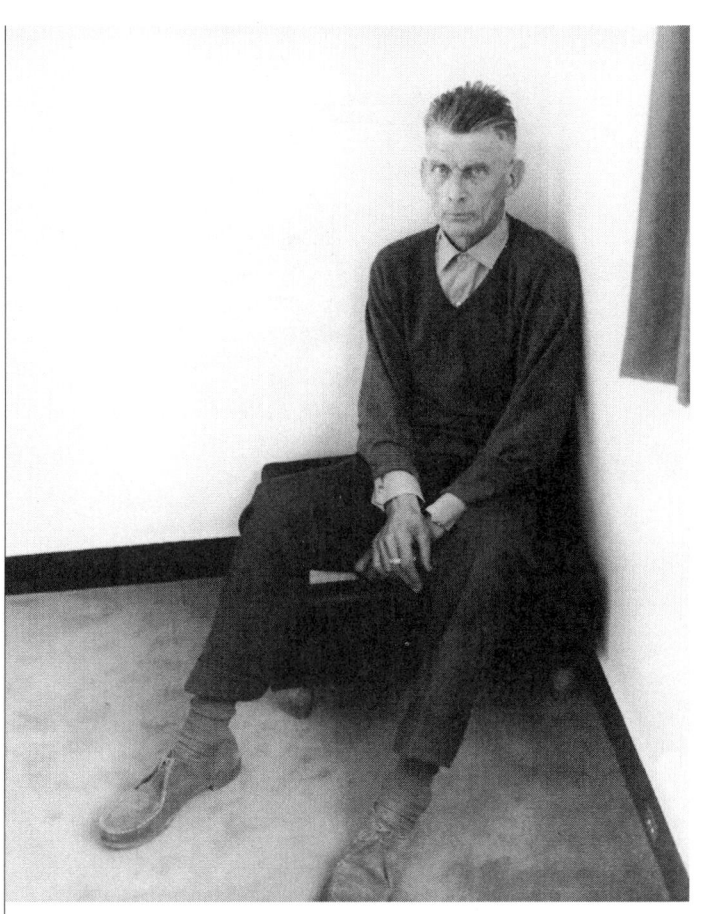

Samuel Beckett (Photo von Jerry Bauer, 1964)

Thomas Bernhard

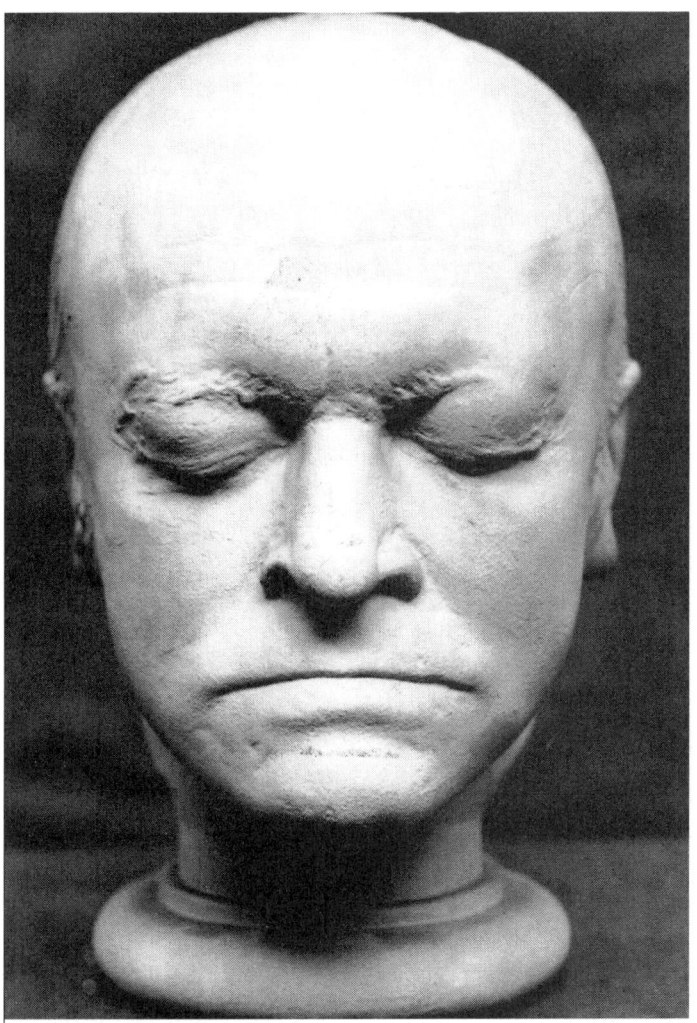

William Blake

(Gipsmaske von J.S. Deville, 1823. National Portrait Gallery)

Niemand weiß, wie Cervantes ausgesehen hat, und auch über Shakespeares Aussehen herrscht keine Gewißheit, weshalb sowohl der *Quijote* als auch der *Macbeth* Texte sind, mit denen kein bestimmtes Gesicht, kein persönlicher Ausdruck und kein Blick verbunden sind, die in den Augen anderer Menschen mit ihnen hätten verschmelzen und über alle Zeiten hinweg zu ihnen gehören können. Nun hat es die Nachwelt zwar für nötig gehalten, ihnen, wenn auch nicht ohne Zaudern, mit schlechtem Gewissen und höchst ungutem Gefühl, trotzdem einen Ausdruck, einen Blick und ein Gesicht zuzuteilen, doch sind diese mit Sicherheit weder die von Shakespeare noch die von Cervantes.

Es scheint, als kämen uns solche Bücher, die auch heute noch gelesen werden, fremder und unverständlicher vor, wenn wir nicht einen Blick auf die Köpfe werfen können, die sie ersonnen haben; als würde sich unsere Zeit, in der es nichts an dem dazupassenden Bild fehlt, unwohl gegenüber all jenem fühlen, dessen Urheber kein Gesicht zugeordnet werden kann; ja, als wären die Gesichtszüge der Autoren fester Bestandteil ihrer Werke. Vielleicht haben die Schriftsteller der vergangenen zwei Jahrhunderte deshalb in weiser Voraussicht zahlreiche Porträts in Form von Gemälden oder Photographien hinterlassen, und vielleicht habe ich es mir deshalb über die Jahre hinweg zur Gewohnheit gemacht, Postkarten mit solchen Porträts zu sammeln. Diese vollkommen unsystematisch zusammengetragene Kollektion umfaßt heute rund hundertfünfzig Bilder. An sie bin ich gewöhnt, sie sind mir vertraut. Diese Porträts und keine anderen (möglicherweise besseren oder spektakuläreren) verbinde ich mit Dickens, Faulkner oder Rilke, und das wird auch so bleiben, weil ich sie zur Hand habe und sie mir immer mal wieder ansehe. Auffällig ist, daß sich unter ihnen kein Spanier befindet, was daran liegen mag, daß in unserem Land kein Interesse an derartigen Bildern besteht und unsere Schriftsteller daher nicht als Postkarten verkauft werden, oder daran, daß ich keine gefunden habe. In England ist es genau umgekehrt, denn London besitzt mit der National Portrait Gallery ein Museum, in dem ausschließlich Porträts gezeigt werden und dem zwangsläufig viele dieser Gesichter entstammen. Auf den folgenden Seiten werde ich mich darauf beschränken, noch einmal einen kurzen Blick auf sie zu werfen, nicht auf alle, sondern nur auf einige von ihnen, doch diesmal mit dem Stift in der Hand. Es wäre illusorisch, von ihnen Lehren, Gesetzmäßigkeiten oder auch nur Gemeinsamkeiten ableiten zu wollen. Nur eines springt sofort ins Auge, nämlich daß es sich bei allen um Schriftsteller und letztlich um »vollendete« Künstler handelt, da sie inzwischen alle tot sind.

Es sei jedoch die Feststellung erlaubt, daß nicht allzu viele von ihnen ihren ganzen Körper zeigen und auch nur wenige etwas mehr als ihren Kopf – als wären allein ihm und nicht etwa auch ihren Händen die Worte entsprungen, derentwegen wir sie heute kennen. Unter den wenigen, die sitzend oder gar stehend beziehungsweise liegend zu sehen sind und die ihren ansonsten so nutzlosen Körper ganz oder teilweise zeigen, ist möglicherweise Dickens der ungewöhnlichste, obgleich seine Posen nicht unbedingt einstudiert, sondern eher alltäglich wirken. Zweifellos hat der Autor für diese Aufnahmen posiert, aber genausogut hätte er es sein lassen können. Auf allen drei Photos sitzt er auf einem Stuhl, auf zweien von ihnen verkehrt herum, also rittlings. Das erste zeigt ihn allein, und seine Haltung hat etwas Künstliches, Vorsätzliches. Beide Arme ruhen auf der Rückenlehne, die rechte Hand ist erhoben, um den anmutig geneigten Kopf mit dem melancholischen Gesichtsausdruck zu stützen. Sein Blick wirkt entrückt, doch auch kokett, und gleichzeitig ist er stahlhart, als müßte er etwas mit ansehen, was ihm nicht behagt. Leicht zerzaustes Haar, Ziegenbart, die Hosen nicht allzu knittrig. Auf dem zweiten Photo ist er zusammen mit seinen Töchtern zu sehen; er liest ihnen aus einem Buch vor, das so dünn ist, daß es sich um keins von seinen handeln kann. Auch hier sitzt er auf einem Stuhl mit nach vorn gedrehter Rückenlehne, und zweimal ist einmal zuviel, um nicht zu dem Schluß zu gelangen, daß Dickens sich *fast immer* so hingesetzt hat. Haare sowie Bart sind ergraut und gebändigt, seine ziemlich kleinen Füße sind zu sehen, und er trägt Hauskleidung. Auf beiden Bildern hält er sich sehr aufrecht, als wäre er klein von Wuchs oder sehr angespannt. Und auf beiden zeigt er sich uns wider Erwarten mit ernster Miene, wirkt er nicht wie ein zu Scherzen aufgelegter, geschweige denn wie ein fröhlicher, sondern eher wie ein leicht störrischer, geckenhafter Mensch. Seine Töchter verehren und bewundern ihn, sie ertragen seine Marotten und seine Ungeduld. Er hat etwas von einem Stutzer, und doch kann er uns nichts vormachen: Der Mann, der Pickwick, Micawber, Weller, Snodgrass und so viele andere zum Leben erweckt hat, offenbart sein wahres, ebenso witziges wie ausgelassenes Wesen in diesem einen Detail: Er ist ein Mann, dem es nichts ausmacht, mit gespreizten statt mit übereinandergeschlagenen Beinen zu posieren, ein Mann, der sich rittlings auf einen Stuhl setzt. Allerdings tut er dies nicht auf dem dritten Photo, auf dem er uns eine Kostprobe seiner Intelligenz und Gewitztheit gibt, indem er nicht etwa zu schreiben vorgibt, denn das wäre ja banal und obendrein schwer vorzutäuschen, sondern indem er so tut, als würde er mit der Feder in der Hand *nachdenken*, wobei beide, Feder wie Hand, auf dem Papier aufliegen. Dickens verharrt mitten in der Bewegung und sinnt über den nächsten Satz nach, den er jedoch nicht schreiben wird, und sein Blick wirkt gedankenverloren, aber auch ein wenig belustigt, was nicht verwundert, denn das letzte, was wir ihm glauben würden und was er sich sicherlich selbst geglaubt hätte, ist, daß er sich beim Schreiben seiner in Windeseile verfaßten, unglaublich dicken Wälzer jemals soviel Zeit zum Nachdenken genommen hat.

Bei Mallarmé schwebt die Feder über dem Papier, und er gibt durchaus vor, zu schreiben, doch stellt er sich sehr ungeschickt an, wie er da mit dem gefalteten Schal über den Schultern vor verräterisch weißem Hintergrund hinter dem kleinen Tisch sitzt. Im Unterschied zu Dickens, dem es gelingt, sich nicht nur von der ihn ablichtenden Kamera freizumachen, sondern sie obendrein zu beherrschen, ist Mallarmé von ihr abhängig, gebannt, ja ihr hörig. Für ihn ist dies ein Augenblick für die Ewigkeit, ein Auftritt, zu dem er sich bekennt, und noch dazu ein historischer; er schaut wie jemand, der schon bereitwillig Anweisungen entgegengenommen hat und deren weitere erwartet, es ist ein Blick voller Ergebenheit, Dankbarkeit und kindlicher Vorfreude. Der

Mann, der so blickt, beobachtet das Geschehen mit arglosem Staunen, so wie man über ein Sonett staunt, dessen Verse sich auf y und x reimen. Wesentlich realistischer wirkt insofern das von Manet angefertigte Ölgemälde, auf dem eine Zigarre den Platz der Feder eingenommen hat und die linke Hand, die auf dem Photo lediglich auf den Augenblick der Verewigung gewartet hat, ohne zu wissen, was sie tun soll, lässig in die Jackentasche geschoben ist. Auf dem Ölbildnis ist Mallarmé jünger und schlanker, er lehnt sich entspannt zurück, und sein Blick geht ins Leere: Noch glaubt er nicht, daß es Augenblicke der Ewigkeit gibt.

Oscar Wilde dagegen glaubte schon immer an sie und nur an sie, und deshalb zelebrierte er solche Augenblicke. Allerdings übertreibt er es dabei mit seiner Putzsucht derart, daß seine Verkleidung letztlich zu dem wird, was an ihm am authentischsten und selbstverständlichsten ist beziehungsweise am wenigsten zählt. Die größte Bedeutung mißt Wilde seinem Gesicht bei, und auf beiden Porträts sehnt er sich sichtlich danach, ein gutaussehender Mann zu *sein*, und blickt so drein, als wäre er es tatsächlich – so wie es heute die Models in der Werbung tun. Der Zug um seinen Mund ist in beiden Situationen derselbe, als wüßte sein Besitzer dank seines Spiegels nur zu gut, welcher der einzig annehmbare, der einzig vorteilhafte ist. Das sonderbare an beiden Photos ist, daß die Ironie und der Humor, mit denen Wilde ausgestattet war, an seiner Aufmachung haltmachen und gänzlich in seinem Gesicht fehlen, dem zufolge er sich selbst sehr ernst nimmt. Die stark geblähten Nasenflügel lassen erahnen, daß Wilde unsicher ist und den Atem anhält. Wir sehen hier einen Mann, der trotz allem davon überzeugt ist, daß Schönheit allein vom Gesicht und von dessen Ausdruck herrühren kann. Ring, Stock, Haarpracht, Handschuhe, Pelz, Hut, Umhang und Schleife bedeuten ihm letztlich nichts, sie dienen lediglich als anfänglicher und in der Folge verzichtbarer Blickfang, um die Aufmerksamkeit des Betrachters auf diese Photos zu lenken; als Lockmittel, damit er sich sodann auf das konzentrieren kann, worauf es wirklich ankommt, nämlich auf den Blick und das Gesicht dessen, der, jedem Scherz abhold, vor allem nach der Schönheit des Ernstes strebt.

Über solche Dinge scheint Baudelaire sich keine Gedanken zu machen, vielleicht hat er es mit seinen edlen Gesichtszügen nicht nötig. Die Fäuste in den Taschen vergraben, blickt er abweisend, als er jünger ist und mehr Haare hat, und zornig oder erwartungsvoll, ja ungeduldig, als er älter und kahlköpfiger ist. Er besitzt eine natürliche Eleganz, zu der sich, zumal im Alter, Selbstsicherheit gesellt, und das Ohr, das auf beiden Photos hervorspitzt, ist insofern bemerkenswert, als es die Prägnanz des Gesamteindrucks durch seine scharfen Konturen noch verstärkt, ebenso wie die Falten, aus denen später Furchen werden. Die Miene ist auf beiden Porträts fast dieselbe, auf dem zweiten wirkt sie allerdings noch etwas härter und überdrüssiger wie bei jemandem, der sich wünscht, es möge doch alles bald ein Ende haben, und der sich im Geiste bereits mit etwas beschäftigt, das nicht auf dem Bild sein kann und auch nicht sein wird, mit etwas, das sich außerhalb von jeglichem Bild befindet. Vor allem aber ist er ein Mann, der es eilig hat und der, während noch an seinen Porträts gearbeitet wird, schon wieder verschwunden ist – vielleicht, weil das, was ihn am meisten interessiert, nicht in seinem Gesicht zu finden ist, oder er dieses Etwas nicht besitzt.

Von Henry James läßt sich sagen, daß er dieses Etwas nie besessen hat, nicht einmal in seiner Jugend, als er, schon frühzeitig mit einer Glatze geschlagen, einen Bart trug. Wie dem auch sei, ein »haariges« Bild von ihm ist uns nicht überliefert, sondern das Ölgemälde von Sargent, das große Ähnlichkeit mit dem Photo hat, auf dem er zusammen mit seinem älteren Bruder William zu sehen ist. James' Gesicht ist aus einem Guß, Wangen und Schädel bilden ein unteilbares Kontinuum wie bei einem Politiker oder Bankier. Auf dem Gemälde von Sargent, auf dem James' Blick etwas Undurchdringliches hat, ist jedoch ein Detail zu sehen, welches die Möglichkeit, daß er das eine oder andere ist, von vornherein ausschließt, mag sein Gesamteindruck auch noch so respektierlich sein: und zwar der unbeholfen und scheu, schlaff, aber alles andere als lässig in der Westentasche eingehakte Daumen, an dem verschämt die Hand hängt. Auf dem Photo dagegen sind die Augen das einzige, worüber man nicht einfach so hinwegblickt, abgesehen von der flotten Fliege, diesem bei einem so aseptischen Menschen wie ihm ungewöhnlichen Zugeständnis an die Phantasie. Doch aus seinem Blick spricht eine Intelligenz, die etwas Erschreckendes hat, denn es ist eine nach außen gekehrte Intelligenz und weit forschender als die seines so philosophisch wirkenden Bruders, dessen Gesicht auf den ersten Blick ausdrucksstärker erscheint, aber der Eindruck täuscht: Man braucht bloß auf die Blicke der beiden zu achten, auf den geradeaus gerichteten, fast leeren von William und den seitlichen von Henry, der bestimmt sogar das sieht, was es nicht gibt.

Bei Sterne besteht kein Zweifel: Seiner ist einer der wachesten Blicke in einem Jahrhundert voll wacher Blicke, und er gehört einem Mann, der sich seiner großen Begabung zwar bewußt ist, sich aber nichts darauf einbildet. Sterne zeigt seine Hände auf dem Gemälde von Reynolds unbefangen, der Zeigefinger der Rechten liegt an der Schläfe und verweist auf seinen Geist, während die Linke – im Unterschied zu Mallarmés – fest, selbstsicher und in der Überzeugung, am richtigen Platz zu sein, auf die Hüfte gestützt ist. Mit dem Ellbogen drückt er skrupellos die Papiere platt, derentwegen man sich später an ihn erinnern wird (zu Lebzeiten steht er über ihnen), und seine Lippen umspielt ein Lächeln von boshafter Liebenswürdigkeit, das Lächeln eines Menschen, der bereits weiß, was er erwidern wird, sobald sein Gesprächspartner eine Pause macht, denn es sieht so aus, als würde er aus Höflichkeit jemandem von mehr als mäßiger Rhetorik zuhören und warten, bis er selbst an der Reihe ist. Die Marmorbüste stellt dagegen eine mißglückte Idealisierung dar: Die römische Haartracht und die unangebrachte Nacktheit wollen so gar nicht zu den glutvollen Augen und der riesigen Nase passen. Sterne wirkt wie das genaue Gegenteil eines ruhigen, gelassenen Mannes, ja mehr noch: sein Gesicht sieht aus, als käme es nie zur Ruhe, nicht einmal dann, wenn es in einem Marmorblock gefangen ist, weil nämlich auch diesen der erregte Atem Sternes durchläuft.

Wie James hat auch Gide den Daumen in die Westentasche eingehakt, doch bei ihm signalisiert diese Geste etwas ganz anderes, fast das genaue Gegenteil. In dem jungen Gide mit Bart, Cape und Hut steckt eine ordentliche Portion Imponiergehabe sowie ein unübersehbarer Hang zur Ausfälligkeit, er sieht beinahe aus wie ein professioneller Duellant. Die Augen blicken verschlagen, ausweichend und verächtlich, und seine gesamte

Erscheinung (der gereckte Hals, der Bart, die entschlossene Positur) wirkt kantig und spitz. Nahezu all dies ist auf dem Photo aus reiferen Jahren wie durch ein Wunder verschwunden: Darauf ist ein verständnisvoller, leiderprobter Mann zu sehen, von dessen Härte lediglich die schmalen, scharfumrissenen Lippen künden, während die buschigen Brauen sie ebenso in Abrede stellen wie die Brillengläser, die seinem möglicherweise betrübten, mitleidigen Blick einen sanften Ausdruck verleihen. Betrachtet man jedes dieser Porträts für sich, sieht man sich in beiden Fällen einem geheimnisvollen Menschen gegenüber, ganz gleich, was er in seinen Tagebüchern erzählt. Betrachtet man sie gleichzeitig, steht man vor einem Rätsel.

Conrad, den Gide übersetzt hat, macht einen sehr ernsten Eindruck. Er sitzt auf einem Stuhl, und da er nicht weiß, wohin mit den Händen, hat er die eine zur Faust geballt und die andere offen darübergelegt, wie um sie zu verbergen. Ihm ist an seinem Erscheinungsbild sehr gelegen, als würde er sich gewöhnlich nicht so gut kleiden wie zu diesem Anlaß, also nicht mit der peinlichen Sorgfalt, die er hier an den Tag gelegt hat. Sein Porträt soll ein Denkmal der Respektierlichkeit sein, um die sich Emigranten wie Exilanten sehr zu bemühen pflegen, da sie allem voran ihre Rechtschaffenheit unter Beweis stellen müssen. Der Bart ist überaus gepflegt, doch kann er mit den pointierten Schnurrbartenden und so spitz zulaufend und dreieckig, wie er ist, schwerlich der eines waschechten Untertans der britischen Krone sein. Die wimpernlosen Augen blicken sehr streng, sie könnten die eines ehrlichen Mannes sein, der gerade einen Wutanfall ausbrütet, eines Unschuldigen, über den man ein Urteil fällt. Vielleicht sind sie aber auch nur die eines Orientalen.

Obgleich William Faulkners Augen nichts Orientalisches haben, gehören sie zur selben Familie. Auf dem ersten Photo ist auch er wie aus dem Ei gepellt und sieht aus wie ein Brautvater, woran das vorwitzige Einstecktuch ebenso schuld ist wie das schlohweiße, sorgfältig gekämmte Haar. Die gerunzelte Stirn vermittelt den Eindruck, als hätte er nur zähneknirschend von der Idee Abstand genommen, seinem Schwiegersohn in spe ein paar Kugeln zu verpassen, und ihn nolens volens als solchen akzeptiert, doch dieser Sinneswandel scheint recht frischen Datums zu sein, denn die linke Hand läßt noch die Geste eines Menschen erahnen, der im Begriff war, ebenso gelassen wie entschlossen nach dem Gewehr zu greifen. Auf dem zweiten Photo kratzt sich Faulkner, in Hemdsärmeln und von Zwerghündchen umgeben, am linken Arm, aber das Bild hat so gar nichts Ungezwungenes und erst recht nichts Idyllisches oder Friedliches: das Profil ebenso streng wie die Stirn auf dem ersten Photo, der Nacken ordentlich ausrasiert – ein scheuer, ja ungeselliger Mensch. In beiden Fällen schaut er wie jemand drein, der lästigen, ungelegenen Besuch kommen sieht, mit dem er nicht einmal reden möchte. Bestimmt würde Faulkner am liebsten mit seinen Hunden allein bleiben oder endlich zur Hochzeit seiner Tochter gehen, wenn auch ohne Gewehr.

Der arme Borges macht einen geduldigen, mitleidvollen Eindruck: Er sitzt mit seinen dreiundfünfzig Jahren auf einem Hocker und hat die Brille abgenommen, weniger aus Eitelkeit als um dem Photographen, dem man sein Gesicht ohne Firlefanz darbieten sollte, die Arbeit zu erleichtern. Er hält sie ziemlich unschlüssig in Händen. Wir sehen einen Menschen ohne Arg vor uns, der fast treuherzig, ja irgendwie hilflos wirkt. Er weiß nicht, daß man sich auf einem Hocker geradehalten oder lässig die Beine übereinanderschlagen muß, und auch nicht, daß eine soeben abgenommene Brille zumindest vor dem Objektiv versteckt werden sollte oder daß das zugeknöpfte Jackett (ich schätze, es ist ziegelrot) ein Zeichen übertriebener Biederkeit ist. Borges ist fein herausgeputzt, aber er wirkt ein bißchen so, als hätte man ihn an einem Sonntag abgelichtet. Seine Augen mit ihrer unversehens wieder eingetretenen Kurzsichtigkeit kündigen das an, was, wie wir heute wissen, ihr Schicksal sein sollte: Ohne Brille können sie nichts sehen, aber *schauen* tun sie trotzdem.

Rilke sieht ganz anders aus, als man bei einem so großen Dichter vermuten würde, der in seinen Angewohnheiten und Bedürfnissen so heikel und unerträglich war und der sich, um überhaupt schreiben zu könne, über eben diese Angewohnheiten und Bedürfnisse hinwegsetzen mußte. Das Gesicht mit den tiefen Augenhöhlen sieht schlichtweg gefährlich aus, und der herabhängende, nicht eben üppige Schnurrbart verleiht ihm aberwitzigerweise etwas Mongolenhaftes. Die kalten, schräg blickenden Augen lassen ihn sogar grausam erscheinen, und lediglich die Hände – die im Gegensatz zu den unschlüssigen von Joseph Conrad ineinander verschränkt sind, wie es sich gehört – sowie die Qualität seiner Kleidung – tadellose Krawatte, tadelloses Tuch – vermitteln eine Ahnung von Entspanntheit beziehungsweise korrigieren den Eindruck der Grausamkeit ein wenig. Er könnte ein visionärer Arzt sein, der in seinem Labor auf das Ergebnis eines verbotenen, infamen Experiments wartet.

Dagegen macht der Pechvogel Poe trotz des finstren Blicks, der gewölbten Stirn und des kümmerlichen, ungünstig verteilten Haars einen vollkommen harmlosen Eindruck. Er hat eine Hand in napoleonischer Manier auf Brusthöhe in die Weste geschoben und dazu nicht weniger als vier Knöpfe öffnen müssen, was ihm ein liederliches Aussehen verleiht. Trotzdem ist er vermutlich davon überzeugt, daß er eine gute Figur macht: ein armer Tor mit abgetragener Kleidung – dabei ist es die beste, die er besitzt.

Eindeutig zum Nietzsche-Clan gehört einer, der schludrig gekleidet ist, in der linken Hand einen Kutscherhut hält und an dessen rechtem Arm die Mutter eingehängt ist, die als unsympathische Frau zu sehen er noch nicht gelernt hat; noch schätzt er sie, wenn nicht mehr. Haar und Bart sind derangiert, und der Mantel sieht aus, als hätte er ihn sich von einem Verwandten geborgt, der größer ist als er. Auf dem anderen Photo, das ihn allein zeigt, macht er einen gepflegteren Eindruck: Der Mantel sitzt besser, der Bart ist gebändigt, das Haar nicht so zerzaust. Dafür wirkt es feucht und steht vorne ein bißchen zu sehr zu Berge, als hätte es sich genau in dem Augenblick, in dem das Photo geschossen wurde, aus der Stirn zurückgezogen. Die rechte Hand ist gegen die Wange gestützt, die Miene gehetzt: Es ist, als wäre seine ganze Haltung nur notdürftig mit Nadeln festgesteckt.

Wenig in Szene gesetzt wirkt im allgemeinen T. E. Lawrence, wenn er gerade einmal nicht Lawrence von Arabien ist, sondern ein Soldat der Royal Air Force mit Namen Ross oder Shaw, der ganz anders aussieht als seine idealisierte, verkleidete Erscheinung auf den Gemälden. Ohne Verkleidung weiß er nicht, welche Haltung er einnehmen soll: das Kinn auf die Hand gestützt, die andere Hand am angewinkelten Arm, der Ellbogen des einen Arms auf der Hand des anderen, letztere zur Faust geballt, und das alles im Stehen. Mit seiner Kleinwüchsigkeit und den zu kurzen Hosen erinnert er auf dem ersten Photo an Stan Laurel, während die dünnen Beine und die schmächtige Brust auf dem zweiten etwas Mitleiderregendes haben, und auch hier wieder sehen wir eine Hand an der am wenigsten ratsamen Stelle auftauchen, wozu er den Arm verrenken muß. Die Gesichtszüge sind plebejisch, passend zu dem, was er sein wollte: ein Soldat, ein Proletarier. Auf dem dritten Photo liegt er mit seinem bemerkenswerten Nacken auf einem Feldbett und liest; es ist einer der seltenen »leidfreien« Augenblicke, über die er in seinem Buch *Unter dem Prägestock* vermutlich nichts erzählt hat.

Djuna Barnes mit dem über die Schultern gebreiteten Mantel und dem schönen Turban ist die vornehmste Erscheinung in dieser Bildergalerie. Sie posiert bewußt, so wie sie sich bewußt gekleidet hat, doch bei ihr ist dies lediglich Wiederholung einer alltäglichen Gepflogenheit. Im Gegensatz zu Wilde, der um jeden Preis ein gutaussehender Mensch sein oder zumindest wie einer wirken wollte, weiß sie, daß sie nicht schön ist, und glaubt auch nicht daran, es vortäuschen zu können, und deshalb setzt sie erst gar nicht eine träumerische Miene auf, die fast allen Gesichtern gut ansteht, sondern blickt ungläubig, ja sarkastisch geradeaus und verläßt sich allein auf ihre Aufmachung (vor allem auf den hochgeschlagenen Mantelkragen) und die Eindringlichkeit ihrer Pose. Die Kette dient ihr nicht zur Zierde, sondern zum Schutz. Die Scham dieser Frau ist sehr viel stärker als ihr Wille, Gefallen am eigenen Bild zu finden.

Wenig schamhaft dagegen waren Mark Twain und Vladimir Nabokov, oder besser gesagt: sie waren Spaßvögel. Ersterer liegt im Nacht- oder Oberhemd schreibend im Bett, und in seinem Fall muß man davon ausgehen, daß er im Unterschied zu

Mallarmé oder Dickens nicht nur so tut, sondern tatsächlich emsig ein paar Worte schreibt, denn Zeitvergeuden ist seine Sache nicht. Mit Sicherheit hat er gewußt, daß er photographiert wird, aber er macht den Eindruck, als merke er es nicht oder als sei es ihm egal. Sein Bett sieht ordentlich aus, nicht wie das eines Kranken, denn solche Betten sind stets unaufgeräumt und haben Mulden, während die Kissen hier glatt sind. Der Betrachter muß sich also zwangsläufig fragen, ob Mark Twain womöglich im Bett gelebt hat.

Nabokov dagegen ist ein Komiker, der dies nicht offen zugeben will, und daher ist diese aus dem Leben gegriffene Szene ein wahres Fundstück. Wohl aber traut er sich, seine scheußlichen oder ramponierten Knie und sich selbst mit einer Mütze zu zeigen, die unstatthaft ist für jemanden, der nie ein richtiger Amerikaner geworden ist. Er tut so, als würde er in seinen Bermudas einen Schmetterling fangen, dabei stecken in der Brusttasche seines Hemdes Füller oder Brillen oder wer weiß was: jedenfalls etwas, das sich nicht unbedingt für die Jagd eignet. Er ist schon ein älterer Herr, was weniger an seinem gebannten Gesichtsausdruck als vielmehr an der Tatsache festzumachen ist, daß er eine Strickjacke trägt. Und noch etwas: mit einer Hand in der Hüfte hat noch keiner einen Fang gemacht.

Ist Djuna Barnes die vornehmste und T. E. Lawrence der plebejischste Vertreter dieser Sammlung, so ist Thomas Hardy der bäurischste. Läßt man James (der das andere Extrem verkörpert) mal beiseite, ist Hardy der einzige, der überhaupt nicht wie ein Schriftsteller aussieht, zumindest nicht auf dieser Photogravüre, die ihn im Alter zeigt und auf der die derbe, geknöpfte Wollweste, die rissige (wie Holz wirkende) Haut, die wimpernlosen

Augen, die wuchernden Brauen und der strohige Schnurrbart ihm das Aussehen eines Landarztes verleihen, dessen unzufriedene Miene ebensogut von der zwangsläufigen und unerwünschten Pensionierung wie von der Tatsache herrühren könnte, daß er zu viele schlimme Geschichten, »Ironien des Lebens«, wie er sie nannte, erlebt hat. Zu jenem Zeitpunkt hatte Hardy die Prosa bereits um der Poesie willen aufgegeben, und dennoch ist er dem Aussehen nach alles andere als ein Dichter. Wenn man bedenkt, daß er noch vierzehn Jahre leben sollte, erschaudert man bei der Vorstellung, wie seine jetzt schon so furchige Haut wohl später ausgesehen haben mochte. Vielleicht war sie durch das Landleben aber auch schon immer, also seit seiner Jugend, so gewesen.

Unbestreitbar ein Poet ist dagegen Yeats, obwohl er auf dem Photo bereits weißes Haar hat und man Männer ab einem gewissen Alter nicht unbedingt mit dem Verseschmieden in Verbindung bringt. Betrachtet man sein Gesicht, sieht man einen Fanatiker oder einen Erleuchteten vor sich, jemanden mit einem zu starken Charakter, der davon überzeugt ist, daß alles, was er tut und meint, ein Ausdruck von Wahrhaftigkeit ist. Das wirre, fast blond aussehende Haar läßt ihn jünger erscheinen, es bringt Bewegung und Schwung in sein Gesicht. Er ist ein Mensch, der vor Lebenskraft strotzt. Doch auch die dunklen Brauen fallen ins Auge; und sein nicht zu erkennender, hinter den Brillengläsern nur zu erahnender Blick macht, daß er in Wirklichkeit mit den fest aufeinandergepreßten Lippen blickt, als würde er allein aus Stimme bestehen.

Im Gegensatz zu seinem könnte Eliots Gesicht durchaus das eines Essayisten, wenn nicht gar – der Eindruck mag täuschen –

eines Bankangestellten sein, was er ja bekanntlich auch war. Dieser Mann kämmt sich seit undenklichen Zeiten auf dieselbe Art und Weise, und es macht ihm überhaupt nichts aus, daß seine Segelohren durch das plattgedrückte Haar noch betont werden, denn er ist sich darüber im klaren, daß sie es sind, die seinen Kopf einzigartig machen. Eliot ist ein gewissenhafter Perfektionist, den es keine Mühe kostet, stets adrett auszusehen, das ist bei ihm längst Gewohnheit. Sein Blick wirkt vertrauensvoll und gelassen wie der eines Menschen, der über die Ordnung der Welt kaum Zweifel hegt, weil er im wesentlichen mit ihr einverstanden ist und zu ihrem Erhalt beiträgt. Trotzdem strahlt sein Gesicht alles in allem eine seltsame, fast drängende Hoffnung aus, und deshalb könnte er genausogut Erfinder sein.

Melville mogelt offen gestanden ein wenig: Er sieht aus wie eine Karikatur seiner selbst, also des Mannes, von dem man wetten möchte, daß er *Moby Dick*, wenn auch nicht unbedingt *Bartleby der Schreiber* oder *Billy Budd, Vortoppmann* geschrieben hat. Der Oberkörper ist verdunkelt oder besser gesagt verschwommen, als sollte dadurch das einzige, worauf es in seinem Gesicht ankommt, noch mehr hervorgehoben werden, nämlich der überlange, patriarchalische, ja, allzu patriarchalische Bart. Dieser ehrwürdige Herr, dessen Porträt ziemlich genau zur selben Zeit entstanden ist wie die beiden von Wilde, ist sein absolutes Gegenteil, seine Ablehnung und Negation mit dem so kurzen, so grauen und so welligen Haar, dem unübersehbaren, nicht ganz so grauen Flaum zwischen den Brauen, dem trüben Blick des linken und dem autoritären des rechten Auges, der insgesamt so diffus ist wie das bescheidene Jackett, von dem man lediglich einen sehr weit oben angebrachten Knopf erkennen kann. Auf diesem Photo sieht Melville aus wie ein Großvater, ein Quäker, ein Pilger oder ein Nationalheld oder, schlimmer noch, wie eine seinen eigenen Werken entsprungene Symbolfigur.

Majakowski hingegen wirkt trotz des wilden Blicks nicht autoritär, sondern hilflos. Das Bild sieht aus wie eine Totale, die allerdings eher aus einem amerikanischen als aus einem russischen Film stammen könnte und einen Schwerverbrecher vor dem Auge des Gesetzes zeigt. Er ist mit dem Rücken zur Wand abgelichtet, als wäre er der Staatsfeind Nummer eins oder vielmehr der in die Enge getriebene Feind kurz vor seiner vom Gesetz abgesegneten, standrechtlichen Hinrichtung auf offener Straße. In den Händen hält er statt der zu erwartenden Waffe ein paar Papiere, und sie sind das einzige, was nicht so recht zu der ansonsten in sich stimmigen Erscheinung paßt, es sei denn, bei den Papieren handelt es sich nicht etwa um Gedichte, was zu bedauern und zu befürchten wäre, sondern um Pamphlete, die er der Menge von einem Podium herab verliest. Dieser Mensch ist schlecht gelaunt oder in Bedrängnis, aber er ist willens, ohne Wanken seinen Mann zu stehen – wovon seine entschlossene, breitbeinige Haltung zeugt –, selbst wenn man ihn mit Kugeln durchsiebt. Am auffälligsten und resolutesten aber sind die Schuhe, die so bemerkenswert sind, daß sie den Umschlägen der ordentlich gebügelten Hosen ein wenig das Terrain streitig machen: Dies sind Schuhe, auf die man nicht einmal in der Stunde des Todes verzichten möchte.

Auch bei Beckett stehen sie im Vordergrund, nur sieht es bei ihm so aus, als hätten sie ihren Besitzer niedergezwungen, denn er hockt in einer Ecke dicht über dem Boden. Er ist ebenfalls in

Bedrängnis, doch immerhin scheint er von der Bedrängung nicht überrascht, sondern hat sich bereits in ihr eingerichtet: In der rechten Hand hält er eine brennende Zigarette, die linke zieren, für einen so nüchternen Menschen wie ihn eher unpassend, anscheinend ein Armband sowie eine Uhr. Die Kleidung ist schlicht, doch trägt er offenbar Manschettenknöpfe. Sieht man von den übergroßen Schuhen einmal ab, fällt, wie auch auf allen anderen Porträts von Beckett, vor allem der Adlerkopf mit den Adleraugen auf, die mit einem wahrhaft tierischen Ausdruck geradeaus blicken, als verstünden sie nicht, was die Suche nach diesem Augenblick für die Ewigkeit soll und warum man ihn überhaupt photographieren will. Becketts Tod liegt noch nicht allzu lange zurück, und deshalb finde ich, daß seine Augen lebendiger wirken als die der anderen.

Etwa zur gleichen Zeit gestorben wie er ist Thomas Bernhard, von dem es noch keine Postkarte gibt, auch wenn dieses Photo, eins der anrührendsten der ganzen Sammlung, wie eine aussieht. Trotz der nicht eben grazilen, sondern vielmehr derben Züge (die sich im Alter verfeinern) und der zu langen Koteletten, die den Entstehungszeitpunkt des Photos verraten, ist sein Gesicht dank des Blicks eines der gnädigsten, humorigsten, intelligentesten und verständnisvollsten der Bildergalerie. Die linke Hand, die das Gesicht zu streicheln scheint, sieht auf den ersten Blick so aus, als hätte sie eine allzu künstliche Haltung eingenommen, doch dieser erste Eindruck wird durch die folgende Beobachtung wettgemacht, nämlich daß der kleine Finger sich fast zwischen die Lippen schiebt, was die Glaubhaftigkeit dieser friedlichen, nachdenklichen Pose verstärkt. In diesem Blick liegt kein Befremden, sondern Lernbegierde, und er ist von einer Klarheit, die alles andere vergessen macht, selbst die beachtliche Glatze und die dicke Nase. »So ist das also«, scheint der wache Blick zu denken.

Der »toteste« von allen aber ist William Blake, und er ist es nicht einmal selbst, sondern es ist nur seine Maske. Diese wurde jedoch nicht etwa anhand seines Leichnams, sondern noch zu Lebzeiten angefertigt, wie uns die Postkarte verrät: *Plaster-cast from a life-mask, 1823*, also vier Jahre vor seinem tatsächlichen Tod. So wie andere, während sie porträtiert wurden, zu schreiben oder denken vorgegeben haben, gibt Blake vor, zu sterben. Allerdings stellt er sich dabei auch nicht allzu geschickt an, denn betrachtet man seinen Kopf auf dem Sockel etwas aufmerksamer, fällt auf, daß die geschlossenen Augen nicht die eines Toten sein können, weil sie zusammengekniffen sind, als könnten sie noch sehen, wollten aber nicht. Die Nasenflügel halten den Atem an. Die hohe Stirn ist von pochenden Adern durchzogen. Die Lippen existieren nicht als solche, sie sind lediglich ein langer, durchgehender, dicker Strich, von dem eine gewisse Spannung ausgeht. Blake mimte den Toten, als er noch lebte, und noch jetzt, da er tatsächlich tot ist, gelingt es ihm, uns etwas vorzugaukeln. Er ist ein Mensch, der die Nachwelt beherrscht. Er ist halb Toter, halb Lebender, und deshalb ist sein Porträt das des vollendetsten Künstlers.

Bibliographie

Faulkner, John: *Mein Bruder Bill.* Goverts, Stuttgart 1956.

Faulkner, William: *Essays, Speeches, and Public Letters.* Chatto & Windus, London 1967.

- *Mayday.* University of Notre Dame Press, Notre Dame 1978.

- *Briefe.* Diogenes, Zürich 1980.

- *Helen: A Courtship & Mississippi Poems.* Tulane University & Yoknapatawpha Press, New Orleans, & Yoknapatawpha 1981.

Cowley, Malcolm: *The Faulkner-Cowley File. Letters and Memories, 1944–1962.* Penguin, Harmondsworth 1978.

- *Writers at Work, First Series.* Penguin, Harmondsworth 1977.

Meriwether, James B. & **Millgate, Michael** (Hrsg.): *Lion in the Garden. Interviews with William Faulkner, 1926–1962.* University of Nebraska Press, Lincoln 1980.

Ford, Ford Madox: *Return to Yesterday.* Liveright, New York 1972.

- *Portraits from Life.* Houghton Mifflin, Boston 1980.

- *Memories and Impressions.* Penguin, Harmondsworth 1979.

- *Joseph Conrad, A Personal Remembrance.* The Ecco Press, New York 1989.

Russell, Bertrand: *Portraits from Memory and Other Essays.* George Allen & Unwin, London 1956.

Conrad, Jessie: *Joseph Conrad As I Knew Him.* Garden City, New York 1926.

Curle, Richard: *The Last Twelve Years of Joseph Conrad.* Garden City, New York 1928.

– *Joseph Conrad, A Study.* Kegan Paul, London 1914.

Conrad, Joseph: *Conrad's Prefaces.* Dent, London 1937.

– *Der Spiegel der See. Erinnerungen und Eindrücke.* S.Fischer, Frankfurt a.M. o.J.

– *Über mich selbst. Einige Erinnerungen.* S.Fischer, Frankfurt a.M. 1965.

– *Congo Diary and Other Uncollected Pieces.* Garden City, New York 1978.

Svendsen, Clara (Hrsg.): *Isak Dinesen, A Memorial.* Random House, New York 1965.

Dinesen, Isak: *Daguerreotypes and Other Essays.* Heinemann, London 1979.

Blixen, Tania: *Briefe aus Afrika, 1914–1931.* Deutsche Verlags-Anstalt, Stuttgart 1988.

– *Moderne Ehe und andere Betrachtungen.* Suhrkamp, Frankfurt a.M. 1971.

– *Afrika – dunkel lockende Welt.* Manesse, Zürich 1986.

Van Vechten, Carl: *Letters* (Hrsg. Bruce Kellner). Yale University Press, New Haven 1987.

Bjørnvig, Thorkild: *Der Pakt. Meine Freundschaft mit Tania Blixen.* Insel Verlag, Frankfurt a.M./Leipzig 1993.

Plimpton, George (Hrsg.): *Writers at Work, Fourth Series.* Penguin, Harmondsworth 1982.

Joyce, Stanislaus: *Meines Bruders Hüter.* Suhrkamp, Frankfurt a. M. 1960

Joyce, James: Scritti italiani. Mondadori, Mailand 1979.

– *Briefe.* Frankfurter Werkausgabe: Bd.5/6/7 (Hrsg. Richard Ellmann). Suhrkamp, Frankfurt a.M. 1969.

– *Kritische Schriften.* Suhrkamp, Frankfurt a.M. 1973.

Pound, Ezra: Pound/Joyce. New Directions, New York 1987.

Carpenter, Humphrey: Geniuses Together. Unwin, London 1987.

Orlande, Francesco: Ricordo di Lampedusa. Vanni Scheiwiller, Mailand 1985.

Tomasi di Lampedusa, Giuseppe: Lezioni su Stendhal. Sellerio, Palermo 1987.

– *Morgenröte der englischen Moderne.* Wagenbach, Berlin 1995.

Gilmour, David: The Last Leopard. Collins Harvill, London 1988.

James, Henry: Tagebuch eines Schriftstellers. Kiepenheuer & Witsch, Köln 1965.

– *Autobiography.* Princeton University Press, Princeton 1983.

– *Within the Rim.* Collins, London 1918.

– *Eine kleine Frankreich-Tour. Reisen um glücklich zu sein.* Paul List Verlag, München 1965.

– *English Hours.* Oxford University Press, Oxford 1981.

– *Italian Hours.* Grove Press, New York 1979.

– *Parisian Sketches.* Rupert Hart-Davis, London 1958.

James, Henry & Stevenson, Robert Louis: A Record of Friendship and Criticism. Rupert Hart-Davis, London 1948.

James, Henry & Wells, H.G.: A Record of their Friendship, their Debate on the Art of Fiction, and their Quarrel. Rupert Hart-Davis, London 1958.

Hyde, H. Montgomery: Henry James at Home. Methuen, London 1969.

– »The Lamb House Library of Henry James«. In: *The Book Collector*, Band 16, Nr. 4, Winter 1967.

Edel, Leon: *The Life of Henry James.* (2 Bde.) Penguin, Harmondsworth 1977.

Wharton, Edith: *A Backward Glance.* Century, London 1987.

Lee, Vernon: *The Handling of Words.* The Bodley Head, London 1923.

James, Alice: *Diary.* Penguin, Harmondsworth 1982.

Praz, Mario: *Studi e svaghi inglesi.* (2 Bde.) Garzanti, Mailand 1983.

– *Il patto col serpente.* Mondadori, Mailand 1973.

Doyle, Arthur Conan: *Memories and Adventures.* Oxford University Press, Oxford 1989.

– *The Great Boer War.* Smith, Elder & Co., London 1900.

Carr, John Dickson: *The Life of Sir Arthur Conan Doyle.* Harper, New York 1949.

Stevenson, Robert Louis: *Ethical Studies & Edinburgh: Picturesque Notes.* Heinemann, London 1924.

– *Memories and Portraits & Memoirs of Himself & Selections from His Notebook.* Heinemann, London 1924.

– *Further Memories.* Heinemann, London 1924.

– *Memoir of Fleeming Jenkin & Records of a Family of Engineers.* Heinemann, London 1924.

– *Letters.* (5 Bde.) Heinemann, London 1924.

– *An Inland Voyage & Travels with a Donkey in the Cevennes,* Heinemann, London 1924.

– *The Amateur Emigrant & The Silverado Squatters.* Heinemann, London 1924.

Osbourne, Katharine Durham: *Robert Louis Stevenson in California.* A.C. McClurg, Chicago 1911.

Daiches, David: *Robert Louis Stevenson and His World.* Thames & Hudson, London 1973.

Turgenjew, Iwan: *Aufzeichnungen eines Jägers.* Aufbau Verlag, Berlin 1994.

– *Rudin.* Aufbau Verlag, Berlin 1994.

– *Literary Reminiscences and Autobiographical Fragments* (übersetzt von David Magarshack, mit einem Essay von Edmund Wilson). Faber & Faber, London 1984.

Flaubert, Gustave & **Tourgueniev, Ivan:** *Briefwechsel 1863–1880.* Friedenauer Presse, Berlin 1989.

Flaubert, Gustave: *Correspondance.* (3 Bde.) Gallimard, Paris 1973, 1980, 1991.

Lottmann, Herbert: *Flaubert. Eine Biographie.* Insel-Verlag, Frankfurt a.M. 1992.

Mann, Thomas: *Tagebücher* (Hrsg. von Peter de Mendelssohn). S. Fischer, Frankfurt a.M. 1997.

– *Letters* (ausgewählt und übersetzt von Richard und Clara Winston). Penguin, Harmondsworth 1975.

– *Die Entstehung des Doktor Faustus. Roman eines Romans.* S. Fischer, Frankfurt a.M. 1981.

– *Meerfahrt mit Don Quijote.* Insel-Verlag, Frankfurt a.M. 1988.

Mann, Thomas: *Autobiographisches* & **Mann, Erika:** *Das letzte Jahr. Bericht über meinen Vater.* S. Fischer, Frankfurt a.M. 1968.

Nabokov, Vladimir: *Erinnerung sprich: Wiedersehen mit einer Autobiographie.* Rowohlt, Reinbek, 1991.

– *Deutliche Worte: Interviews, Leserbriefe, Aufsätze.* Rowohlt, Reinbek, 1993.

- *Die Kunst des Lesens: Meisterwerke der russischen Literatur.*
  S. Fischer, Frankfurt a.M. 1984.
- *Die Kunst des Lesens: Meisterwerke der europäischen Literatur.*
  S. Fischer, Frankfurt a.M. 1982.
- *Die Kunst des Lesens: Cervantes' Don Quijote* (Hrsg. Fredson
  Bowers). S. Fischer, Frankfurt a.M. 1985.

Prokosch, Frederic: *Die metaphysische Piazza. Ein Buch der
Begegnungen.* Piper Verlag, München-Zürich 1984.

Rilke, Rainer Maria: *Briefe.* (Hrsg.: Rilke-Archiv in Weimar)
Insel-Verlag, Frankfurt a.M. 1980.

- *Tagebücher aus der Frühzeit.* Insel-Verlag, Frankfurt a.M. 1973
- *Briefe über Cézanne.* Insel-Verlag, Frankfurt a.M. 1977.
- *Lettres françaises à Merline, 1919–1922,* Seuil, Paris 1984.
- *Lettres à une amie vénitienne,* Gallimard, Paris 1985.
- *Das Testament.* Insel-Verlag, Frankfurt a.M. 1974.
- *Rilke in Spanien: Gedichte, Briefe, Tagebücher.* Insel-Verlag,
  Frankfurt a.M./ Leipzig 1993.
- *Ausgewählte Werke.* Insel-Verlag, Frankfurt a.M. 1951

Thurn und Taxis, Marie Fürstin von: *Erinnerungen an Rainer
Maria Rilke.* München, Oldenbourg 1933.

Andreas-Salomé, Lou: *Lebensrückblick.* Insel-Verlag, Frankfurt
a.M. 1951.

Lowry, Malcolm: *Briefe 1928–1957.* Rowohlt, Reinbek 1985.

Day, Douglas: *Malcolm Lowry, A Biography.* Oxford University
Press, Oxford 1984.

Acton, Harold: *Memoirs of an Aesthete.* Methuen, London 1970.

- *More Memoirs of an Aesthete.* Methuen, London 1970.

Deffand, Madame du: *Cher Voltaire.* Des femmes, Paris 1987.

- *Lettres à H. Walpole, Voltaire et quelques autres.* Plasma, Paris, 1979.

Craveri, Benedetta: *Madame du Deffand e il suo mondo.* Adelphi, Mailand 1982.

Ligne, Karl Joseph Fürst von: *Erinnerungen und Briefe.* Wien, Mainz 1920.

Strachey, Giles Lytton: *Biographical Essays.* Harcourt Brace & World, New York, ohne Datum.

Walpole, Horace: *Selected Letters.* Dent, London 1967.

– *Days of the Dandies.* The Grolier Society, London, ohne Datum.

Kipling, Rudyard: *Erinnerungen. Etwas von mir für meine bekannten und unbekannten Freunde.* Scientia AG, Zürich 1938.

– *Stalky & Co.* Tauchnitz-Edition, Leipzig 1899.

Amis, Kingsley: *Rudyard Kipling.* Thames & Hudson, London 1975.

Harris, Frank: *Contemporary Portraits, First Series.* Mitchell Kennerley, New York, 1915.

– *Contemporary Portraits, Second Series.* New York 1919.

– *Contemporary Portraits, Third Series.* New York, ohne Datum.

– *Contemporary Portraits, Fourth Series.* Grant Richards, London 1924.

Rimbaud, Arthur: *Sämtliche Werke.* Insel-Verlag, Leipzig 1976.

– *»Je suis ici dans les Gallas«.* Editions du Rocher, Monaco 1991

– *Lettres de la vie littéraire.* Gallimard, Paris 1990.

Starkie, Enid: *Das trunkene Schiff. Das Leben des Jean Arthur Rimbaud.* Leibniz-Verlag, Hamburg 1963.

Barnes, Djuna: *New York.* Verlag Klaus Wagenbach, Berlin 1987.

– *I Could Never Be Lonely without a Husband,* Virago, London 1985.

Field, Andrew: *Djuna Barnes. Eine Biographie.* Frankfurter Verlagsanstalt, Frankfurt a.M. 1992.

Bowles, Paul: *Rastlos – Erinnerungen eines Nomaden.* Goldmann, München 1990.

Ellmann, Richard: *Oscar Wilde.* Piper Verlag, München-Zürich 1991.

– *Vier Dubliner.* Suhrkamp, Frankfurt a.M. 1990.

Wilde, Oscar: *Briefe* (Hrsg. Rupert Hart-Davis). Rowohlt, Reinbek 1966.

– *More Letters* (Hrsg. Rupert Hart-Davis). The Vanguard Press, New York 1985 (Hrsg. Siruela, Madrid 1992).

Croft-Cooke, Rupert: *Feasting with Panthers.* Holt Rinehart & Winston, New York, 1967.

Smith, Timothy d'Arch: *Love in Earnest.* Routledge & Kegan Paul, London 1970.

Douglas, Lord Alfred: *Oscar Wilde, A Summing-Up.* The Richards Press, London 1950.

Legallienne, Richard: *The Romantic '90s.* Putnam, London 1951.

Laver, James: *Oscar Wilde.* The British Council, London 1954.

Gide, André: *Oscar Wilde in memoriam* (Souvenirs). Mercure de France, Paris 1981.

– *Stirb und Werde. Tagebuch 1889–1939. Gesammelte Werke, Bd. 1.* Deutsche Verlags-Anstalt, Stuttgart 2000.

– *Tagebuch 1903–1922. Gesammelte Werke, Bd. 2.* Deutsche Verlags-Anstalt, Stuttgart 2000.

– *Tagebuch 1923–1939. Gesammelte Werke, Bd. 3.* Deutsche Verlags-Anstalt, Stuttgart 2000.

– *Tagebuch 1939–1949. Gesammelte Werke, Bd. 4.* Deutsche Verlags-Anstalt, Stuttgart 2000.

Adlard, John: *Stenbock, Yeats and the Nineties.* Cecil & Amelia Woolf, London 1969.

– *Christmas with Count Stenbock.* Enitharmon Press, London 1980.

Stokes, Henry Scott: *Yukio Mishima. Leben und Tod.* Goldmann, München 1985.

Mishima, Yukio: *Geständnis einer Maske.* Rowohlt, Reinbek 1986.

– *Zu einer Ethik der Tat: Einführung in »Hagakure«, die große Samurai-Lehre des 18. Jahrhunderts.* Hanser, München 1987.

Yourcenar, Marguerite: *Mishima oder die Vision der Leere.* Hanser, München 1985.

Sterne, Laurence: *Das Leben und die Meinungen des Tristram Shandy.* Winkler, München 1963.

– *Yorick's empfindsame Reise durch Frankreich und Italien.* Stuttgart 1840.

– *Yorick's Briefe an Elisa.* Hamburg, 1775.

– *Second Journal to Eliza.* G. Bell, London 1929.

– *Letters* (Hrsg. Lewis Perry Curtis). Oxford University Press, Oxford, 1965.

Hall-Stevenson, John: *Yorick's Sentimental Journey Continued.* The Georgian Society, London 1902.

Fluchere, Henri: *Laurence Sterne, de l'homme à l'œuvre.* Gallimard, Paris 1961.

Traugott, John: *Tristram Shandy's World.* Russell & Russell, New York 1970.

Cross, Wilbur L.: *The Life and Times of Laurence Sterne.* Russell & Russell, New York 1967.

Baretti, Giuseppe: *Scritti.* Einaudi, Turin 1976.

Persönliches Verzeichnis

Faulkner, William: Si yo amaneciera otra vez, Javier Marías (mit 12 Gedichten von W. Faulkner in der Übersetzung von Javier Marías), Alfaguara, Madrid 1997.

Conrad, Joseph: El espejo del mar (Übersetzung von Javier Marías, Vorwort von Juan Benet), Hiperión, Madrid 1982.

Dinesen, Isak: Ehrengard (Vorwort und Übersetzung von Javier Marías), Bruguera, Barcelona 1984.

– Ultimos cuentos (Übersetzung von Alejandro Vilafranca del Castillo, Vorwort von Javier Marías), Debate, Madrid 1990.

Stevenson, Robert Louis: De vuelta del mar (Übersetzung von Javier Marías), Hiperión, Madrid 1980.

Nabokov, Vladimir: Desde que te vi morir, Javier Marías (mit 18 Gedichten von V. Nabokov in der Übersetzung von Javier Marías), Alfaguara, Madrid 1999.

Sterne, Laurence: La vida y las opiniones del caballero Tristram Shandy & Los sermones de Mr. Yorick (Übersetzung von Javier Marías, Vorwort von Andrew Wright), Alfaguara, Madrid 1999.

Hardy, Thomas: El brazo marchito (Übersetzung von Javier Marías), Alianza, Madrid 1984.

Yeats, William Butler: El crepúsculo celta (Übersetzung von Javier Marías), Alfaguara, Madrid 1985.

Klett-Cotta

Die Originalausgabe erschien unter dem Titel »Vidas escritas«
im Verlag Alfaguara

© 1992 Javier Marías

Die erweiterte Ausgabe:

© 2000 Grupo Santillana de Ediciones, S. A.

Für die deutsche Ausgabe

© J. G. Cotta'sche Buchhandlung Nachfolger GmbH, gegr. 1659
Stuttgart 2001

Fotomechanische Wiedergabe nur mit Genehmigung des Verlags

Printed in Germany

Schutzumschlag und Gestaltung: Finken & Bumiller, Stuttgart

Gesetzt in der 10 Punkt Quadraat

Auf säure- und holzfreiem Werkdruckpapier gedruckt
und gebunden von GGP Media, Pößneck

ISBN 3-608-93555-X

Javier Marías bei Klett-Cotta:

Mein Herz so weiß

Roman

Aus dem Spanischen von Elke Wehr
364 Seiten, gebunden, ISBN 3-608-93386-7

»Das ist ein exzellentes Buch, spannend, überraschend, tief und
voller Gefühle. Noch wichtiger aber: *Mein Herz so weiß* ist etwas
schlechthin Besonderes, das an nichts erinnert und das man mit
nichts vergleichen kann, was es gegenwärtig zu lesen gibt.«
Andreas Isenschmid / Die Weltwoche

Alle Seelen

Roman

Aus dem Spanischen von Elke Wehr
276 Seiten, gebunden, ISBN 3-608-93678-5

»Die Liebe ein Geheimnis. In Marías' *Mein Herz so weiß* und in
Alle Seelen ist einiges über die Sehnsucht und die sie
begleitenden Phantasien zu lesen. Liebe ist die gefährlichste unter
den Fiktionen. Sie muß klug und umsichtig ›behandelt‹ werden.
Im Beschreiben des Begehrens und der Erwartung ist Javier
Marías Meister. Die ›Erfüllung‹ ist ohne Bedeutung.
Sie ist das Spiel, das ausgelassen wird.«
Verena Auffermann / Süddeutsche Zeitung

Als ich sterblich war

Erzählungen

Aus dem Spanischen von Elke Wehr
237 Seiten, gebunden, ISBN 3-608-93319-0

»Hier gelingt auf beklemmende Weise die Umarmung des
Fantastischen mit dem Realen. Dieser neue/alte Marías ist ein
kaltblütiger Autor. Seine Romane in ihrer begehrten Mischung
aus Sex, Tod, Verrat, Glücksspiel und einer Prise Shakespeare sind
Kopfgeburten.«
Fritz Rudolf Fries / Frankfurter Rundschau

Klett-Cotta

Antwort

Klett-Cotta
Leser-Service
Postfach 10 60 16

70049 Stuttgart

Absender:

Vorname, Name

Straße

PLZ/Ort

e-mail-Adresse

Ich habe diese Karte folgendem Buch entnommen:

Ich wurde auf dieses Buch aufmerksam durch:

Mit der Rücksendung dieser Karte erkläre ich mich damit
einverstanden, daß ich in Ihre Informationskartei
aufgenommen werde.

Sehr geehrte Leserin,
sehr geehrter Leser,

mit dem Kauf dieses Buches haben Sie Interesse an unserem Programm gezeigt. Wenn Sie auch in Zukunft unverbindlich über unsere Neuerscheinungen informiert werden möchten, dann senden Sie uns diese Karte ausgefüllt zurück.

Selbstverständlich gibt Ihnen auch Ihr Buchhändler gerne Auskunft über unser Programm.

Verlosung:

Einmal im Jahr verlosen wir unter den Einsendern folgende Preise:

1. Preis: Klett-Cotta-Bücher im Wert von DM 200,–

2.–10. Preis: Klett-Cotta-Bücher im Wert von je DM 50,–

An der Verlosung nehmen nur ausreichend frankierte Karten teil.

Ich interessiere mich besonders für:

☐ Belletristik

☐ Sachbücher/Ratgeber

☐ Geschichte

☐ Philosophie

Klett-Cotta im Internet:
www.klett-cotta.de

P 902727